1000
TRAUMZIELE

1000
TRAUMZIELE

NAUMANN & GÖBEL

© Naumann & Göbel Verlagsgesellschaft mbH
in der VEMAG Verlags- und Medien Aktiengesellschaft, Köln
Autor: Hans-Joachim Maschek-Schneider, unter Mitarbeit von Inken Bohn, Jutta Gay, Vicky
Hausmann, Inga Menkhoff und Hans-Günther Semseck
Gesamtherstellung: Naumann & Göbel Verlagsgesellschaft mbH, Köln
Alle Rechte vorbehalten
ISBN 3-625-10776-7

www.naumann-goebel.de

Vorwort

Kaum ein Fleck unserer Erde ist unerforscht. Wir besteigen die höchsten Berge der Welt, und auch die Tiefen der Ozeane liegen nicht mehr ganz im Dunkeln. Die Völker der entlegensten Inseln sind entdeckt, und selbst die meisten uralten Sprachen und Schriften wurden entziffert.

Die Welt rückt immer näher zusammen, nicht zuletzt durch schnelle Verkehrsmittel, mit denen man auch die fernen Kontinente in einigen Stunden erreichen kann. Musste Jules Vernes Romanheld Phileas Fogg noch „In 80 Tagen um die Welt" fahren, lässt sich der Erdball heute bereits innerhalb von 14 Tagen umrunden, um — heute in Hongkong, morgen auf Hawaii — einige der vielen Geheimnisse und Naturwunder, fremde Kulturen und glanzvolle Bauwerke unserer Erde kennen zu lernen.

Eine Entdeckungsreise ohne Hektik durch unsere Welt stellt dieses Buch dar: Rund um den Globus, von Friesland bis Neuseeland, stellen wir Ihnen wahre Traumziele vor. Bilder, die das Fernweh schüren, die Fantasie anregen und unsere Sehnsucht und Träume nach dem nie Gesehenen wecken.

Entdecken Sie die raue Natur Nordeuropas, lassen Sie sich von den Herrenhäusern Englands inspirieren und von der wunderbaren Ursprünglichkeit der Lüneburger Heide verzaubern. Oder erleben Sie das seit langen Jahren touristisch erschlossene Europa mit uns wieder neu: die Schlösser der Loire und die Dünen von Arcachon, den Jakobsweg nach Santiago de Compostela und die schönsten Buchten der Balearen, Rom, die ewige Stadt, die Maremma und den Feuer speienden Ätna.

Reisen Sie weiter mit uns durch die Länder Osteuropas, die sich jahrzehntelang hinter dem Eisernen Vorhang verbargen und die wir erst jetzt entdecken können. Verfallen Sie beispielsweise dem Charme der russischen Hauptstadt Moskau, dem Triglav-Nationalpark in Slowenien, oder fahren Sie entlang der kroatischen Adriaküste bis nach Griechenland, um dort die Meteora-Klöster zu besichtigen oder durch die Ägäis zu segeln.

Das Bild unserer Welt vervollständigt sich, wenn wir Europa verlassen und uns auf die ferneren Kontinente einlassen. Wollen Sie das Kap der Guten Hoffnung umrunden, das Opernhaus von Sydney bewundern oder sich im australischen Outback von der Zivilisation erholen? Ziehen Sie das Palmen umsäumte Südseeparadies dem abenteuerlichen Amazonasdschungel vor, oder wollen Sie auf den Spuren alter Kulturen in Mexico wandeln? Ob Liebende das indische Taj Mahal, das Symbol der Liebe schlechthin, oder die grandiosen Niagarafälle, den amerikanischen Traum von Romantik, favorisieren — entdecken Sie, wovon Sie schon immer träumten.

Verlag und Redaktion

Inhalt

Europa 8

Island	12
Norwegen	14
Finnland	20
Schweden	22
Dänemark	26
Irland	32
Großbritannien	34
Niederlande	52
Belgien	58
Deutschland	62
Schweiz	88
Österreich	104
Frankreich	116
Spanien	146
Portugal	166
Italien	172
Estland	216
Litauen	216
Lettland	216
Russland	218
Ukraine	223
Polen	224
Tschechien	228
Slowakei	233
Ungarn	234
Kroatien	236
Slowenien	240
Rumänien	242
Bulgarien	243
Griechenland	244
Türkei	252
Zypern	260

Asien 262

Israel	266
Jordanien	272
Syrien	274
Saudi-Arabien	276
Oman	276
Katar	276
Vereinigte Arabische Emirate	276
Dubai	278
Jemen	279
Irak	280
Iran	280
Usbekistan	282
Mongolei	283
China	284
Japan	296
Pakistan	298
Nepal	300
Tibet	302
Bhutan	303
Sikkim	303
Indien	304
Malediven	319
Sri Lanka	320
Birma/Myanmar	324
Laos	327
Kambodscha	328
Vietnam	328
Thailand	332
Taiwan	337
Philippinen	338
Malaysia	342
Borneo	344
Indonesien	346
Papua-Neuguinea	353

Afrika 354

Marokko	357
Tunesien	362
Libyen	367
Ägypten	368
Mali	380
Senegal	380
Kapverdische Inseln	380
Niger	382
Kongo	382
Äthiopien	383
Kenia	383
Tansania	384
Sansibar	387
Seychellen	387
Sambia	387
Malawi	387
Namibia	388
Botswana	391
Südafrika	392
Komoren	398
Réunion	398
Madagaskar	400
Mauritius	400

Nordamerika 402

Kanada	405
Vereinigte Staaten von Amerika	418

Mittel- und Südamerika 484

Bahamas	487
Kuba	488
Cayman Islands	490
Dominikanische Republik	491
Jamaika	491
Guadeloupe	492
Saba	493
St. Marteen	494
Antigua	495
British Virgin Islands	495
St. Lucia	496
Martinique	496
Aruba	497
Grenadinen	499
Barbados	499
Bonaire	499
Curaçao	499
Grenada	501
Trinidad	501
Tobago	501
Mexiko	502
Guatemala	506
Panama	509
Belize	509
Costa Rica	509
Kolumbien	510
Venezuela	510
Ecuador	513
Peru	513
Brasilien	516
Bolivien	518
Chile	520
Argentinien	522
Uruguay	522

Australien, Ozeanien und Neuseeland 526

Australien	530
Chuuk	548
Palau	548
Guam	459
Kiribati	549
Fidschi-Inseln	551
Gesellschaftsinseln	551
Marquesas	551
Tonga	552
Cook-Inseln	552
Tuamotu-Archipel	553
Samoa	553
Neuseeland	554
Antarktis	564
Ortsregister	568

Europa

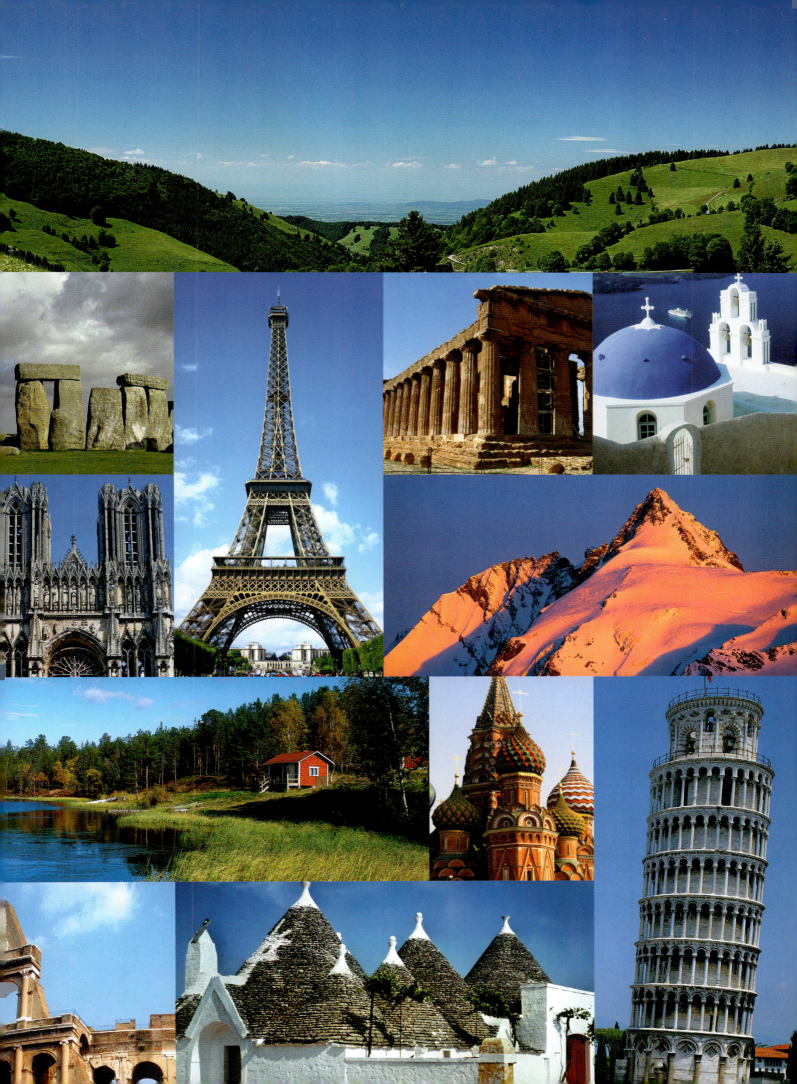

Legend

Deutschland:
1 Allgäu
2 Wieskirche
3 Oberammergau
4 Zugspitze/Garmisch Partenkirchen
5 Starnberger See
6 Herrenchiemsee
7 Berchtesgadener Land/Watzmann
8 Königsee/Watzmann

Frankreich:
1 Aix en Provence
2 Mont.Ste.Victoire
3 Provence
4 St.Paul de Vence/Fondation Maeght

Schweiz:
1 Eigernordwand, Jungfraubahn/Berner Oberland
2 Rhônegletscher, Aletschgletscher
3 Großer Sankt Bernhard
4 Matterhorn mit Zermatt, Saas Fee
5 Vierwaldstättersee
6 Alte Gotthardstraße
7 Burgen von Bellinzona
8 Locarno, Ascona
9 Luganer See/Tessin
10 Glacier-Express
11 Klosters, Davos
12 Via Mala Schlucht
13 Soglio
14 Piz Palü, Silser See, Sils Maria
15 Poschiavo
16 St. Moritz

Österreich:
1 Seefeld in Tirol
2 Innsbruck
3 Krimmler Wasserfälle
4 Kitzbühel
5 Salzkammergut/Wolfgangsee

Italien:
1 Lago Maggiore
2 Ventimiglia
3 San Remo
4 Arezzo
5 Lago di Trasimeno

Slowenien:
1 Triglav-Nationalpark

Map labels

ATLANTISCHER OZEAN

ISLAND
Reykjavik
Geysire
Dettifoss-Wasserfall
Skaftafell-Nationalpark
Vatnajökull Gletscher
Svartifoss Wasserfall

Faröer Inseln

NORWEGEN
Hurtigruten
Geirangerfjord
Sognefjord
Urnes
Jotunheimen-Nationalpark
Bergen
Hardangerfjord
Oslo
Stavanger
Vänersee
Göteborg

Shetland Inseln

DÄNEMARK
Limfjord
Samsø
Louisiana/Humlebæk
Ribe
Fynen
Kopenhagen
Sylt
Roskilde
Seebüll
Møn
Hiddensee
Darß
Rügen
Usedom

Nordsee

Orkneys
Äußere Hebriden
Isle of Skye
Eilean Donan Castle
Loch Ness
Highlands/Hochmoorlandschaft
Glasgow
Edinburgh
Hadrianswall

GROSS-BRITANNIEN
Lake District
Liverpool
York
Snowdonia National Park
Cambridge
Blenheim Pal.
Oxford
Windsor
London
Ascot
Canterbury
Dover
Bath
Glastonbury
Winchester
Stonehenge
Dartmoor
Land's End
Cornwall/St. Ives
St.Michael's Mount
Eden Project
Guernsey
Jersey

Helgoland

NIEDERLD.
Texel
Alkmaar
Hoorn
Keukenhof
Leiden
Ijsselmeer
Den Haag
Amsterdam
Delft

Worpswede
Hamburg
Münster-land
Lüneburger Heide
Mecklenburgische Seenplatte
Berlin
Hannover
Potsdam
Spreewald
Lübeck

DEUTSCHLAND
Quedlinburg
Dessau
Sächs.Sch.
Elbsandst.
Dresden
Wartburg
Vierzehn-heiligen
Karlsbad
Karlovy
Marienbad
Prag
Böhmerwald
Bamberg
Nürnberg
Rothenburg o.d.Tauber
Ulm
München
Salzburg
Schwarz-wald
Neuschwan-stein

BELG.
Brügge
Beginenhöfe
Gent
Antwerpen
Brüssel
Maastricht
Dinant
Ardennen
Luxembourg
Köln
Schloss Augustusburg
Loreley
Rüdesheim

IRLAND
Connemara
Aran Island
Clonmacnoise
Dublin
Ring of Kerry
Belfast
Giant's Causeway

FRANKREICH
Normandie-Küste
Lille
Deauville
Mont St. Michel
Giverny
Reims
Nancy
Straßburg
Elsaß-/Riquewihr
Chartres
Paris
Carnac
Belle Ile
Val de Loire
Schloß Chambord
Schloß Amboise
Schloß Chaumont
Schloß Chenonceaux
Ile d'Oléron
St. Emilion
Dune du Pilat
Biarritz
Lourdes
Pyrenäen
Carcassonne
Pont du Gard
Avignon
Orange
Ardeche-Schlucht
Fontain de Vaucluse
Senanque
Gorges du Verdon
Arles
Camargue
Stes.Maries de la Mer
Calanquen
St.Tropez
St.Raphael
Cannes
Antibes
Eze
Nizza
Monaco

St.Gallen
Vaduz
Bern
Luzern
Montreux
CH
Anton
Vent
Gstaad
Mont Blanc
Aosta-Tal
Gran Paradiso Nationalpark
Comer See
Garda See
Dolomiten
Cortina d'Ampezzo
Großglockner
Bad Gastein
Melk
Wachau
OSTERR.
Bled
Ljubljan.
Adelsberger Grotten
Istrien
Poreč
Pula
Plitvice
KROAT.
SL.

Mailand
Abano Terme
Venedig
Mantua
Palladio-Villen
Portofino
Modena
Bologna
Ravenna
Lucca
Pisa
Florenz
Chianti
Urbino
Cinque Terre
Siena
San Gimignano
Toscana
Gubbio
Perugia
Maremma
Orvieto
Bomarzo
Giardino dei Tarocchi
Nationalpark Abbruzzen
Rom
ITALIEN
Sperlonga
Neapel
Pompeji
Ischia
Amalfi/Ravello
Capri
Paestum

Korsika
Bonifacio
Porto
Costa Smeralda
Sardinien
Favignana
Palermo
Liparische Inseln/Volcano, Lipari
Selinunt
Agrigent
Villa Piazza Armerina
Ätna
Taormina
Syrakus
Sizilien

Santiago de Compostela
Baiona/Rias Baixas
Gijón
Altamira-Höhle
Picos d'Europa National-park
Bilbao
Porto
Dourotal
Burgos
San Sebastian
Pamplona
NP Ordesa y Monte Perdido
Zaragoza
Kloster Poblet
Kloster Montserrat
Tossa de Mar
Barcelona
Salamanca
Segovia
Ávila
Teruel
PORTUGAL
Coimbra
Fatima
Madrid
El Escorial
Toledo
Sintra
Lissabon
Évora
Mérida
SPANIEN
La Mancha
Algarve
Sevilla
Córdoba
Granada
Nerja
Jerez de la Frontera
Ronda
Cádiz
Malaga
Almeria
Tanger
Ibiza
Mallorca
Balearen

Mittelmeer

Rabat
Casablanca
Fès
Oran
Algier
Annaba
Tunis
MAROKKO
ALGERIEN
TUNESIEN
MALTA
Valetta

0 200 400 600 km

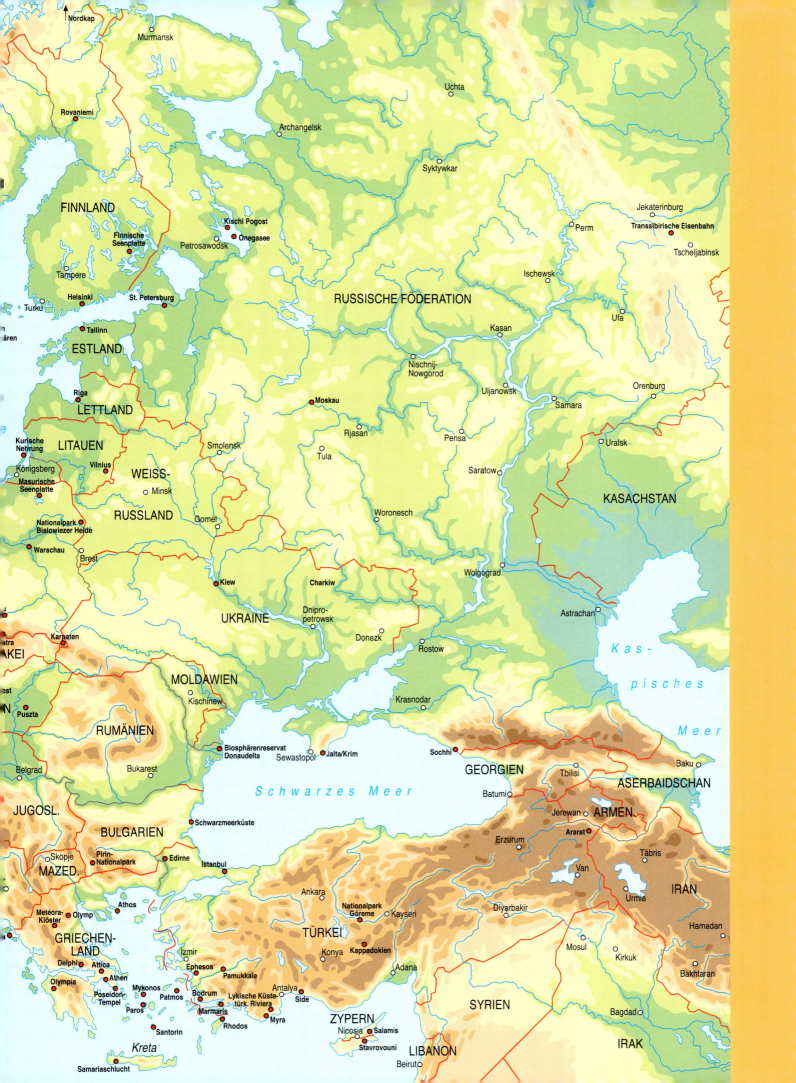

Island

Die zwischen Atlant'schem Ozean und Grönlandsee gelegene Insel Island bietet Natur pur. In den unberührten Landschaften sprudeln heiße Quellen und Geysire, Island-Ponys grasen an stillen Bergseen, während ein paar Kilometer weiter gigantische Wasserfälle in die Tiefe rauschen oder Vulkane Feuer spucken. Einen spannenden Kontrast bildet da Reykjavík, die nördlichste Hauptstadt der Welt.

Svartifoss-Wasserfall (links oben)

Der Svartifoss-Wasserfall im Skaftafell-Nationalpark im Südosten der Insel ist weder für ungeheure Wassermassen noch für seine Fallhöhe berühmt, sondern für den schwarzen Säulenbasalt, über den der Svartifoss herabfällt. Wie Orgelpfeifen reihen sich die einzelnen Säulen auf und inspirierten den Architekten Gudjón Samúelsson zum Bau der Kirche Hallgrímskirkja in Reykjavík.

Vatnajökull-Gletscher (links unten)

Schon im Anflug auf Reykjavík ist der mächtige, 1000 m dicke Eispanzer des Vatnajökull-Gletschers zu sehen. Er ist der drittgrößte Gletscher der Welt und beherrscht mit einer Fläche von 8400 km^2 den Süden der Insel. Unter den Eismassen ruht der noch aktive Vulkan Bárdarbunga, der bei seinem letzten Ausbruch im September 1993 enorme Eismassen des Vatnajökull schmolz.

Geysire (rechts)

Der Stóri Geysir im Hauka-Tal ist der Namensgeber für die heißen Springquellen in aller Welt, selbst aber nur noch selten aktiv. Der Stokkur, der 50 m daneben liegt, spuckt dagegen alle 15 Minuten sein heißes Wasser 25 m in die Höhe. Aus dem tiefen Quellschacht dringt dann ein grollender Donner, erhitztes Wasser schwappt immer höher, bis sich der Geysir schließlich in einer Wassersäule entlädt.

Skaftafell-Nationalpark *(oben)*
Die üppige Vegetation des Skaftafell-Nationalparks besteht aus einer Heidelandschaft mit niedrigen Bäumen. Gräser, Moose, Farne und Wildblumen gedeihen hier und bieten Bekassine, Rotdrossel und Zaunkönig sowie einer reichen Insektenfauna einen Lebensraum. Der Nationalpark liegt eingebettet zwischen Basaltformationen und weißen Gletschermassen, die wiederum die Seen und Flüsse des Parks mit Wasser speisen.

Dettifoss-Wasserfall *(unten)*
Über 190 t Wasser pro Sekunde stürzen am Dettifoss-Wasserfall im Nordosten Islands 44 m in die Tiefe. Damit ist der Fall der wasserreichste in ganz Europa. Das Wasser kommt aus dem Vatnajökull-Gletscher und fließt quer über die Insel bis hierher, in den Nationalpark Jökulsárgljúfur. Zwei weitere Wasserfälle überwindet das Wasser etwas weniger spektakulär auf seinem Weg zum Meer.

Norwegen

Wer sein Glück in Ruhe und Einsamkeit sucht, der ist in Norwegen genau richtig. Die weiten Fjorde und Wälder bieten ein einmaliges Naturerlebnis, kleine Fischerdörfer an der Küste laden zum Verweilen ein, schroffe Berge und Felsen bieten Wanderern und Kletterern unendliche Möglichkeiten. Und selbst die größeren Städte, in denen das Leben pulsiert, bieten zahlreiche ruhige Winkel zur Erholung.

Lofoten *(links oben)*

Fischerkutter drängeln sich in kleinen Häfen, die Städte sind aus ockerfarbenen, roten, weißen und blauen Holzhäusern erbaut. Dazwischen sieht man unzählige hjelter, auf denen der Kabeljau zum Trocknen aufgehängt wird. Die Lofoten, die den Vestfjord von der offenen Norwegischen See trennen, sind Inseln der Fischer und des Kabeljaus, der aus dem Eismeer zum Laichen hierhin wandert.

Nordkap *(links unten)*

Das Nordkap, auf der Insel Magerøy gelegen, ist der nördlichste Punkt Europas. Die Sommernächte, an denen die Sonne hier rund um die Uhr scheint, und die Winter zwischen Mitte November und Mitte Januar, an denen sie gar nicht auftaucht, sind Anziehungspunkt für Tausende von Touristen. In der baumlosen, unwirklichen Landschaft der Kaps leben nur noch die Samen mit ihren Rentieren.

Hurtigruten *(oben)*

Jeden Abend startet in Bergen eines der Postschiffe der Hurtigruten, um sich auf die spektakuläre Fahrt nach Kirkenes jenseits des Nordkaps an der russischen Grenze zu begeben. Die Fahrt entlang der unvergleichbaren norwegischen Fjordküstenlandschaft dauert 12 Tage. Immer wieder laufen die Schiffe kleine Häfen an, in denen man Landgänge unternehmen oder beim Ausladen der Waren zusehen kann.

Jotunheimen-Nationalpark (links)
Die Frost- und Reifriesen der Edda sollen hier ihre Heimat haben, im Jotunheimen-Nationalpark, der an die Ausläufer des Sognefjord grenzt. Mit über 60 Gletschern, 250 Bergen über 1900 m und 20 über 2300 m ist der Nationalpark die größte Fjällregion, also baumlose Hochfläche, Nordeuropas. Zwischen den Findlingen, Karen und Moränenfeldern wachsen seltene Moose und die Fjällheide.

Sognefjord (unten links)
Mit einer Länge von 204 km und einer Tiefe von stellenweise 1308 m ist der Sognefjord an der Südwestküste Norwegens der längste des Landes. Er wird umschlungen von kargen, senkrecht abfallenden Felswänden und ist die Attraktion in der wilden, oft unwirtlichen Landschaft der Provinz Sogn og Fjordane, deren Bewohner wie ihr Fjord sein sollen – rau und verschlossen.

Geirangerfjord (unten Mitte)
Ein Fjord ist ein tiefer, enger Meeresarm oder eine Bucht, während der Eiszeiten durch Gletschererosionen entstanden. Der Geirangerfjord im Nordwesten Norwegens gilt als einer der beeindruckendsten des Landes. Auf einer Länge von 15 km steigen an seinen Seitenwänden die Berge steil bis auf etwa 800 m an. Unvergessliche Eindrücke hinterlässt eine Schiffstour durch den Fjord.

Stabkirchen, Urnes (unten rechts)
Senkrechte Pfosten, so genannte Stäbe, stützen die Dächer und Wände der hölzernen norwegischen Stabkirchen, die allein von Nuten und Rillen, nicht aber Nägeln oder Beschlägen gehalten werden. Die Stabkirche zu Urnes in Sogn wurde um 1250 erbaut, das geschnitzte Portal, auf dem sich Drachen und Schlangen bekämpfen, ist allerdings rund 100 Jahre älter und erinnert an Wikingerornamente.

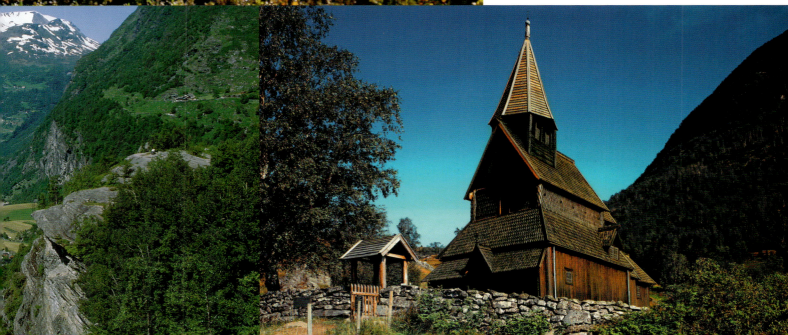

Hardangerfjord (oben)
Rund um den Hardangerfjord erstreckt sich der „Obstgarten Norwegens". Besonders zur Kirsch- und Apfelblüte wirkt die saftiggrüne Landschaft wie verzaubert und steht in einem wirkungsvollen Kontrast zu dem grün-blauen Wasser des Fjords und den schneebedeckten Bergmassiven im Hintergrund der Obstplantagen. Bei Jondal lässt sich eine historische Saftfabrik mit Gasthaus besichtigen.

Predigtstuhl, Stavanger (unten)
600 m überragt die Felskanzel Preikestolen (Predigtstuhl) den Lysefjord und bietet einen herrlichen Ausblick über den Fjord und die umliegende Landschaft. Wer nach so viel atemberaubender Natur wieder ein wenig Stadtluft atmen möchte, sollte Stavanger im Süden des Fjords besuchen, denn abends wimmelt es in den Altstadtstraßen, Kneipen und Diskotheken des weltoffenen Städtchens von Leuten.

Hafenstadt „Bryggen", Bergen (rechts)
An der Nordseite des Vågen, dem Hafenbecken von Bergen, erstreckt sich die Bryggen — einst eine kleine Handelsniederlassung deutscher Kaufleute, heute das Wahrzeichen der Stadt und UNESCO-Weltkulturerbe. Die alten, schiefen Kontore wurden zur Zeit der Hanse im 14. Jh. errichtet, um Salz und Bier aus Deutschland gegen Stockfisch und Tran aus Norwegen einzutauschen.

Finnland

Dass man Finnland das Land der 1000 Seen nennt ist glattes Understatement, denn laut Zählungen gibt es mehr als 180 000 Seen. Doch daneben besitzt Finnland auch noch seinen dichter besiedelten Süden mit der Hauptstadt Helsinki und die einsamen Weiten Lapplands. Übrigens gilt in Finnland das Jedermannsrecht, d. h. jeder darf die Natur nutzen, solang er den Leitsatz befolgt: Nicht stören, nicht zerstören.

Helsinki *(links)*

Der Großteil der finnischen Hauptstadt Helsinki liegt auf einer Halbinsel an der Nordküste des Finnischen Meerbusens. Von einer felsigen Anhöhe zwischen Nord- und Südhafen aus beschirmt die orthodoxe Uspenski-Kathedrale die Stadt. Der kunstvolle rote Backstein mit seinen 13 vergoldeten Zwiebeltürmen erinnert an russische Holzkirchen. Heute ist das Gotteshaus das Wahrzeichen Helsinkis.

Rovaniemi *(links unten)*

Nördlich des Polarkreises erstrecken sich die meist zugefrorenen Seen und tief verschneiten Wälder der finnische Provinz Lappland. Die Stadt Rovaniemi knapp unterhalb des Polarkreises ist deren Verwaltungssitz und hat statt der unendlichen Weite der Landschaft das futuristisch anmutende Arktikum zu bieten, ein Museum, dass sich ganz der samisch/lappländischen Kultur verschrieben hat.

Finnische Seenplatte *(unten)*

Ein Zehntel Finnlands ist mit Seen bedeckt, die im Bereich der Finnischen Seenplatte häufig durch Kanäle und Kaskaden, Stromschnellen und Wasserfälle miteinander verbunden sind. Ihr Zentrum ist der von Wäldern umgebene Saimaasee im Südosten des Landes. Zahlreiche Buchten, Halbinseln und bewaldete Inseln machen eine Wanderung durch das Gebiet zu einem einmaligen Erlebnis.

Schweden

Ruhe ist das eine, was sich der Schwedenurlauber ersehnt, landschaftliche Idylle das andere. Und beides muss er nicht lange suchen: Die Ruhe ist in einem Land, das wesentlich dünner besiedelt ist als Deutschland, leicht gefunden. Und da das Land seit über 300 Jahren keinen zerstörerischen Krieg mehr erlebt hat, gibt es kaum einen Flecken, der in seiner Ursprünglichkeit den Besucher nicht tief beeindruckt.

Stockholm (oben)
Dort, wo sich der Mälarsee zu einem Fluss verengt und mit dem Wasser der Ostsee vermischt, erstreckt sich die schwedische Hauptstadt Stockholm teils auf Inseln und Holmen und teils auf dem Festland. Vom schönsten Aussichtspunkt der Stadt aus, dem Turm des Stadthuset, zeigt die schwimmende Stadt mit den unzähligen Parkanlagen und den grünen Kupferdächern der Häuser ihre unnachahmliche Anmut.

Schloss Gripsholm (Mitte)
„Das Schloss Gripsholm strahlte in den Himmel; es lag beruhigend und dick da und bewachte sich selbst. Der See schaukelte ganz leise und spielte – plitsch, plitsch – am Ufer." So beschrieb Kurt Tucholsky 1931 das schwedische Schloss Gripsholm in seinem gleichnamigen Roman und so ist es auch heute noch: Die wuchtigen roten Backsteinmauern am Mälarsee strahlen einen wunderbaren Frieden aus.

Schären (unten)
Buckelartige Felsinseln erheben sich in Schwärmen vor den Küsten Skandinaviens aus dem Meer – die Schären. 24 000 Inseln gehören zu den Stockholmer Schären; auf ihnen leben mehr als 7 000 Menschen das ganze Jahr über. Die winzigen Inseln, die teilweise in 5 Minuten überquert werden können, sind im Sommer Ziel zahlloser Besucher. Doch ansonsten lebt man hier ein Leben ohne Stress und ohne Luxus.

Vänernsee *(links)*

Der Vänern ist der größte See Schwedens. Vor 12000 Jahren, als das Land noch von einer 2000 m dicken Eisschicht bedeckt war, reichte das Meer noch bis hierher. Später schmolz das Eis, das Land hob sich um 300 m und der Vänernsee entstand. In der Region findet der Urlauber alles, was Schweden ausmacht. Besonders reizvoll ist die Halbinsel Kålland, die von Süden in das Binnenmeer hineinragt.

Gotland *(unten)*

Eine in jeder Beziehung unskandinavische Landschaft findet sich auf der Insel Gotland, neben Öland die größte Insel der Ostsee. Der schnell erwärmte und trockene Kalkstein lässt hier eine Vegetation entstehen, die eher im Süden Europas beheimatet ist. Blaue Kugelblumen, Sonnenröschen und über 30 verschiedene wilde Orchideenarten wachsen in den unzähligen Naturschutzgebieten des Eilands.

Wikingersiedlung, Birka *(ganz unten)*

Inmitten des Mälarsees – und damit sehr verkehrsgünstig gelegen – liegt die Insel Björkö. Bereits die Wikinger erkannten deren strategisch günstige Lage und erbauten darauf die Siedlung Birka, eine Stadt der Händler und Handwerker, die im 9. Jh. ihre Blüte erreichte. Die Ausgrabungsfunde sind von großer Bedeutung, da sie einen sehr guten Einblick in das Alltagsleben der Wikinger geben.

Dänemark

Dänemark ist ein Land der Inseln: Es besteht aus der Halbinsel Jütland, die an den deutschen Norden grenzt, und fast 500 weiteren Eilanden, von denen rund 100 bewohnt sind. Dazu gehört auch die größte Insel der Welt Grönland. Ein Großteil Dänemarks besteht aus Kulturlandschaft, sanften Wiesen und Feldern, die sich von Küste zu Küste dehnen. Der höchste Berg ist gerade mal 173 m hoch.

Limfjord (oben)
Seit einer Sturmflut im Jahr 1825 ist der Limfjord eigentlich kein Fjord mehr, sondern ein Sund, also eine Meeresstraße. Sie trennte Nordjütland endgültig von der Halbinsel ab. Im Süden des Limfjords liegt altes Kulturland, in dem Wikinger siedelten und davor Menschen der Steinzeit. Heute liegt hier Ålborg, drittgrößte Stadt Dänemarks und berühmt für seinen Schnaps, den Ålborger Aquavit.

Samsø (rechts)
Vor allem sportliche Aktivisten sind auf der kleinen Insel Samsø genau richtig: Äußerster Beliebtheit bei Seglern erfreuen sich die gut ausgestatteten Häfen der Insel, es gibt einen 18-Loch-Golfplatz, verschiedene hervorragende Reiterhöfe und vor allem die besten Bedingungen für Fahrradtouren, während derer sich die dänische Fachwerkidylle Samsøs bestens genießen lässt.

Grönland (rechts oben)
Obwohl wesentlich näher an Nordamerika gelegen, gehört die größte Insel der Welt Grönland als teilautonome Region zum Königreich Dänemark. 85 % der Fläche Grönlands sind von Eis bedeckt, die Siedlungen liegen an den eisfreien Küsten. Das Meer rund um die Insel ist sehr kalt und mit Eisbergen und Treibeis bedeckt, sodass man die arktischen Naturwunder bei Bootstouren bestaunen kann.

Fynen (ganz rechts)
Hans Christian Andersen nannte seine Heimat Fynen den „Garten Dänemarks", und dies ist dank der intakten Natur noch immer der Fall. Im Innern der Insel wird Gemüse angebaut, lange flache Sandstrände prägen dagegen die Küsten der zweitgrößten Insel des Königreichs. Nur im Südwesten zieht sich ein bewaldetes Moränenband entlang der Küste, das sich die „Fynischen Alpen" nennt.

Tivoli, Kopenhagen *(links oben)*
Mitten im Stadtzentrum von Kopenhagen liegt der vermutlich berühmteste Rummelplatz der Welt, der Tivoli. Neben den zahlreichen Jahrmarktattraktionen gibt es hier auch Wasserspiele, ein Museum und viele Restaurants — beliebt vor allem bei Touristen. Die Kopenhagener gehen lieber 10 km vor der Stadt in den Dyrehavsbakken, der mit 400 Jahren der älteste Vergnügungspark der Welt ist.

Louisiana-Museum, Humblebaek *(links unten)*
Nahe dem Ort Humlebaek auf Seeland liegt das Louisiana, das bedeutendste Museum für moderne Kunst in Dänemark. Die Atmosphäre des Museums, um eine alte Villa gruppiert und ständig wachsend, ist sehr intim. Im Park mit Blick auf den Øresund verschmilzt die Kunst mit der Natur, und im Sommer liegen die Besucher beim Picknick zwischen den Skulpturen und werden in die Ausstellung einbezogen.

Ribe *(rechts oben)*
Ribe auf der Halbinsel Jütland ist die älteste Stadt Dänemarks, und sie steht ganz in der Tradition ihrer Wikingervergangenheit: Im Museum am Odins Plads wird die große Zeit des Seefahrervolkes Wirklichkeit, und man kann auch ein Wikingerschiff ergründen. Das Ribe Vikingercenter 2 km vor der Stadt hat sogar einen ganzen Markplatz mit Schmiede und einen alten Gutshof rekonstruiert.

Kathedrale von Roskilde *(rechts unten)*
Das von den Wikingern gegründete Roskilde war lange Zeit Residenzstadt der dänischen Monarchen. Die Kathedrale von Roskilde ist daher auch Grabstätte der meisten Könige, die immer wieder Grabkapellen an das Kirchenschiff des gotischen Backsteinbaus bauen ließen — stets im gerade modernen Stil. Die Kathedrale ist ein Nationaldenkmal, in dem man den Königen noch heute die letzte Ehre erweist.

Insel Møn (links)
Eine kurzweilige Landschaft bietet sich dem Besucher der Insel Møn vor Seeland überall, doch der echte Star der Insel ist die Møns Klint. Die Steilküste zieht sich mit ihren schneeweißen Kreidefelsen vom Leuchtturm Møns Fyr im Süden bis nach Brunhoved im Norden und fällt dabei bis zu 130 m senkrecht zum Meer ab. Je nach Sonnenstand ist allein das Farbspiel auf den Felsen unvergesslich.

Insel Bornholm (oben)
Sie wird die Sonneninsel genannt, denn ihr Klima ist so mild, dass hier — obwohl mitten in der Ostsee gelegen — Feigen und Orchideen wachsen. Im Süden am besonders feinen Sandstrand von Dueodde tummeln sich die Sonnenhungrigen, während das Inselinnere eher durch den wilden urwüchsigen Dschungel und der Norden durch die kolossale Ruine der Zwingburg Hammershus begeistert.

Faröer Inseln (unten)
Selten liegen die Temperaturen auf den Faröer Inseln, auf halber Strecke zwischen Dänemark und Grönland im Nordatlantik, über 16 °C. Dennoch hat das teilautonome Archipel seine eigenen Reize, vor allem, wenn die steilen wellenumtosten Küsten und Fjorde von einem stahlblauen Himmel eingerahmt sind. In noch reiner Seeluft lassen sich Wasserfälle und Felsnadeln, Steilklippen und Fjorde erkunden.

Irland

„Land des Regenbogens" oder auch „Grüne Insel", so wird Irland treffend charakterisiert. Und das deutet auch darauf hin, dass der atlantische Wind große, wassergefüllte Wolken an die Küsten weht. Das stimmt, aber man muss nun nicht meinen, dass es stundenlang regnet. Nach einem Guss bricht schnell wieder die Sonne durch. Vier Jahreszeiten an einem Tag, klären die Iren den Besucher auf und murmeln hinterher: 3000 Schattierungen von Grün!

Aran-Inseln (links)
Inisheer, Inishmaan und Inishmore heißen die drei Aran-Inseln, die 45 km vor der Westküste Irlands im Atlantik liegen. Alle drei sind bewohnt. Auf dem größten Steinbrocken, Inishmaan, liegt spektakulär auf den 100 m hoch aus dem Meer ragenden Klippen das Steinfort Dun Aenghus. Drei konzentrisch verlaufende Steinwälle enden jeweils an der Bruchkante der steil abstürzenden Felswände. Vor den Brustwehren befinden sich Tausende von spanischen Reitern — scharfe Felsnadeln, die einen feindlichen Vorstoß wirkungsvoll bremsten.

Connemara (links unten)
Der dünn besiedelte Nordwesten Irlands ist eine Region von außerordentlicher landschaftlicher Schönheit. Dazu tragen die beiden dominierenden Gebirgsketten Twelve Berns und Maam Turks mit ihren weiten Hochmoortälern ebenso bei wie die zerklüftete Küste mit ihren Inselchen und Schären. Die Küstenregion zeigt perfekt geschwungene, einsame Strände mit weißem Sand und türkisblauem Wasser.

Ring of Kerry (rechts oben)
An der Südwestküste Irlands ragen fünf lange Halbinseln wie Finger weit ins Meer hinein. Die landschaftlich schönste von ihnen ist die Kerry-Peninsular, die man auf einer schmalen, kurvenreichen Straße mal hoch über dem Meer, mal direkt am Ufer umfahren kann. Meer, Klippen und die schroffen Berge verbinden sich zu einer Landschaft, die hinter jeder Kurve mit einem neuen Panorama überrascht.

Dublin (rechts Mitte)
Irlands Hauptstadt schmiegt sich rund um die Dublin Bay und wird vom River Liffey in zwei Hälften geteilt. Mittelpunkt des urbanen Lebens ist der vor einigen Jahren aufwendig sanierte Temple Bar-Bezirk, das Soho Dublins. Hier locken viele Singing Pubs, gute Restaurants, einladende Cafés, Galerien, Kunsthandwerksläden, Theater und Kinos allabendlich gleichermaßen die Bewohner wie die Besucher der Metropole.

Clonmacnoise (rechts unten)
Die Ruinen der frühchristlichen Klosterstadt im Zentrum der Grünen Insel liegen recht malerisch direkt am Ufer des Shannon. Um 550 gründete der heilige Kieran die Abtei, die bald zu einem wichtigen geistigen Mittelpunkt des Landes avancierte. Nach dem Raub der Klosterschätze durch die Engländer 1552 begann der Niedergang. Die Reste der Kathedrale, zwei hohe Rundtürme und drei reich verzierte mittelalterliche Hochkreuze zieren das Areal.

Großbritannien

„Eine Insel, drei Länder", damit ist die Vielfalt des Inselreiches schon ganz gut beschrieben. Im Norden das raue Schottland, in der Mitte rollende Hügel, im Süden eine liebliche, vom Golfstrom verwöhnte Countryside, dazwischen Dörfer, die seit Jahrhunderten unverändert sind, alte Adelssitze mit unermesslichen Schätzen und Städte mit prachtvollen Kathedralen. Wie kaum ein anderes Land in Europa hat sich Großbritannien seine Kultur und seine uralten Traditionen bewahrt.

Nordirland

Giant's Causeway (unten)
Mehr als 40 000 sechseckige Basaltsäulen ragen an der Küste der nordirischen Grafschaft Antrim aus dem Meer und bilden eine der bedeutendsten landschaftlichen Attraktionen Nordirlands. Bei einem unterseeischen Vulkanausbruch vor 60 Mio. Jahren erstarrte die nach oben gedrückte Lava zu regelmäßig geformten Säulen. Giant's Causeway heißen diese Säulen, weil, der Legende nach, der Riese Finn MacCool die stufenförmigen Basalttreppen angelegt haben soll, um so trockenen Fußes von Irland nach Schottland zu gelangen, um seinen schottischen Rivalen Benandonner zu erreichen.

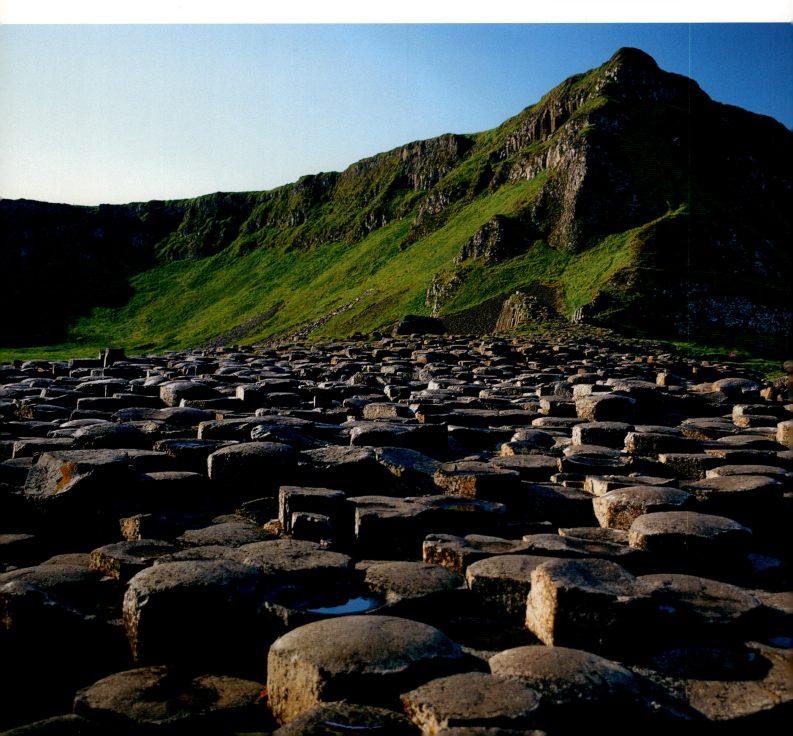

Schottland

Shetland's *(oben)*
Der sturmumtoste Archipel im Nordatlantik umfasst rund 100 Eilande, von denen Mainland das größte ist. 16 weitere Inseln sind bewohnt, und auf zwei der Steinbrocken lebt jeweils nur eine einzige Familie. Neben der fantastischen Landschaft, die Wanderer, Ornithologen, Angler, Botaniker und Geologen gleichermaßen anzieht, ist der Jarlshof, eine von Archäologen ausgegrabene bronzezeitliche Siedlung, die große Attraktion der Insel Mainland.

Eilean Donan Castle *(Mitte)*
Schottlands Bilderbuchburg liegt vor einer grandiosen Bergkulisse am Schnittpunkt dreier mit dem Meer verbundener Seen auf einer Insel und trotzt seit 1220 allen Anfeindungen. 1719 schossen drei englische Fregatten die Festung sturmreif, für 200 Jahre nagten dann Wind und Wetter an den Ruinen bis 1912 ein später Nachfahre der Familie die Burg restaurieren und eine mehrbogige Steinbrücke für den leichteren Zutritt errichten ließ.

Äußere Hebriden *(unten)*
Wie ein lang gestreckter Wellenbrecher liegen die auch Western Isles genannten Inseln rund 80 km vor der Westküste Schottlands. Auf der Doppelinsel Isle of Lewis and Harris, so benannt, weil ein schroffer Gebirgszug den Norden vom Süden trennt, weben die Frauen in Heimarbeit und auf Handwebstühlen den Tweed. Nur der hier hergestellte Stoff darf sich so nennen, und er wird in alle Welt exportiert.

Loch Ness (oben)
Loch Ness ist 36 km lang, aber nur 1,5 km breit und 325 m tief. Selbst im heißesten Sommer erwärmt sich das Wasser auf nicht mehr als 7 °C, und im auch im kältesten Winter friert der See nicht zu. Der erste, der das sagenumwobene Monster gesehen haben soll, war im Jahr 565 der irische Missionar Columban. Seit man 1933 entlang des Ufers eine Straße baute, haben Tausende von erschrockenen Besuchern angeblich das Monster Nessie gesehen, über das am Nordende des Lochs das Official Loch Ness Monster Exhibition Centre informiert.

Isle of Skye (unten links)
Die „geflügelte Insel" ist die größte der Inneren Hebriden, liegt nur einen Steinwurf vom Festland entfernt und ist seit einigen Jahren über eine gut in die Landschaft eingepasste Brücke erreichbar. Das Eiland mit seinen schroffen Gebirgszügen, den steil ins Meer abfallenden Klippen und den tief ins Land reichenden Buchten ist von großer landschaftlicher Schönheit und ein Paradies für Amateur-Geologen, Hobby-Ornithologen und Bergwanderer.

Orkney's (unten Mitte)
Der kleine, vor der Nordküste Schottlands liegende Archipel zählt 67 Inseln, nur die wenigsten sind bewohnt; die knapp 20000 Einwohner verteilen sich auf 18 Eilande. Auf Mainland, dem größten dieser nordatlantischen Brocken, finden sich megalithische Steinkreise, das Hügelgrab Meas Hove und das von den Archäologen freigelegte Steinzeitdorf Skara Brae. Neben diesen 5000 Jahre alten Zeugnissen der Vergangenheit schätzen die Besucher vor allem die unberührte Natur und die Abertausenden von Seevögeln, die in den Klippen nisten.

Highlands *(unten rechts)*

Die schottischen Highlands, im Zentrum und im Norden des Landes gelegen, sind eine fast menschenleere Region mit hohen, schneebeckten Bens (Bergen), dunklen, waldbestandenen Glens (Tälern) und unergründlich tiefen Lochs (Seen). An der schärenzerfurchten Westküste mit ihren tief eingeschnittenen Fjorden mischt sich das Heulen des Windes mit den krächzenden Schreien der Seevögel und dem Donnern der Brandung.

Edinburgh *(oben)*

Die Altstadt von Schottlands Kapitale liegt auf einem hohen Bergrücken. An einem Ende dieses Rückens liegt die mächtige Burg, am anderen der königliche Holyrood Palace. Verbunden werden beide Residenzen von der Royal Mile, die von uralten prachtvollen Gebäuden gesäumt ist. Diese Straße bezeichnete der Robinson-Autor Daniel Defoe als die schönste der Welt und Theodor Fontane nannte die Stadt das Athen des Nordens.

England

Kathedrale von York (ganz links)
Eine der schönsten Städte im Königreich ist York und sein Juwel ist die Kathedrale. 1080 legte man den Grundstein für den prachtvollen Dom, der im romanischen Stil begonnen und 1480 als gotisches Kleinod fertiggestellt wurde. Von besonderer Schönheit sind die insgesamt 128 farbigen Fenster, von denen das 1405 fertiggestellte East Window mit den Maßen 25 x 10 m das weltweit größte mittelalterliche Buntglasfenster ist.

Hadrians Wall (links oben)
122 v. Chr. besuchte der römische Kaiser Hadrian seine nördlichste Provinz und befahl zum Schutz vor den kriegerischen schottischen Pikten den Bau einer Mauer. Von der West- bis zur Ostküste zogen die Pioniere innerhalb von acht Jahren einen 110 km langen und zwischen 4 und 7 m hohen Wall quer durch Nordengland. Teile der Mauer sowie ein römisches Fort und ein Legionärslager sind von den Archäologen freigelegt worden.

Cambridge University (links Mitte)
1271 wurde das erste College in Cambridge von aus Oxford vertriebenen Professoren und Studenten gegründet, und seitdem ist die Hochschule eine der besten Studienadressen im Königreich. Unvergleichlich ist die Skyline der sogenannten Backs, der begrünten Hinterhöfe mit den alten gotischen Fassaden der Colleges entlang des River Cam. Am besten erschließt sich diese Ansicht der Stadt, wenn man mit einem Punt, dem traditionellen flachen Nachen, langsam den Fluss entlangfährt.

Lake District (links unten)
Kaum eine englische Landschaft kann sich mit der Schönheit des Lake District messen, der Großbritanniens größter Nationalpark ist und sich über eine Fläche von 2279 km² erstreckt. 16 malerische Seen werden eingerahmt von hohen Bergen. Die gesamte Region ist ein Wandergebiet erster Güte. Eine Reihe von Wasserfällen rauscht die Berghänge hinunter, in geschützten Nischen wachsen arktisch-alpine Pflanzen und megalithische Steinsetzungen der bronzezeitlichen Siedler sorgen für interessante Abwechslungen auf den Touren.

Schloss Windsor (oben)
Windsor Castle liegt auf einem Kreidefelsen oberhalb des Örtchens Windsor. Es wurde auf Geheiß von Wilhelm dem Eroberer ab dem Jahr 1086 errichtet, viele der folgenden Herrscher bauten um und an. Die State Apartments zeigen eine umfangreiche Waffensammlung, erlesenes Mobiliar aus allen Epochen, eindrucksvolle Deckengemälde und Bilder großer Meister, wie Dürer, Rubens oder Rembrandt. In der königlichen Bibliothek kann man Zeichnungen von da Vinci, Michelangelo und Raffael bestaunen.

Bath (oben Mitte)
Bath wurde von den Römern gegründet, die die heißen Quellen der Region schätzten, um die sich bald die Stadt Aqua sulis bildete. Im 18. Jh. entdeckte die feine Gesellschaft den Ort, der ab nun im klassizistischen georgianischen Stil ausgebaut wurde. Davon kündet die wahrhaft königliche, perfekt geschwungene, 180 m lange Häuserzeile des Royal Crescent mit ihren über 100 ionischen Säulen. Die gesamte Stadt gehört seit 1987 zum Weltkulturerbe.

Oxford University (rechts)
Heinrich I. legte Anfang des 12. Jh. den Grundstein für die Universität von Oxford und wird dafür bis heute mit dem Ehrentitel Scholar King gerühmt. Als 1167 englische Studenten von der Pariser Sorbonne vertrieben wurden, explodierten die Studentenzahlen und Bischöfe und Könige wetteiferten mit der Gründung neuer Studienorte. Heute zählt Oxford 35 Colleges, und es ist wohl die bekannteste Universitätsstadt der Welt.

Blenheim Palace (oben)
Inmitten eines 1000 ha großen barocken Gartens liegt nahe Oxford der 1722 fertiggestellte hochherrschaftliche Palast, den der Herzog von Marlborough für seinen Sieg über die miteinander verbündeten Franzosen und Bayern im Spanischen Erbfolgekrieg geschenkt bekam. 30000 m^2 Wohn- und Repräsentationsfläche haben die Architekten Nicolas Hawksmoor und John Vanburgh großzügig umbaut. 1874 wurde hier Winston Churchill geboren. Seit 1987 gehört der Palast zum Weltkulturerbe.

Ascot (oben)
1711 wurde die berühmteste Pferderennbahn der Welt von Queen Anne gegründet. Bei einem Ausritt von Schloss Windsor kam sie an eine Stelle, die ideal war „for horses to gallop at full stretch". Am 11. August des gleichen Jahres fand das erste Rennen statt und der Sieger wurde mit Her Majesty's Plate geehrt. Heute ist die Rennsaison in Ascot eines der herausragendsten gesellschaftlichen Ereignisse der britischen Upper Class.

Tower Bridge, London *(oben)*

Londons berühmteste Themse-Überspannung, erbaut im neogotischen Stil, wurde 1894 eingeweiht. Die beiden Zugbrücken können innerhalb von 90 Sekunden geöffnet werden, damit Schiffe bis ins Herz der Metropole fahren können. Seit 1982 sind die Brückentürme mit den technischen Anlagen für Besucher zugänglich. Auch die beiden oberen Verbindungsstege können begangen werden; von ihnen hat man einen einzigartigen Blick auf London.

Buckingham Palace (unten links)
Zu Beginn des 18. Jh. hatte sich der Herzog von Buckingham ein herrschaftliches Haus errichten lassen, das rund 70 Jahre später von der Krone erworben wurde. Georg IV. beauftragte den Architekten John Nash mit einer prachtvollen Umgestaltung. 1837 zog als erste englische Monarchin Königin Victoria in den Palast ein. Seitdem residieren hier die britischen Könige. Wenn das royale Banner vom Dach weht, dann ist die derzeitige Hausherrin in ihren Gemächern.

Tate Modern (unten Mitte)
Mit großem Respekt vor der gestalterischen Leistung des Architekten Sir Giles Gilbert Scott haben die beiden Schweizer Herzog und de Meuron die ehemalige, unter Denkmalschutz stehende Bankside Power Station entkernt und umgestaltet. Auf fünf Etagen sind nun die Bestände zeitgenössischer Kunst zu bestaunen. Die einstige 100 m lange und 30 m hohe Turbinenhalle dient den Besuchern als zentrale Piazza. Sie ist mit zahlreichen überdimensionalen Skulpturen bestückt.

Tate Britain (unten rechts)
1897 wurde diese weltberühmte Gemäldegalerie von Sir Henry Tate eröffnet, der seine eigene Sammlung in die Gründung einbrachte. Heute befinden sich hier die Werke aller großen britischen Maler des 16. bis 19. Jh. Seit 1987 ist der Tate die Clore Gallery angegliedert, in der sich fast das gesamte Oeuvre des Licht- und Schattengenies William Turner befindet.

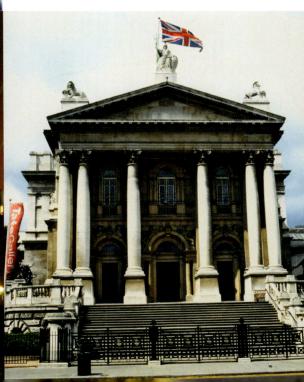

National Gallery (links)
An der Nordseite des Trafalgar Square liegt wie ein breiter Riegel die 1838 eröffnete, im klassizistischen Stil errichtete National Gallery. Ihre Gemäldesammlung ist nicht nur eine der bedeutendsten, sondern zugleich auch die größte der Welt. Hier hängen Bilder aller europäischen Schulen aus dem 15. und 16. Jh. und nicht einer der bekannten Künstler jener Tage fehlt. Über einen Seiteneingang erreicht man die National Portrait Gallery, in denen die Konterfeis berühmter Briten hängen.

Covent Garden (oben)
Im Zentrum der Londoner Innenstadt liegen die 1830 errichteten gusseisernen Markthallen von Covent Garden, die seit 1974 ein beliebtes urbanes Freizeitziel sind. Dort, wo einst gehandelt und verkauft wurde, sind heute Restaurants, Pubs, Kunsthandwerksläden eingezogen, drumherum sorgen Straßenmusikanten für die rechte Tonkulisse, Gaukler bringen Kinder wie Erwachsene zum Lachen, Feuerschlucker, Zauberer und Akrobaten halten die Zuschauer in Atem. Überall wird gegessen, getrunken, gelacht und applaudiert.

Hyde Park (rechts)
Ursprünglich das königliche Jagdgebiet von Heinrich VIII. machte man das Areal einhundert Jahre später für die Öffentlichkeit zugänglich und gestaltete das Gelände nach und nach zur größten grünen Lunge Londons. Seitdem gehört der Park mit seinem großen See, der Serpentine, zu einem der beliebtesten Naherholungsgebiete der Metropole. An der Nordostecke befindet sich die berühmte Speaker's Corner, an der allsonntaglich jeder öffentlich gegen oder für etwas reden darf.

Globe Theatre (unten)
Dem amerikanischen Schauspieler und Regisseur Sam Wannamaker verdanken wir es, das Shakespeares rundes Globe Theatre originalgetreu am südlichen Themseufer wieder aufgebaut worden ist. Hier erlebt man in einer unvergleichlichen Atmosphäre die Stücke des großen Barden wie zu seiner Zeit vor 400 Jahren. Die Zuschauer applaudieren von zugigen Balkonen, und in der Mitte des Runds drängeln sich wie damals stehend die Gründlinge vor der Bühne.

Stonehenge *(rechts)*

Der bekannteste Steinkreis Europas wurde zwischen 2800 und 1100 v. Chr. erbaut und in diesem Zeitraum immer wieder erweitert und umgestaltet. Die mächtigen Sandsteinblöcke sind bis zu 7 m hoch, und jeder wiegt rund 50 t. Das sakrale Areal diente möglicherweise dem Sonnenkult, da mit der Anlage der Sonnenauf und -untergang zum Mittsommer bestimmt werden konnte. Seit 1986 gehört Stonehenge zum Weltkulturerbe.

Winchester Cathedral *(unten links)*

„Die Kathedrale von Winchester ist ein in ganz Europa berühmtes Gotteshaus, von dem man so viel spricht", wusste der Robinson-Autor Daniel Defoe zu berichten. Über einen Zeitraum von vier Jahrhunderten wurde ab 1080 an der Kathedrale erst im romanischen, dann im gotischen Stil gebaut. Kostbarster Schatz der Dom-Bibliothek ist neben vielen mittelalterliche Handschriften eine aus dem 12. Jh. datierende Bibel, die mit Miniaturmalereien illuminiert ist.

Dartmoor *(unten Mitte)*

Das Dartmoor ist ein rund 1000 km² einsames Heide- und Moorgebiet, in dem zwischen erikavioletten Flechten und gelbem Ginster immer wieder unvermittelt gewaltige Steinauftürmungen in die Höhe ragen. Diese so genannten Tors sind willkommene Orientierungspunkte für Wanderer. Fast überall stößt man auch auf prähistorische Steinzirkel oder auf Reste neolithischer Siedlungen, hier findet sich die größte Dichte an frühgeschichtlichen Monumenten von ganz Großbritannien.

Glastonbury *(links)*

Der Strom der Artus-Jünger reist das ganze Jahr über nicht ab, den Glastonbury soll das Avalon des edlen Keltenherrschers sein. 1191 fanden die Mönche von Glastonbury Abbey die Gebeine eines Paares, vermuteten, dass es sich um König Artus und seine Frau Guinevere handele und begruben die beiden in einem prachtvollen Schrein. Ab sofort war der Ort ein Wallfahrtsziel, und bis heute pilgern die Artus-Anhänger zu den Ruinen des Klosters, in denen der sagenhafte König seine letzte Ruhe gefunden haben soll.

Canterbury Cathedral (links)
Zwischen 1070 und 1077 entstand ein erstes romanisches Gotteshaus, das zwischen dem 12. und 15. Jh. im gotischen Stil umgebaut und erweitert wurde. Im Querschiff der Kathedrale wurde am 29. Dezember 1170 der Erzbischof Thomas Becket von Höflingen des Königs Heinrich I. ermordet. Canterbury und seine Kathedrale avancierten in der Folgezeit schnell zu einem Wallfahrtsort, der so beliebt wurde, dass 200 Jahre später Geoffrey Chaucer seine Verse der Canterbury Tales veröffentlichen konnte.

White Cliffs of Dover, Seven Sisters (rechts oben)
An klaren Tagen kann man sie von Frankreich aus sehen, dann reflektieren die hochaufragenden weißen Kreideklippen von Dover das Sonnenlicht, und sie begrüßen jeden, der mit dem Schiff auf die Insel kommt. Der westliche Kreidefelsen heißt Shakespeare's Cliff, da Englands großer Barde hier mehrere Szenen seiner Tragödie „König Lear" ansiedelte. Westlich davon steigen die Kreidefelsen des Kaps Beechy Head 170 m aus dem blauen Meer auf, und daran schließen sich die Seven-Sisters-Klippen an.

St. Ives, Cornwall (Mitte links)
Das kleine cornische Fischerstädtchen war seit den zwanziger Jahren des vergangenen Jahrhunderts Englands berühmtestes Künstlerdorf, an dem die Maler das mediterrane Licht rühmten. Von der Atmosphäre jener Tag hat sich bis heute viel erhalten. Eine Dependance der Tate Gallery zeigt die Werke der Künstler von St. Ives, und nahebei kann man den Skulpturengarten mit dem Atelier der Bildhauerin Barbara Hepworth besichtigen.

Eden Project (Mitte rechts)
Im Herbst 2001 wurden in einem 60 m tiefen Krater eines ehemaligen Steinbruchs die zwei gigantischen, aus mehreren riesigen Kuppeln bestehenden Gewächshäuser eröffnet, in denen die mediterrane und die tropische Klimazone simuliert werden. In den Bioms, eine Abkürzung von Bio Dome, wachsen auf 2,2 ha über 135000 tropische und subtropische Pflanzen, darunter Gummibäume, die Kautschuk geben, Kakao, Vanille, Orchideen und Bambus.

St. Michael's Mount (unten)
400 m vor der südcornischen Küste erhebt sich der Burgberg St. Michael's Mount, das englische Gegenstück zum französischen Mont Saint Michel. 1066 begannen bretonische Mönche mit dem Bau eines Klosters, das zu einer wichtigen Station des Pilgerweges bis ins spanische Santiago avancierte. Mit Auflösung der Klöster durch Heinrich VIII. übernahm die Familie St. Aubyn die Burginsel und erbaute sich hier einen repräsentativen Landsitz. Bei Ebbe kann man über einen Damm zur Insel spazieren, bei Flut bringen einen die Fischer hinüber.

Jersey (links oben)
Jersey liegt in der Bucht von St. Malo nur 20 km vom französischen Festland entfernt. Auch hier finden Besucher prähistorische Megalithbauten und Dolmen, 4500 Jahre alte von Erdhügeln bedeckte Ganggräber. Der Tidenhub rund um die Insel gehört mit 13 m zu den größten weltweit, und bei Ebbe nimmt die Landmasse der Insel um 40 % zu. Steigt die Flut, so ist höchste Eile für die Wattwanderer geboten. Zur Sicherheit heult laut vor dem höchsten Wasserstand eine warnende Sirene.

Land's End (links unten)
Nirgendwo kann man die Meeressehnsucht der Briten besser bestaunen als an Englands südwestlichstem Punkt. Da stehen drei Generationen einer Familie beisammen, und alle zeigen sie mit dem Arm in die Ferne. In früheren Zeiten war das Kap bei den Seefahrern berüchtigt und die Zahl der hier gescheiterten Schiffe ist Legion. Die Bewohner der Umgebung lebten jahrhundertelang gut von den angeschwemmten Frachten der gesunkenen Segler.

Guernsey (rechts oben)
Die Kanalinsel mit ihrem subtropischen Klima liegt 90 km südlich von England, 40 km westlich von Frankreich und ist rund 50 km² groß. Im Frühjahr sprießen explosionsartig die wilden Blumen aus Hecken und entlang der Wanderwege, im Sommer kann man an den vielen Sandstränden die ganze Palette des Wassersports genießen, der Herbst und der milde Winter sind ideal für Wanderungen über die Klippenpfade zu megalithischen Steinsetzungen.

Wales

Nationalpark Snowdonia Mountains (rechts unten)
Der Nationalpark der Snowdonia Mountains umfasst 2170 km² zerklüftetes Bergland. Ihren Namen hat die Gebirgskette vom Snowdon bekommen, der mit 1085 m der höchste Gipfel in Wales ist. Er bildet das Zentrum dieses großen nordwalisischen Bergmassivs, in dem sich Moor und Bergland mit 13 weiteren über 900 m hohen Gipfeln abwechseln. Die raue Landschaft mit ihren gewaltigen Felsvorsprüngen und den Geröllhängen ist eine widerspenstige, und gerade deshalb eine nachhaltig eindrucksvolle Landschaft.

Niederlande

Durch Deiche vor den Nordseefluten geschützt, liegen 40 % der Niederlande unterhalb des Meeresspiegels. Und auch das Hinterland ist von Wasser geprägt, durch die vielen Flüsse und Kanäle, die das gesamte Land durchziehen. Daneben ist das Königreich für Käse und Tulpen, Fahrräder und Windmühlen und vor allem für die unglaubliche Herzlichkeit und Weltoffenheit seiner Bewohner berühmt.

Käsemarkt von Alkmaar (oben links)
Gelbe runde Käselaibe liegen übereinander gestapelt in langen Reihen auf dem Waageplein, dem Waageplatz. Es ist irgendein Freitag zwischen April und September und somit traditioneller Käsemarkt in Alkmaar. Während der Handel zwischen Käufer und Verkäufer per Handschlag besiegelt wird, wiegen die Träger der Käsegilde den Käse ab und bringen ihn dann auf den überlieferten Tragebahren zum Käufer.

Ijsselmeer (oben)
Immer weht im Ijsselmeer eine frische Brise, sodass Segler hier sehr auf ihre Kosten kommen. Das holländische Binnenmeer in der Größenordnung des Bodensees ist, von einigen Untiefen abgesehen, kein schwieriges Segelgebiet, besitzt aber ein Tor zum Wattenmeer, das durch Wassertiefe, Gezeiten, Strömungen und Wetterverhältnisse erhöhte Anforderungen an den Skipper stellt.

Texel (oben rechts)
Alles, was man sich von einer holländischen Insel nur erträumen kann, findet der Urlauber auf Texel: Strand, Dünen, Windmühlen, Wald und lauschige Dörfer. Trotz des Tourismus auf dieser größten westfriesischen Insel finden sich noch immer einsame Strände, vor allem für die Seevögel ein Paradies. Besonders sehenswert ist das Wattforschungszentrum „Eco Mare" mit seiner Seehundstation.

Hoorn (rechts)
Im 16. Jh. verfügte das westfriesische Hoorn über den bedeutendsten Hafen an der früheren Zuiderzee, und den einstigen Glanz der Stadt kann man noch heute bestaunen. Das malerische Hafenviertel und das einzige gotische Gebäude, das alte Rathaus mit wunderbarem Renaissancegiebel, sind wahre Kleinode der Stadt. An der Fassade des Rathauses prangen die Wappen der sieben westfriesischen Städte.

Amsterdamer Grachten *(links oben)*
Auf einem Hausboot in einer der rund 160 Grachten zu leben ist wohl Traum eines jeden Amsterdamers – und der Besucher der Hauptstadt der Niederlande. Doch die Liegeplätze sind äußerst rar, und so muss man sich damit begnügen, an ihren Ufern zu sitzen oder entlang zu spazieren. Oder man erkundet die Amsterdamer Wasserstraßen mit einem Tretboot oder Touristenschiff.

Delft *(links Mitte)*
Delfter Blau ist wohl die Besonderheit der südholländischen Stadt Delft. Es entstand, nachdem Seefahrer im 17. Jh. chinesisches Porzellan mit nach Hause brachten und man versuchte, dies zu imitieren. Historisch ist Delft vor allem mit der Ermordung Willems von Oranien, dem Stammvater des Königshauses, durch einen fanatischen Katholiken verbunden. Seine Gebeine ruhen in der Nieuwe Kerk.

Den Haag *(links unten)*
Den Haag, in der Amtssprache offiziell 's Gravenhage genannt, ist der Regierungssitz der Niederlande und teilt sich auf diese Weise den Hauptstadtstatus mit Amsterdam. Den Haag bekam erst zu Beginn des 19. Jh. die Stadtrechte verliehen, dehnt sich aber seither so schnell aus, dass es mittlerweile mit dem Seebad Scheveningen verwachsen ist und so über einen eigenen Nordseestrand verfügt.

Leiden *(rechts)*
Rembrandt ist hier geboren, 1575 wurde die älteste Universität der Niederlande gegründet und ist seitdem die Uni der Monarchen. Der Gelehrte Clusius legte den Hortus Botanicus an und verhalf so den Tulpen zu ihrem Siegeszug durch die Niederlande. Leiden in Zuid-Holland hat eine spannende Vergangenheit und dank seiner Schönheit und dem quirligen Studentenleben auch eine reizvolle Gegenwart.

Windmühlen, Kinderdijk *(oben links)*
Während der Elisabethflut im Jahr 1421 wurde ein in einer Wiege schlafendes Kind durch eine Katze vor den drohenden Wellen gerettet – so kam der Ort Kinderdijk südöstlich von Rotterdam zu seinem Namen. Vor allem die original erhaltenen Windmühlen locken unzählige Besucher an, wenn sie im Sommer mit Segeln bespannt in Betrieb genommen werden und ein einmaliges Schauspiel darbieten.

Maastricht *(oben)*
Zentrum von Maastricht, der Hauptstadt der Provinz Limburg, ist der Vrijthof, nach Ansicht der Maastrichter der schönste Platz der Niederlande. Zwischen gotischer St. Janskerk und romanischer St. Servaaskerk treffen sich Einheimische und Touristen auf einen Koffie verkeert, bevor sie sich zu einem ausgiebigen Einkaufsbummel durch die erste Einkaufsstadt der Niederlande aufmachen.

Tulpenblüte, Keukenhof *(unten)*
Soweit das Auge reicht Tulpen, Krokusse, Hyazinthen und Narzissen: Wer zwischen März und Mai nach Holland reist, darf sich das riesige kunterbunte Blumenmeer nicht entgehen lassen. Dann präsentieren Hollands Blumenzüchter auf dem Keukenhof bei Lisse auf 32 ha Land ihr Können. Die weltweit größte Freilandblumenschau zeigt auch verschiedene, wechselnde Themenausstellungen.

Belgien

Sie sind die Erfinder der Pommes frites und Hersteller feinster Pralinen, die Belgier. Ansonsten sind Land und Leute im Ausland nicht immer gut gelitten – völlig zu Unrecht, denn Belgien kann nicht nur mit unglaublichen kunsthistorischen Kostbarkeiten aufwarten, seine Bewohner zeichnen sich auch durch ausgesprochene Freundlichkeit aus. Und so ist ein Ausflug nach Belgien immer wieder lohnend.

Gent (oben links)
Das gesamte Altstadtbild Gents in Ostflandern wird von gotischen Gebäuden beherrscht, und so sieht man sich beim Durchstreifen der Stadt augenblicklich in ein Bild eines alten flämischen Meisters versetzt. Über der Stadt, und damit Symbol der Macht, liegt grimmig die Burg Gravensteen, Sitz des Grafen von Flandern im Mittelalter. Von hier oben hat man einen großartigen Blick über Gent.

Brügge (links)
Einen ersten Eindruck von Brügge, dem Zentrum Westflanderns, sollte man sich bei einer Grachtenrundfahrt verschaffen. Die verwitterten Backsteinhäuser mit ihren Spitz- und Treppengiebeln schmiegen sich direkt ans Ufer, Trauerweiden beugen sich zum Wasser hinab. Danach ist ein Besuch der Liebfrauenkirche empfehlenswert, in der man Michelangelos „Madonna mit Kind" betrachten kann.

Flämische Beginenhöfe (oben)
Die Beginenbewegung entstand im 12. Jh. Wohlhabende Frauen bildeten religiöse Gemeinschaften und lebten ab dem 13. Jh. in gemeinsamen Wohnhöfen zusammen, die vor allem in Flandern noch erhalten sind. Die Hofanlage des Kleinen Beginenhofs in Gent ist dabei charakteristisch: Um einen Innenhof ordnen sich Häuschen mit einem von einer niedrigen Mauer umschlossenen Vorgarten.

Antwerpen (unten)
Diamanten und Rubens sind die beiden Aushängeschilde Antwerpens. Erstere finden sich in unmittelbarer Nähe zum Hauptbahnhof, im Diamantenviertel, in dem sich auch die größte jüdische Gemeinde Europas angesiedelt hat. Auf letzteren trifft man später in der Liebfrauenkathedrale in der Antwerpener Altstadt, wo einige der bekanntesten Meisterwerke des flämischen Malers ausgestellt sind.

Dinant *(links)*
Kupferwaren und bebilderte Honigkuchen haben ab dem 11. Jh. der Stadt Dinant in der Provinz Namur ihren Ruhm eingebracht. Die Zitadelle hoch über der Stadt stammt aus eben jener Blütezeit, erhielt ihr heutiges Aussehen aber nach häufiger Zerstörung vor 160 Jahren. Die Felsen um die Stadt sind von unterirdischen Gängen durchbohrt, die zu prähistorischen Tropfsteinhöhlen führen.

Grand Place, Brüssel *(rechts oben)*
Mit seinem gotischen Rathaus, dem reich verzierten Maison du Roi und den 33 Zunfthäusern mit den Barock- und Renaissancegiebeln gilt der Grand Place in Brüssel vielen Menschen als der schönste Platz der Welt. Und in der Tat, wenn im Winter die hübsch verzierte und beleuchtete Schlittschuhbahn den Platz zusätzlich belebt, möchte man sich diesem Urteil gerne anschließen.

Atomium *(rechts Mitte)*
Das Wahrzeichen der Weltausstellung von 1958 und der Stadt Brüssel ist das Atomium. In 160-milliardenfacher Vergrößerung stellt es ein Eisenmolekül dar und stand einst für den Glanz des Fortschritts. Auch wenn das Molekül ein wenig vom Verfall bedroht ist, lohnt ein Besuch. Die neun Kugeln sind durch Rolltreppen verbunden, und vom Aussichtsrestaurant reicht der Blick über die ganze Stadt.

Ardennen *(unten)*
Die Ardennen im Südosten Belgiens gelten als die grüne Lunge des Königreichs, denn sie beheimaten den Großteil des belgischen Waldbestandes. Kleine Flüsschen schlängeln sich durch die Täler dieses Waldes, treffen auf offenes Heide- und Moorland und von Zeit zu Zeit auf ein Städtchen, Kloster oder eine Schlossruine. Vor allem aber die Grotten bei Hotton sind einen Ausflug wert.

Deutschland

„Warum in die Ferne schweifen, wenn das Gute liegt so nah", so könnte man Deutschland als Reiseziel treffend charakterisieren. Eine lange Küstenlinie mit vorgelagerten Inseln, Seenplatten, Mittelgebirge und eine alpine Bergkette lassen alle Möglichkeiten von Erholung und Sport zu, dazu kommen Städte mit einer reichen kulturellen Vergangenheit, wie die 20 von der UNESCO zum Welterbe gehörigen Denkmäler bezeugen.

Nolde-Haus Seebüll *(oben)*
Das Haus Seebüll – ein burgartig wirkender Ziegelbau – hat sich Emil Nolde (1867–1956) ab 1927 nach eigenen Entwürfen errichten lassen. Seebüll wurde Noldes Refugium, nachdem die Nazis seine Kunst als „entartet" gebrandmarkt und 1941 ein Malverbot verhängt hatten. Hier entstanden in der Folgezeit heimlich die sogenannten „Ungemalten Bilder", über 1300 kleinformatige Aquarelle.

Sylt *(rechts Mitte)*
Seit 1927 kann Deutschlands exklusivste Insel über den Hindenburgdamm direkt mit der Bahn angefahren werden. 40 km feinster Sandstrand locken zum Baden und Schwimmen. Während im Westen eine stetige Nordseebrandung an die Dünen spült, findet sich im Osten ein stilles Wattenmeer. Fast 1800 Sonnenstunden im Jahr machen den Urlaub an den Stränden und in den zwölf Ortschaften zum Vergnügen.

Darß *(rechts unten)*
„Seele baden, Sinne salzen" – so lautet das Motto der Darß, der wahrlich schönsten Halbinsel Deutschlands an der Ostseeküste. Die abwechslungsreiche Küstenlandschaft wurde über die Jahrtausende durch Wind, Strömung und Gezeiten geschaffen und bietet kilometerlange, weiße Sandstrände, aber auch Steilküsten, im Hinterland dunkle Wälder und weite Wiesenlandschaften.

Helgoland *(ganz rechts)*
Rund 70 km vor der Küste liegt im Meer der gewaltige, 61 m hoch aus der See ragende Buntsandsteinfelsen Helgoland. Die 1650 Einwohner der 1 km² großen Insel sind ganzjährig auf Besucher eingestellt, denn der Golfstrom sorgt auch im Winter für milde Temperaturen. Darüber hinaus ist die Umwelt rund um Deutschlands einzige Hochseeinsel intakt, das Wasser hat – entsalzt – Trinkwasserqualität, und die Luft enthält kaum Staubpartikel.

Hiddensee (links)
Die Perle der Ostsee ist rund 19 km² groß, hat 1300 Einwohner und Sandstrände auf einer Länge von 16 km. Und hier sind immer die Schatzsucher unterwegs, die dem Gold des Meeres, wie der Bernstein auch genannt wird, nachspüren. Besonders nach den Sturmfluten im Frühjahr und Herbst stehen die Chancen gut, an Hiddensees Stränden fündig zu werden.

Lübeck (unten links)
Schon 1987 wurden weite Teile der Lübecker Altstadt in die Liste des Weltkulturerbes der UNESCO aufgenommen. Und mit dem Holstentor hat die ehemalige Hansestadt Lübeck das bekannteste Stadttor aus mittelalterlichen Zeiten in ganz Deutschland zu bieten. Ein Spaziergang durch den historischen Stadtkern mit seinen gut erhaltenen Fachwerkhäusern aus der Blütezeit der Hanse kommt den Besuchern vor wie eine Zeitreise.

Rügen (unten Mitte)
Die 976 km² große Insel ist Deutschlands größtes Eiland und zählt rund 74000 Einwohner. Zwei Nationalparks und ein Biosphärenreservat sowie naturbelassene Waldgebiete von über 15000 ha zeugen von der intakten Natur der Insel. Über den 60 km Sandstränden scheint die Sonne noch einmal 100 Stunden länger als in Süddeutschland.

Usedom (unten rechts)
Im 19. Jh. entdeckten Kaiser, Adel und gehobenes Bürgertum die Insel Usedom als Ferienziel. Ihnen folgten viele Künstler nach, unter ihnen Thomas und Heinrich Mann, Maxim Gorki, Leo Tolstoi und Johann Strauß. Und was Theodor Fontane 1863 schrieb ist heute noch gültig: „Man hat Ruhe und frische Luft und diese beiden Dinge wirken wie Wunder und erfüllen Nerven, Blut, Lungen mit einer stillen Wonne".

Hamburger Speicherstadt *(oben)*

Zwischen den Deichtorhallen und dem Baumwall liegt inmitten des Hamburger Freihafens die mehr als 100 Jahre alte Speicherstadt, die das größte zusammenhängende Lagerhausensemble der Welt bildet. Die wilhelminische Backsteingotik der Gründerzeit mit ihren manchmal bizarren Ziergiebeln und pittoresken Türmchen spiegelt sich in den Fleeten, den Wasserstraßen der Speicherstadt wider.

Lüneburger Heide *(rechts)*

Die Lüneburger Heide zwischen Elbe, Aller und Weser ist eine der größten zusammenhängenden Heideflächen Westeuropas und umfasst ca. 230 km². Schon 1921 wurde das Gebiet wegen seiner seltenen Pflanzen und Tiere unter Schutz gestellt. Ein wahrer Augenschmaus ist die Heide im Sommer und Herbst, wenn die Moorheide (*Erika tetralix*) und die gemeine Besenheide (*Calluna vulgaris*) blühen.

Worpswede (unten)
Die Tradition des lebendigen Künstlerdorfes nahe bei Bremen schufen Ende des 19. Jh. die Maler Fritz Mackensen, Otto Modersohn und seine Frau Paula Modersohn-Becker. Später kamen der Schriftsteller Rainer Maria Rilke und die Bildhauerin Clara Westhoff, Rilkes spätere Frau hinzu. Weitere Künstlergenerationen prägten den kleinen Ort bis heute.

Mecklenburgische Seenplatte (ganz unten)
Wasser und Seen, wohin das Auge blickt! Neben dem größten deutschen Binnensee, der Müritz, findet sich hier das größte zusammenhängende Seegebiet Deutschlands. Doch die Mecklenburgische Seenplatte hat nicht nur dem Kanu-Wanderer viel zu bieten. Die ausgedehnten Wälder, die sanft geschwungenen Hügel und die Moore sind durch drei Naturparks und einen Nationalpark geschützt.

Schloss Sanssouci (links)

Sanssouci, die Sommerresidenz Friedrichs des Großen, wurde nach den Vorstellungen des Königs von dem Architekten Georg Wenzeslaus von Knobelsdorff erbaut. Mit dem Park ist das Lustschlösschen durch hohe Fenstertüren verbunden und die Gartenfassade ist in einem heiteren Rokoko von dem Bildhauer Friedrich Christian Blume gestaltet worden. Die Figuren hier zeigen den Weingott Bacchus mit seinen Begleitern.

Spreewald (rechts oben)

Der Spreewald ist eine in Europa einmalige Kulturlandschaft, die von den Bauern der Region in den vergangenen Jahrhunderten geschaffen worden ist. Das 970 km lange und feingegliederte Fließgewässernetz mit seinen Wiesen und Wäldern ist ein Refugium für unzählige Tier- und Pflanzenarten. Deshalb wurde der Spreewald 1990 zu einem Biosphärenreservat erklärt.

Hotel Adlon, Berlin (rechts Mitte)

Am 24. Oktober 1907 wurde das hochherrschaftliche Hotel Adlon im Beisein Kaiser Wilhelm II. eröffnet, und schon wenige Jahre später bezeichnete man es als das schönste und luxuriöseste Hotel der Welt. Nach dem Mauerfall begannen schnell die Arbeiten an der legendären Nobelherberge, die im August 1997 in neuer Pracht für die Gäste ihre Pforten öffnete. Das Adlon ist Deutschlands allererste Hoteladresse, ein Haus von erlesener Eleganz und unerhörtem Luxus.

Unter den Linden (rechts unten)

Berlins Prachtboulevard, das alte Herz der Stadt, führt vom Brandenburger Tor zur Schlossbrücke. Mit Beginn des 18. Jh. wurden die Linden dank königlicher Prachtentfaltung immer weiter ausgebaut, wobei es Architekt Schinkels große Leistung war, die unterschiedlichen Bauten und Stilrichtungen zu einem einheitlichen ästhetischen Konzept zu vereinen. So entstanden die Neue Wache, die Schlossbrücke und die Neugestaltung des Lustgartens, wodurch sich die Linden zu einem städtebaulichen Gesamtensemble vereinigten.

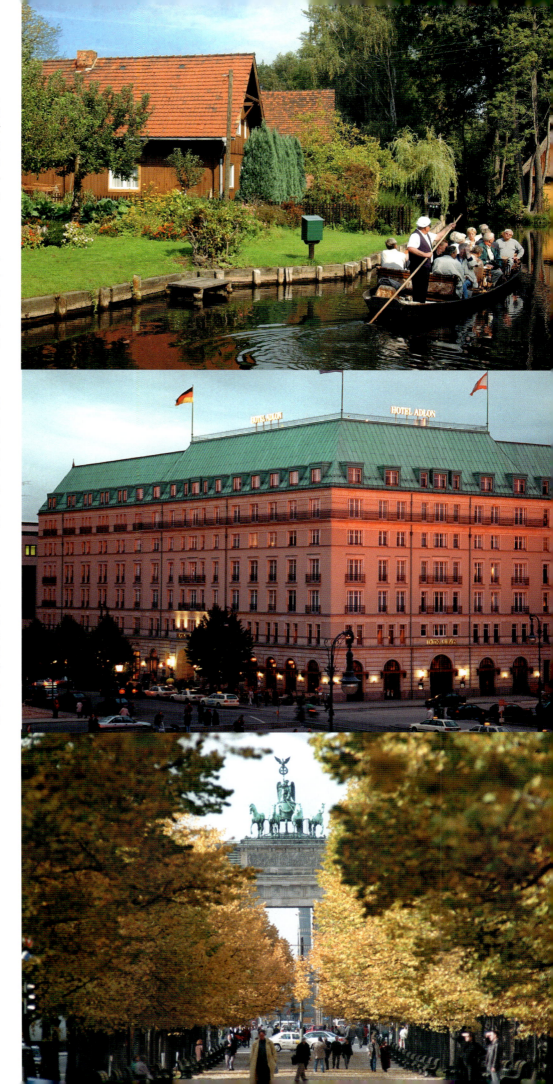

Brandenburger Tor *(rechts)*

Kein Berliner Bauwerk hatte und hat eine solche Symbolkraft wie das Brandenburger Tor, das von 1788 bis 1791 von Carl Gotthard Langhans erbaut wurde und das letzte erhaltene Stadttor Berlins ist. Fast 30 Jahre lang war es von der Mauer verschlossen. Heute ist es erneut ein weltbekanntes Schmuckstück und Zentrum des Pariser Platzes, der nach dem Vorbild der historischen Gestaltung wieder hergestellt wurde.

Wasserschlösser im Münsterland *(unten)*

Rund 3000 Wasserburgen und Adelssitze soll es einmal im Münsterland gegeben haben, heute kann man immer noch viele davon auf der 100-Schlösser-Route besuchen. So das westfälische Versailles, Schloss Nordkirchen, die hervorragend erhaltene mittelalterliche Wasserburg Vischering, oder Schloss Velen, einst Sitz des westfälischen Wallensteins, Reichsgraf Alexander.

Museumsinsel Berlin (oben)

Zwischen Spree und Kupfergraben liegt die in aller Welt bekannte Museumsinsel, in deren Gebäuden umfangreiche archäologische Sammlungen – so etwa der Pergamon-Altar oder die Büste der Nofretete – sowie Kunst des 19. Jh. zu besichtigen sind. Die nach dem Krieg in Ost und West geteilten Sammlungen wurden weitgehend wieder zusammengeführt und präsentieren sich nun in den restaurierten Gebäuden in neuem Glanz.

Herrenhäuser Gärten, Hannover (links)

Vor mehr als 300 Jahren ließ Herzog Johann Friedrich eine kleine Festung zu einer Sommerresidenz mit prachtvollen königlichen Gärten ausbauen. Heute kann man in dem 150 ha großen Parkareal unterschiedliche Gärten bewundern, so einen Barockgarten, den botanischen Berggarten, den Georgengarten, gestaltet nach englischem Vorbild, den Welfengarten sowie die Wasserkunst, ein historisches Wasserhebewerk, das die Fontänen im Park zum Springen brachte.

Quedlinburg (rechts)

„Die Altstadt von Quedlinburg gilt mit ihren 1200 Fachwerkhäusern aus sechs Jahrhunderten und dem mittelalterlichen Stadtgrundriss als außergewöhnliches Beispiel für eine europäische mittelalterliche Stadt. Die Stiftskirche St. Servatius mit dem Grab des ersten deutschen Königs Heinrich I. sowie dem kürzlich zurückgekehrtem Domschatz ist ein architektonisches Meisterwerk der Romantik", hieß es 1994 in der Begründung zur Aufnahme ins Weltkulturerbe.

Schloss Augustusburg, Brühl (unten)

Ab 1725 ließ der Kurfürst und Erzbischof Clemens August von Wittelsbach (1700–1761) durch Conrad Schlaun und später durch François de Cuvilliés das Schloss Augustusburg als repräsentative Herrscherresidenz nicht weit von Köln im Stil des Rokoko erbauen. 1740 war Balthasar Neumann vor Ort, und der Architekt entwickelte die Pläne für das prachtvolle Treppenhaus. Schloss Augustusburg wurde 1984 von der UNESCO in das Weltkulturerbe aufgenommen.

Dessau–Wörlitzer Gartenreich (rechts)

Diese von 1764 bis 1813 angelegte, 145 ha große Kulturlandschaft geht auf die Initiative des Fürsten Friedrich Franz zurück. Die sieben Parks des Gartenreiches gelten als herausragendes Beispiel frühklassizistischer Landschaftsgestaltung. Im Zentrum befindet sich der nach englischen Vorbildern geschaffene Wörlitzer Park, welcher der früheste, noch vorhandene Landschaftsgarten Kontinentaleuropas ist.

Kölner Dom (rechts unten)

1248 fand die Grundsteinlegung des Domes durch Erzbischof Konrad von Hochstaden statt. Schon 1164 waren die Gebeine der Hl. Drei Könige nach Köln gekommen und seit 1225 ruhen sie in einem kostbaren goldenen Schrein, der von dem Goldschmied Nikolas von Verdun geschaffen wurde. 1560 wurden die Bauarbeiten an der Kathedrale eingestellt und erst 1842 wieder aufgenommen. 1880 dann konnte die vollständige Fertigstellung des Kölner Doms gefeiert werden.

Semperoper, Dresden *(oben)*
1841 konnte das von Gottfried Semper erbaute Erste Königliche Hoftheater mit Goethes „Torquato Tasso" eröffnet werden, doch schon 28 Jahre später zerstörte ein Brand das Haus. Gottfried Sempers Sohn Manfred leitete den Wiederaufbau, der mit Goethes Stück „Iphigenie auf Taurus" 1878 wieder für die Öffentlichkeit zugänglich wurde. 1977 wurde der Grundstein für den originalgetreuen Wiederaufbau gelegt und 1985 war Eröffnung.

Sächsische Schweiz, Elbsandsteingebirge *(oben Mitte)*
Zwischen mächtigen Tafelbergen und hochaufragenden Felsnadeln schlängelt sich die Elbe, in deren klaren Nebenflüssen noch Lachse und Fischotter zu finden sind. Der Nationalpark mit seiner atemberaubenden Gebirgslandschaft bietet nicht nur eine intakte Tier- und Pflanzenwelt, sondern den Spaziergängern und Gipfelstürmern rund 1200 km Wanderwege und ca. 1100 Klettergipfel.

Wartburg in Eisenach *(oben rechts)*
1080 wurde die Wartburg erstmals in den Chroniken erwähnt, rund 75 Jahre später entstand der Palas, das Hauptgebäude der Burg, das als eines der besterhaltenen Profanbauten Nordeuropas gilt. Im 16. Jh. lebte der vom Papst gebannte Martin Luther in der Sicherheit der Festung und übersetzte hier das Neue Testament. Zwischen 1838 und 1890 wurde die Wartburg umfassend wieder hergestellt.

Dresdener Zwinger *(rechts)*
Der Zwinger, ein Meisterwerk des Barock, entstand in Zusammenarbeit des Architekten Pöppelmann und des Bildhauers Permoser zwischen 1710 und 1728 und war ursprünglich als Festspielplatz gedacht. Mit Fertigstellung von Sempers Galeriebau im Stil der italienischen Renaissance, 1855, avancierte der Zwinger zu einem der bedeutendsten Bauwerke des Spätbarocks in Europa. Heute beherbergt er Museen, so etwa die Gemäldegalerie Alter Meister.

Loreley (oben)
Kurz vor St. Goarshausen, bei Stromkilometer 554, kommt den Schiffern auf der rechten Rheinseite der steil aufragende Felsen der Loreley in den Blick. Die heute kursierende Sage erfand der Dichter Clemens Brentano, der in seiner 1801 erschienenen Ballade „Lore Lay" von einem hinreißend schönen Mädchen erzählt, das mit ihrem Gesang die Männer betört und in den Tod führt. Um sich von der eigenen Magie zu befreien, stürzt sich die junge Frau von dem Felsen in den Rhein.

Altstadt von Bamberg (rechts)
Erstmals wird Bamberg in den Chroniken des Geschichtsschreibers Abt Regino von Prühm 902 als „Castrum Babenberch" erwähnt. In mehr als 1000 Jahren reicher Bautätigkeit entstanden bedeutende sakrale und bürgerliche Gebäude wie der Dom, das Alte Rathaus inmitten der Regnitz, Klein Venedig oder die Neue Residenz. Bekannte Künstler wie Tilmann Riemenschneider, Balthasar Neumann oder Veit Stoß schufen die Atmosphäre der vollständig zum Weltkulturerbe gehörenden Altstadt.

Wallfahrtsort Vierzehnheiligen (ganz rechts)
Der Wallfahrtsort Vierzehnheiligen im bayrischen Oberfranken ehrt die 14 Nothelfer der katholischen Kirche. Ab 1743 erbaute Balthasar Neumann die Basilika, die einen Höhepunkt des deutschen Rokoko darstellt. Infolge eines irreversiblen Baufehlers war Neumann gezwungen, den Innenraum anders zu gestalten als ursprünglich geplant. Er machte daraus ein geniales Meisterwerk, das heute als „Raumwunder" des Gotteshauses weithin bekannt ist.

Heidelberger Schloss (links)
Hoch über dem Neckar liegt auf einer vorgeschoben Terrasse des Königsstuhl die romantische Ruine des Heidelberger Schlosses. Vom 13. Jh. bis zum Dreißigjährigen Krieg residierte hier einer der prächtigsten deutschen Höfe, und durch die rege Bautätigkeit der Pfalzgrafen entstand über die Jahrhunderte ein Schloss- und Gartenensemble im Stil der Renaissance. Alljährlich finden hier die musikalischen Schlossfestspiele auf dem Gelände der ehemaligen Burg statt.

Heidelberger Altstadt (oben)
Die Märchenkulisse der Heidelberger Altstadt am Ufer des Neckar hat viele verzaubert, und Goethe, Eichendorff, Hölderlin, Jean Paul, Victor Hugo und Mark Twain haben die Schönheiten der Stadt beschrieben. Der englische Maler William Turner hat sie auf Bildern verewigt und Komponisten wie Schumann oder Brahms haben die Stimmung der Altstadtgassen in Melodien gefasst.

Rothenburg ob der Tauber (rechts)
Die Kreisstadt in Mittelfranken wurde um 970 gegründet und ist heute eine der meistbesuchten Städte Deutschlands. Mit ihrer komplett erhaltenen Stadtmauer, den Toren und Türmen, den engen, katzenkopfgepflasterten Gassen und den alten Häusern, den Brunnen und den Kirchen zeigt sie sich den Besuchern als vollständig erhaltene Stadt aus dem Mittelalter.

Nürnberger Weihnachtsmarkt (rechts)

Allererste Adresse in der Adventszeit ist der Nürnberger Weihnachtsmarkt, der jahrhundertealte Christkindlesmarkt. Alles begann damit, dass die Kinder um 1559 nicht mehr zu Neujahr, sondern zu Weihnachten beschenkt wurden, und so musste ein Markt für die Bescherungen und Spielsachen her. So ist seit dem Jahr 1628 der Christkindlesmarkt historisch verbürgt.

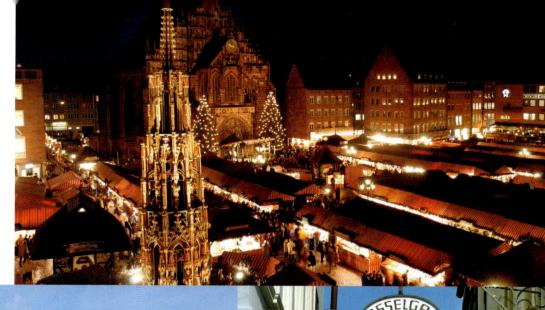

Drosselgasse in Rüdesheim

Die 144 m lange und leicht ansteigende Drosselgasse in Rüdesheim ist wohl nicht nur die bekannteste Straße des romantischen Rheintals, sondern auch die am meisten besuchte. Menschen aus allen Kontinenten sitzen hier beim Wein zusammen und flanieren zwischen den Gaststätten und Souvenirgeschäften umher. Live Music, Tanz und Unterhaltung aller Art lassen vom frühen Morgen bis in die Nacht hinein keine Langeweile aufkommen.

Münstertal im Schwarzwald (links)
Zu Füßen des 1414 m hohen Belchen, den viele als schönsten Aussichtsberg im Schwarzwald preisen, liegt der Luftkurort Münstertal. Auf einer Höhe zwischen 400 und 1400 m kann man hier auf Wanderungen die unberührte Natur der Region erleben. Aber auch die Sehenswürdigkeiten der Stadt lohnen einen Besuch: so das einstige Silberbergwerk Teufelsgrund, ein Bienenmuseum oder den letzten Köhler des Schwarzwaldes, dessen Meiler immer noch brennt.

Ulmer Münster (rechts oben)
1377 begannen die Arbeiten an der Bürgerkirche, deren Bau von den Einwohnern finanziert wurde. Nach langem Stillstand wurde erst 1890 die Turmspitze aufgesetzt. Und es ist der Turm, der das Ulmer Münster in aller Welt bekannt gemacht hat, denn mit 162 m ist er der höchste Kirchturm der Welt. Wer die 768 Stufen bis zur Aussichtsplattform hochsteigt, der wird – gutes Wetter vorausgesetzt – mit einem atemberaubenden Fernblick auf die Alpen belohnt.

Starnberger See (rechts Mitte)
Einen Steinwurf nur von München entfernt liegt vor der grandiosen Kulisse der Alpen der Starnberger See. Herrscher wie der Märchenkönig Ludwig II. oder die Kaiserin Sissi, aber auch Künstler, wie etwa Richard Wagner, ließen sich von der grandiosen See- und Berglandschaft verzaubern. Der Starnberger See ist 21 km lang, 5 km breit, 127 m tief und bedeckt eine Fläche von 57 km². Weite Teile rund um den See stehen unter Naturschutz.

Englischer Garten, München (rechts unten)
Die grüne Lunge Münchens ist mit einer Größe von 4 km² der Englische Garten, der damit der größte Stadtpark der Welt ist. Schon vor über 200 Jahren wurde er als Naherholungsziel für die Bevölkerung angelegt. Neben dem Kleinhesseloher See, dem großen Biergarten und dem Monopterus, einem klassizistischen Pavillon, ragt im Park noch der chinesische Turm auf. Das japanische Teehaus nahebei war ein Geschenk des Tenno, des japanischen Kaisers.

Deutsches Museum, München (oben)
Anfang des 20. Jh. wurde das Deutsche Museum gegründet, um den Besuchern die Geheimnisse von Technik und Wissenschaft näher zu bringen. Seitdem lässt es alle Jungen- wie auch Männerherzen höher schlagen. Auf mittlerweile 50 000 m² Ausstellungsfläche kann man eine Vielzahl von Experimenten per Knopfdruck starten, Autos, Flugzeuge, Raketen und vieles mehr aus der Welt der Technik bestaunen.

Neuschwanstein (rechts)
Die fantastisch anmutende Märchenburg Neuschwanstein inmitten einer der schönsten Landschaften Deutschlands ließ der bayrische König Ludwig II. (1845–1886) ab 1869 errichten. Ihre Fertigstellung erlebte der menschenscheue Herrscher nicht mehr. Wenige Wochen nach seinem Tod wurde die neoromanische Burg für die Öffentlichkeit geöffnet und heute besichtigen jährlich rund 1,3 Mio. staunende Besucher die prachtvollen Säle und Zimmer.

Münchener Hofbräuhaus *(links)*
Das Münchener Hofbräuhaus ist mit Sicherheit das bekannteste Wirtshaus der Welt. Wilhelm V., Herzog von Bayern, bezog sein Bier aus dem (oft verfeindeten) Ausland, also ließ er seinen Hofstaat über Alternativen nachdenken, und 1589 unterbreitete der ihm den Vorschlag für ein eigenes Brauhaus, eben das Hofbräuhaus. Und seit dem 19. Jh. steht es allen Bürgern offen. Heutzutage lockt es Touristen aus aller Welt an.

Zugspitze bei Garmisch Partenkirchen *(links oben)*

Im Winter lohnt sich eine Besteigung des mit 2962 m höchsten Bergs Deutschlands ganz besonders, denn dann ist die Fernsicht über die schneebedeckten Alpengipfel besonders gut. Der kürzeste Anstieg führt vom Eibsee ohne Umwege auf schmalen Steigen fünf Stunden hinauf, und dabei genießt man ein atemberaubendes Panorama über die Mieminger und Lechtaler Berge, den Eibsee und Garmisch Partenkirchen. Wer's weniger anstrengend mag, kommt auch mit der Zugspitzbahn hinauf.

Wieskirche in Steingaden *(links unten)*

Die prachtvolle barocke Wieskirche im kleinen bayrischen Ort Steingaden geht auf ein Wunder zurück. 1738 sieht man in den Augen der Figur des Gegeißelten Heilandes Tränen. Eine kleine Kapelle wird errichtet, zu der schnell Pilger aufbrechen, die schon bald von der Erhöhung ihrer Gebete berichten. Im Jahre 1745 beginnt man mit dem Bau einer Wallfahrtskirche, die heute zu den schönsten und reichsten sakralen Barockbauten Deutschlands gehört.

Allgäu *(rechts oben)*

Sanft geschwungene grüne Hügel zwischen dem blauen Bodensee und der grünen Lech werden von schroffen Gebirgsketten überragt, königliche Prachtschlösser wie Neuschwanstein oder Hohenschwangau thronen majestätisch auf hohen Bergplateaus, die barocken Sakralbauten der Wieskirche oder der Basilika in Ottobeuren gehören zu den schönsten Kirchenanlagen weltweit, deren Bekanntheitsgrad weit über das Allgäu hinausreicht.

Passionsspiele in Oberammergau *(rechts unten)*

Mitten im Dreißigjährigen Krieg, bedroht von der Pest, gelobten die Bewohner von Oberammergau 1633 das „Spiel vom Leiden, Sterben und Auferstehung unseres Herrn Jesus Christus" aufzuführen. Und zu Pfingsten des folgenden Jahres erfüllten sie ihr Versprechen. Seitdem wird alle zehn Jahre das Passionsspiel in Oberammergau aufgeführt. Im Jahr 2000 wurde es zum 40. Male aufgeführt. 2000 Laien-Akteure nahmen an der sechsstündigen Aufführung teil. Und alle zehn Jahre pilgern Gäste aus aller Welt in den kleinen Ort, um das denkwürdige Schauspiel mitzuerleben.

Herrenchiemsee *(links)*
Ludwig II. ließ von 1878 bis 1885 auf der Herreninsel im Chiemsee eine Nachahmung von Versailles erbauen. Das eindrucksvolle Schloss mit seinem riesigen Spiegelsaal und den Staatsgemächern, in denen heute Konzerte gegeben werden, ist von einem prachtvollen französisch inspirierten Garten umgeben.

Königssee *(links)*
Umgeben von hochaufragenden schroffen Felswänden liegt der Königssee wie ein smaragdgrün schimmernder Edelstein auf einer Höhe von 600 m im Herzen der Bayrischen Alpen. Eingebettet zwischen dem Watzmann, dem Jenner und der Gotzenalm bedeckt der 8 km lange, bis zu 1250 m breite und 190 m tiefe See im Alpen- und Nationalpark Berchtesgaden eine Fläche von 5,2 km². Das Wasser des Königssees hat Trinkwasserqualität.

Berchtesgadener Land *(rechts)*
Der Nationalpark Berchtesgaden ist Deutschlands einziger Hochgebirgs-Nationalpark, und hier haben vom Hagengebirge über den Königssee bis zur Reiteralm selten gewordene alpine Pflanzen sowie Murmeltiere, Gämsen, Steinböcke und Adler ein Refugium gefunden. Überragt wird die naturbelassene Region vom zweithöchsten Berg Deutschlands, dem 2713 m hohen Watzmann.

Schweiz

Wohl kaum ein Land hat so viel Abwechslung zu bieten wie die Schweiz. Allein die vier Landessprachen Deutsch, Französisch, Rätoromanisch und Italienisch machen eine Rundreise durch die Schweiz zu einem Erlebnis. Dass das kleine mitteleuropäische Land darüber hinaus auch kulturell und landschaftlich äußerst mannigfaltig ist, macht es zu einem idealen Urlaubsziel.

Kapellbrücke, Luzern (oben)
Die Kapellbrücke mit ihren dreieckigen Bildtafeln im Dachstuhl und dem Wasserturm ist unbestritten das Wahrzeichen der Stadt Luzern. Außer den Fußgängern diente die Brücke über der Reuss dem Gewerbe und Handel, der angrenzende Wasserturm war Folterkammer und Gefängnis. Die Brücke wurde 1993 durch ein Feuer stark beschädigt, in achtmonatiger Arbeit aber vollständig rekonstruiert.

Kloster St. Gallen (unten links)
Das Kloster St. Gallen, unweit des Bodensees, wurde 612 als Zelle des irischen Mönchs Gallus gegründet. Unter der sicheren Leitung seiner Äbte und durch den Schutz hochstehender Persönlichkeiten konnte das Kloster im 9. Jh. zu Blüte und Reichtum gelangen. Weltberühmt für ihre beachtlichen Handschriften ist die barocke Bibliothek, die auf der UNESCO-Liste des Weltkulturerbes steht.

Jungfraubahn, Berner Oberland (rechts oben)
Über Wiesen, Schneefelder und durch Tunnel fährt die Jungfraubahn über mehrere eindrucksvolle Stationen hinauf zum Jungfraujoch, das damit nicht nur der höchstgelegene Schienenbahnhof Europas ist, sondern auch eine kleine unterirdische Stadt mit Cafés, Läden und einer Post. Von hier hat man einen herrlichen Blick über die UNESCO-Weltnaturerbe-Region Jungfrau-Aletsch-Bietschhorn.

Berner Altstadt (unten rechts)
Erbaut wurde die heutige Hauptstadt der Schweiz, Bern, auf der Aare-Halbinsel, die der Stadt von drei Seiten Schutz gewährte. Die vierte Seite wurde durch eine Mauer befestigt, die heute den Mittelpunkt der Berner Altstadt bildet. Anders als im Mittelalter üblich, gibt es keinen zentralen Platz, auf dem Markt gehalten wurde. Dieser verteilte sich vielmehr in den breiten Altstadtstraßen.

Eigernordwand (links oben)
Das Bergmassiv von Eiger, Mönch und Jungfrau im Grenzgebiet der Kantone Bern und Wallis fasziniert seit Jahrhunderten Wanderer und Bergsteiger. Die gefährlichste Herausforderung, und daher dem Extrem-Alpinismus vorbehalten, ist die Eigernordwand. 1858 wurde sie erstmals von dem Briten Berrington bezwungen, den Rekordaufstieg von nur vier Tagen schaffte ein deutsch-österreichisches Team 1938.

Vierwaldstätter See (links unten)
Nicht nur geographisch ist der Vierwaldstätter See das Zentrum der Schweiz, auch historisch ist er ihr Herz. Denn auf der Rütliwiese an seinem Ufer schworen im Jahr 1291 die „Waldstätte" Uri, Schwyz und Unterwalden den Eid, ein Volk zu sein. 1332 schloss sich die Waldstatt Luzern dem Bund an – daher der Name. Und so ist der wunderschöne, tief blaugrüne See das Symbol der Schweizer Demokratie.

Montreux (rechts oben)
Die Schweizer bezeichnen die Ufer des Genfer Sees auch als Schweizer Riviera und Montreux als die Perle derselben. Das milde Klima, die Seelandschaft mit den sie umgebenden Weinbergen und die Häuser und Hotels der Belle Epoque rechtfertigen diese Behauptung durchaus, und so haben sich in Montreux internationale Stars und wohlhabende Schweizer zuhauf niedergelassen.

Lac Léman (rechts unten)
Umgeben von den Savoyer und Waadtländer Alpen und vom Schweizer Jura ziehen sich die üppig mit Weinbergen behangenen Ufer des Genfer Sees entlang der schweizerisch-französischen Grenze. Immer wieder trifft man auf stattliche Burgen, herrschaftliche Schlösser und malerische Weinbauerndörfer. Besondere Attraktion ist eine Rundfahrt mit dem letzten Lastensegler des Lac Léman, der „Neptune".

Rhônegletscher (oben)
Wer würde vermuten, dass die Wassermassen, welche die Rhône bei Marseille ins Mittelmeer ergießt, hier ihren Ursprung haben: als Flüsschen Rotten am Rhônegletscher in den Schweizer Alpen entsprungen. Die besondere Attraktion ist die kristallblaue Eisgrotte, die alljährlich 100 m tief in das Gletschereis hineingegraben wird und von Juni bis Mitte Oktober besichtigt werden kann.

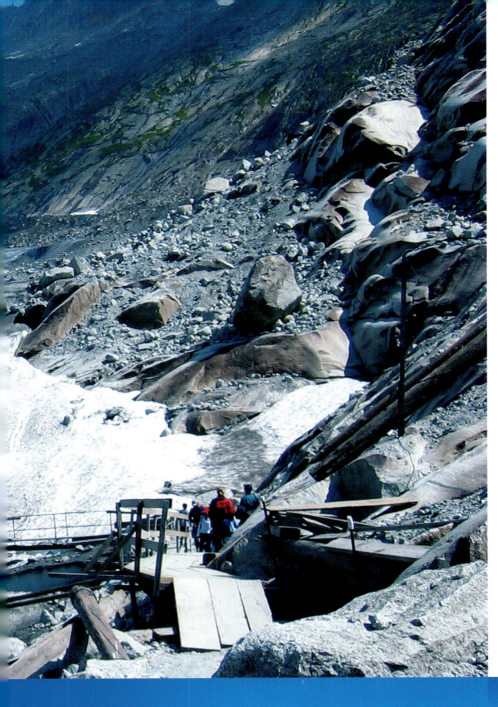

Gstaad (unten links)
Exklusivität wird hier groß geschrieben: in Gstaad, dem viel besuchten Chaletdorf im Hochtal der Saane. Es gehört zum Berner Oberland und zieht als Feriendorf sommers wie winters viel Prominenz an. Jehudi Menuhin, Aga Khan und Julie Andrews sind nur einige der berühmten Persönlichkeiten, die hier dauerhaft wohnten oder zu den Gästen des stolzen Hotel Palace gehörten.

Saas Fee (unten Mitte)
Inmitten des Wallis liegt mit dem Saas-Tal ein beliebtes Winterskigebiet. Den Talschluss bildet das Dörfchen Saas Fee mit dem Feegletscher, dem eigentlichen Aushängeschild der Region. Im Innern des Gletschers befindet sich eine 5000 m² große Eisgrotte, die auch im Sommer besichtigt werden kann, nicht weit davon befindet das höchstgelegene Drehrestaurant Mitteleuropas mit herrlichem Panoramablick.

Aletschgletscher (unten rechts)
170 km² misst der Aletschgletscher in den Berner Alpen und ist damit der größte Alpengletscher überhaupt. Bis zu 800 m ist seine Eisdecke an manchen Stellen dick. In den Moränenflächen rund um den Gletscher hat sich eine reiche Natur angesiedelt, die im Süden in das Naturschutzreservat Aletschwald übergeht. Hier gedeihen die Arven, Zirbelkiefern, die ein hohes Alter erreichen können.

Locarno (links)
2300 Stunden scheint die Sonne im Jahresschnitt über Locarno am schweizerischen Ufer der Lago Maggiore. Die Vegetation ist subtropisch: Feigen, Oliven und Granatäpfel gedeihen hier. Über der Stadt thront die Wallfahrtskirche Madonna del Sasso, die nicht nur wegen ihres Baus einen Besuch lohnt, sondern auch wegen des herrlichen Ausblicks, den sie von ihrem Vorplatz über See und Bergwelt bietet.

Burgen von Bellinzano (oben)
Schon seit der Antike waren die Pässe des St. Gotthard, des San Bernardino und des Lukmanier wichtige Handelswege zwischen Nord- und Südeuropa. Die drei eindrucksvollen Wehrburgen mit Doppelmauern in Bellinzano, die diese Pässe schützten, wurden durch die Mailänder Herrscher im 15. Jh. erbaut, doch gab es bereits Vorläuferbauten, die zum Teil auf römische Wehrbauten zurückgehen.

Alte Gotthardstraße (rechts)
Im Gotthardmassiv verläuft die europäische Wasserscheide zwischen Mittelmeer und Nordsee. Gleichzeitig entspringen in ihm die beiden Quellflüsse des Rheins. Die sagenumwobene, mit Kopfsteinen gepflasterte Alte St. Gotthardstraße war der Hauptverkehrsweg durchs Val di Tremmola, bevor neue Straßen und Tunnel gebaut wurden. Heute ist sie vor allem bei Radfahrern äußerst beliebt.

Ascona (unten)
In einer kleinen Bucht am Lago Maggiore, die weder von Nordwinden noch von Nebel berührt wird, liegt Ascona, auch im Winter vom mäßigen, mediterranen Wetter begünstigt. Begann die eigentliche Blüte der Stadt mit der Wende zum 20. Jh., so finden sich doch auch wichtige Schätze früherer Epochen, darunter einer der prächtigsten Renaissance-Innenhöfe der Schweiz mit Loggien und toskanischen Säulen.

Glacier-Express
St. Moritz–Zermatt *(oben)*

Die Fahrt im Glacier-Express von Zermatt in den Walliser Alpen nach St. Moritz in den Rätischen Alpen führt über Brücken und Viadukte, vorbei an glasklaren Alpseen, durch zahlreiche Tunnel und über den Oberalppass. Siebeneinhalb Stunden rauscht die umwerfende schweizerische Natur an den Fahrgästen vorüber, während man sich im Speisewagen auch kulinarisch verwöhnen lassen kann.

Via Mala-Schlucht *(rechts)*

Wem ist sie nicht zumindest durch John Knittels Roman oder den gleichnamigen Film bekannt: die Via Mala am Hinterrhein? Doch hier wird ein düsteres unheimliches Bild entworfen, das mit der schweizerischen Realität des einst so bedeutenden Verkehrsweges nichts zu tun hat. Wer in die verwunschene Schlucht der Via Mal hinabklettert, wird einen mitreißenden Ort erleben.

Davos (oben)
Der mondäne Kurort Davos im Herzen Graubündens strahlt mit seinen schicken Restaurants, Diskotheken und Theatern beinahe einen städtischen Charakter aus. Die kulturellen und sportlichen Angebote bieten für jeden das Richtige. Als Kurort ist Davos durch sein gemäßigtes Reizklima, die vielen Sonnentage sowie die Höhenluft sowohl im Sommer als auch im Winter der Gesundheit zuträglich.

Klosters (links)
Seinen Namen erhielt der für seine erstklassigen Abfahrten bekannte Wintersportort Klosters in Graubünden von dem ehemaligen St. Jakob-Kloster, von dem nur noch die Pfarrkirche erhalten ist. Wer nicht Ski fährt sollte sich das Nutli-Hüschi-Haus nicht entgehen lassen. Das wieder eingerichtete Bauernhaus aus dem 16. Jh. beherbergt ein Heimatmuseum mit bäuerlichen Gebrauchsgegenständen.

St. Moritz *(unten)*

St. Moritz ist einer der bekanntesten Wintersportorte der Welt, elegant, kosmopolitisch. Das „trockene, prickelnde Champagnerklima" ist legendär, und die berühmte St. Moritzer Sonne scheint durchschnittlich an 322 Tagen im Jahr. Seine sonnige Lage in der Oberengadiner Seenlandschaft hat den Ort berühmt gemacht. Heute verbringt hier der internationale Jet-Set seine Winterferien.

Silsersee *(ganz unten)*

Die Oberengadiner Seenkette besteht aus einer Abfolge von vier unterschiedlich großen Seen, von denen der Silsersee — im Rätoromanischen Lej da Segl genannt — der größte ist. Vor allem für Taucher und Angler ist der See ein Paradies, doch bietet er auch Wanderern einige Höhepunkte. Besonders schön ist es im Winter, wenn die Gräser am Seeufer mit einer dicken Eisschicht überzogen sind.

Soglio (oben)
Wer das Graubündner Dorf Soglio mit seinem frei stehenden Campanile besuchen möchte, muss erst einmal dichte Kastanienhaine passieren. Im Herbst kann man hier den einheimischen Familien bei der Kastanienernte zusehen. Doch Soglio hat noch drei weitere Kleinode zu bieten: die Paläste der einflussreichen Familie Salis aus dem 16. bis 18. Jh., die sich hoch über dem Dorf erheben.

Sils-Maria (links)
„Das Oberengadin, meine Landschaft, so fern vom Leben ... Die Wege, Wälder, Seen sind wie für mich gemacht", schrieb Friedrich Nietzsche, als er das erste mal nach Sils-Maria kam. Überall trifft man auf Spuren des großen Philosophen, der ein leidenschaftlicher Wanderer war. Im Ort kann man das Haus besichtigen, in dem Nietzsche während seines Aufenthaltes lebte.

Matterhorn mit Zermatt *(links)*

Für die Schweizer ist das 4478 m hohe, im Wallis an der italienischen Grenze gelegene Matterhorn „der Berg aller Berge", auf jeden Fall ist er einer der markantesten. Vom Örtchen Zermatt an seinem Fuß kann man per Zahnradbahn einen Teil des Bergs erklimmen. Das ehemals verschlafene Bergdorf hat sich zu einem internationalen Ferienort gemausert, in dem man alpinen Luxus genießen kann.

Luganer See, Tessin *(rechts)*

Das milde Mittelmeerklima und die bizarre Landschaft des Luganer Sees an der Grenze zwischen dem Tessin und Italien sind der Grund dafür, dass sich an ihm so viele wohlhabende Leute niedergelassen haben. Das kapriziöse Lugano ist die wichtigste Stadt der Region, mit lombardischen Kirchen und Palazzi, dem prächtigen Stadtpark und natürlich den subtropischen Blumenanlagen der Uferpromenade.

Großer St. Bernhard *(unten)*

Seit dem Altertum ist der Pass des Großen St. Bernhard auf dem Hauptkamm der Alpen ein viel frequentierter Verkehrsweg. Beachtlicher ist aber, dass Mönche in dem Hospiz unweit des Berges seit mindestens 1665 Bernhardinerhunde züchten, mit denen die Klosterbrüder früher nach Verirrten Ausschau hielten und die auch heute noch dazu ausgebildet werden, Verschüttete in den Alpen aufzuspüren.

Val di Poschiavo (oben)
Der nur 3600 Einwohner zählende Ort Poschiavo ist ein idealer Ausgangspunkt für Wanderungen in das wunderschöne Tal rund um die Graubündner Stadt. Der Erholungssuchende wird mit Ruhe, klarer Luft und überraschenden Ausblicken auf die umliegende Bergwelt belohnt.

Piz Palü (rechts)
Das von Bergen umrahmte Längstal des Inn, Engadin genannt, hat für viele Bergsteiger einen der schönsten Gletscherberge der Welt zu bieten, den Piz Palü. Besonders die über dem Pers Gletscher liegende Nordwand fasziniert mit ihrer kniffligen Fels- und Eiskletterei die Alpinisten. Wer das Klettern lieber vermeidet, der kann die Aussicht auch von der Bergstation der Diavolezza-Bahn genießen.

Liechtenstein

Vaduz *(unten)*

Die Siedlungen und Städte Liechtensteins liegen meist in Rheinnähe – so auch Vaduz, Hauptstadt des Fürstentums und Residenz des Fürsten. Die kulturelle Seele der nur rund 5100 Einwohner zählenden Stadt ist das Kunstmuseum, in dem auch Kunstwerke aus der Sammlung des Landesfürsten zu Gast sind. Das Schloss kann dagegen nur von außen besichtigt werden, da es der Wohnsitz der Fürstenfamilie ist.

Österreich

Zwar hat das Land keine Küstenlinie, dafür aber viele Seen mit Trinkwasserqualität, an denen man ebenso gut einen Badeurlaub machen kann. Eingerahmt sind diese Gewässer von den Alpengipfeln, die zu ausgedehnten Wanderungen und zum Bergsteigen einladen. In den Tälern und im Alpenvorland findet der Besucher alte Kulturlandschaften, Städte und Dörfer mit historischen Bauten und gewachsenen Traditionen und einem kulturellen Angebot, das anderswo seinesgleichen sucht.

Wachau (links oben)
Die Wachau zählt zu den schönsten Landschaften Österreichs. Durch das nur 32 km lange Felsental fließt die Donau, an deren Ufern die Hänge steil in den Himmel streben. Mittelalterliche Burgen, Klöster und noch immer eindrucksvolle Festungsruinen thronen auf den Hügelkämmen. An den Hängen wachsen die Weinreben, aus denen der nicht nur in Österreich beliebte Grüne Veltliner gekeltert wird.

Schloss Schönbrunn, Wien (links unten)
Die heutigen Gebäude der ehemaligen Sommerresidenz der österreichischen Herrscher wurden zwischen 1695 und 1711 erbaut und in den folgenden 150 Jahren erst im barocken, dann im klassizistischen Stil modifiziert. Schloss Schönbrunn zählt sage und schreibe 1441 reich ausgestattete Zimmer, Räume und Säle. Der große Schlosspark wird durch optische Akzente wie Obelisk, mythologische Figuren, Pflanzenhaus, Neptunbrunnen und weitere Gebäude aufgelockert.

Kloster Melk (links)
Hoch über der Donau liegt auf einem Felsplateau inmitten der Wachau und weithin sichtbar das weitläufige Barockkloster Melk. Das Benediktiner-Stift wurde 1089 ins Leben gerufen, und bis heute geht das klösterliche Leben ohne Unterbrechung seinen Gang. Von 1702 bis 1739 wurde die heutige Klosteranlage im Stil des Barock erbaut.

Prater, Wien (oben)
Das ehemalige kaiserliche Jagdgebiet machte 1766 Josef II. für die Allgemeinheit zugänglich, und schnell schossen Karusselle, Schießbuden und Imbissstände wie Pilze aus dem Boden. 1897 errichte der Engländer Basset das heute noch in Betrieb befindliche, 61 m hohe Riesenrad, das Wahrzeichen des Prater. Und auch im computergesteuerten Zeitalter ist die Kraftmessmaschine „Watschenmann" noch immer ein beliebter Publikumsmagnet.

Festung Hohensalzburg (oben)
Die 1077 erbaute Festung Hohensalzburg ist die größte vollständig erhaltene Burg Mitteleuropas. Die Ursprünge reichen zurück in die Zeit des Investiturstreites, der Auseinandersetzung zwischen dem Papsttum und den europäischen Königen. Damals ließ der papsttreue Erzbischof Gebhart von Salzburg die mächtigen Wehrbauten errichten. Keinem Belagerer ist es je gelungen, Hohensalzburg einzunehmen.

Salzburg (rechts)
In der Festspielstadt Salzburg wurde am 27. Januar 1756 in der Getreidegasse Nr. 9 Wolfgang Amadeus Mozart geboren. Das Haus ist heute als Museum zugänglich. In der prächtigen Frühbarockanlage des ehemaligen Bischofssitzes ist neben den Repräsentationsräumen der Fürsterzbischöfe die Sammlung europäischer Maler des 16. bis 19. Jh. zu besichtigen. Schloss Hellbrunn — erbaut 1612 — gehört zu den schönsten Renaissance-Bauten Nordeuropas und ist bekannt für seine einzigartigen Wasserspiele.

Salzburger Land *(links)*
Von einer sanft gewellten Voralpenlandschaft bis zum 3798 m hohen Großglockner hat das Salzburger Land nicht nur alle Formen der Bergwelt zu bieten, sondern auch Höhlen, Seen, Wasserfälle und Orte, die sommers wie winters die Besucher anziehen. So Bad Gastein, der Kurort mit den heißen Quellen, das Kapruner Tal mit der Gletscherseilbahn zum Kitzsteinhorn oder die Krimmler Wasserfälle, die über 380 m in die Salzach stürzen.

Semmeringbahn *(oben)*

Die Semmeringbahn – erbaut von 20000 Arbeitern zwischen 1848 und 1854 – war die erste Bergbahn Europas. Auf einer Gesamtlänge von 41 km bewältigt sie einen Höhenunterschied von 460 m und wird durch 14 Tunnel und über 16, teilweise zweistöckige Viadukte geführt. Bei ihrer Errichtung wurde darauf geachtet, dass sich die Trasse harmonisch in die Landschaft einfügte.

Salzkammergut, Wolfgangsee *(unten)*

Das Salzkammergut ist eine seenreiche Alpenlandschaft im südlichen Oberösterreich und den angrenzenden Regionen von Salzburg und der Steiermark. In den Gebirgstälern liegen über 40 Seen, von denen der Wolfgangsee zu den landschaftlich schönsten gehört. Die vielen Orte wie Bad Ischl – einst kaiserliche Sommerresidenz – laden zu allen Jahreszeiten zum Wandern und Skifahren ein.

St. Anton (links)
Die Geschichte von St. Anton reicht über 700 Jahre zurück, als sich die ersten Händler mühsam zu Fuß über den Arlberg nach Tirol vorarbeiteten. Heute sind Wandern und Mountainbiking im Arlberggebiet rund um St. Anton ein sportliches Muss. Unzählige Wanderwege mit bewirtschafteten Hütten lassen die Schönheiten der Bergwelt erfahren, und leichte wie anspruchsvolle Mountainbike-Routen sorgen bei den Radfahrern für Abwechslung. Nicht zuletzt ist St. Anton ein beliebtes Skigebiet.

Seefeld in Tirol (unten)
1964 und 1976 fanden in Seefeld die olympischen Winterspiele statt, und so sind Stadt und Region auf Wintersportler gut eingestellt. 25 Seilbahnen und Sessellifte bringen die Skifahrer auf Höhen zwischen 1200 und 2100 m, und für die Langläufer stehen Loipen mit einer Länge von 240 km zur Verfügung. Im Sommer kann man im Karwendelgebirge ausgiebig wandern oder sich vom 2050 m hohen Seefelder Hausberg, dem Härmelekopf, mit dem Paraglider in die Tiefe stürzen.

Goldenes Dachl, Innsbruck *(links)*
Das goldene Dachl in Innsbruck ist ein spätgotischer Prunkerker, dessen Dach aus 2738 vergoldeten Kupferschindeln besteht. Im Auftrag des Kaisers Maximilian I. wurde es von Niklas Türing d. Ä. zwischen 1498 und 1500 aus Anlass der Jahrhundertwende errichtet. Der Reliefschmuck zeigt den Kaiser mit seinen beiden Frauen, seinem Hofnarren und Erzherzog Sigmund.

Vent im Ötztal *(oben)*
Das Tiroler Bergsteigerdorf liegt auf einer Höhe von 1900 m inmitten einer grandiosen Bergwelt und hat 158 Einwohner. Vent wird überragt von Tirols höchstem Berg, der 3774 m hohen Windspitze. Die Hochtäler mit ihren vielen Wanderwegen und Schutzhütten sowie den zahllosen Gletschern sind ein Paradies für Wanderer und Bergsteiger.

Streif in Kitzbühel *(unten)*
In Kitzbühel, mitten in den Tiroler Bergen, wird alljährlich auf der Streif das Hahnenkammrennen ausgetragen, der Höhepunkt der alpinen Ski-Weltcup-Saison. Der Start befindet sich in 1665 m Höhe, das Ziel liegt auf 805 m, die Höhendifferenz beträgt 860 m, die Strecke ist 3312 m lang, die durchschnittliche Neigung beträgt 27 %, die maximale 85 %. Da kommen die Skifahrer auf unerhörte Geschwindigkeiten.

Krimmler Wasserfälle *(unten)*
Die größten Wasserfälle Europas — eines der herausragenden Naturschauspiele Österreichs — stürzen aus einer Höhe von 380 m über drei Stufen in die Tiefe. Ein gut ausgebauter Aussichts- und Wanderweg verläuft entlang der Kaskaden, und das Ausstellungsgebäude WunderWasserWelt in Krimml macht mit allem vertraut, wozu Wasser fähig ist.

Nationalpark Hohe Tauern *(ganz oben)*
Der Nationalpark Hohe Tauern umfasst eine Fläche von 1786 km², damit ist er der größte Nationalpark Europas. Er erstreckt sich über die Bundesländer Kärnten, Salzburg und Tirol. Höchster Berg ist der 3798 m hohe Großglockner. Besucherzentren, Lehrwege und geführte Nationalpark-Wanderungen machen mit der letzten großflächigen Naturlandschaft Österreichs bekannt. Mehrere gefährdete Tierarten, wie etwa der Weißkopfgeier oder der Bartgeier, sind erfolgreich im Nationalpark wieder angesiedelt worden.

Schwarzsee bei Kitzbühel *(oben)*
Spiegelblank und glänzend liegt der Schwarzsee inmitten eines Naturschutzgebietes mit schattigen Wäldern und bunten Wiesen. Er wird eingerahmt von der eindrucksvollen Silhouette des Wilden-Kaiser-Gebirges. Schwimmen und Rudern auf dem See, Spaziergänge und Radtouren um ihn herum oder Wandertouren in die umliegende Bergwelt bieten vor allem eins: Naturschönheit pur.

Großglockner Hochalpenstraße *(links unten)*
1924 wurde mit dem Bau der Großglockner-Hochalpenstraße begonnen. Zehn Jahre später überquerten die ersten Fahrzeuge den Alpenübergang. Die 86 km lange Aussichtstraße verbindet Salzburg mit Tirol. Auf der Strecke grüßen insgesamt 37 über 3000 m hohe Berge und 19 Gletscher. Vor allem Motorradfahrer zieht es in Scharen auf die kurvige Panoramastrecke.

Bad Gastein *(rechts)*
Das auf 1000 m Höhe liegende Bad Gastein ist mit seinen Bauten aus der Belle Epoque harmonisch in die umgebende Landschaft eingepasst. Ein reichhaltiges Kultur- und Sportangebot sorgt für Unterhaltung und Abwechslung. In Badhofgastein kurt es sich hervorragend dank der 18 Thermalquellen mit ihrem heilkräftigen Wasser. Und die Region um Dorfgastein ist ein Wanderparadies inmitten der Gasteiner Berge.

Neusiedler See *(ganz links)*

Rund um den flachen Neusiedler See – 36 km lang und 7 bis 14 km breit – haben Österreich und Ungarn gemeinsam einen Steppennationalpark geschaffen. Vor allem für die Zugvögel ist das geschützte Areal ein Refugium, denn die Wiesen und Wasserflächen sind Rastplätze und Überwinterungsgebiete. Auch der breite Schilfgürtel der Uferzonen besitzt eine in Mitteleuropa selten gewordene Tier- und Pflanzenwelt.

Ossiacher See *(links)*

Der lange und schmale Ossiacher See liegt im Herzen von Kärnten zwischen Villach und Feldkirchen auf einer Höhe von 502 m und bedeckt eine Fläche von knapp über 1000 ha. Die rund 2000 m hohen Bergspitzen der Gerlitzen schützen ihn vor den kalten Nordwest-Winden, und so steigt die Wassertemperatur im Sommer auf bis zu 27 °C. Das Wasser des Sees ist von einer Qualität, die anderswo nicht einmal aus dem Hahn läuft.

Graz *(links)*

Graz – Kulturhauptstadt Europas 2003 – war einst die Residenzstadt der Habsburger, und von jenen glanzvollen Tagen zeugt eine der besterhaltenen historischen Altstädte Mitteleuropas. Und über den ziegelroten Dächern erhebt sich 473 m hoch der Schlossberg, der einst eine mächtige Festung trug, deren Reste heute als atmosphärereiche Freilichtbühne dienen.

Wörther See *(oben)*

Der Wörther See in Kärnten liegt auf einer Höhe von 440 m, umfasst eine Fläche von 19,3 km², ist 17 km lang, 1,7 km breit und 85 m tief. Er ist der größte und meistbesuchte Badesee der Region mit hervorragender Wasserqualität. Wegen der geringen Zuflüsse erreicht der Wörther See im Sommer hohe Wassertemperaturen von bis zu 28 °C. Da wird jede Art von Wassersport zum Vergnügen.

Frankreich

Frankreich: Das ist die elegante Kapitale Paris mit ihren weltberühmten Museen, den mondänen Champs Elysées und dem Eiffelturm; das ist aber auch die dramatisch schöne Steilküste der Normandie, das ist die illustre Trias von Cannes, St. Tropez und Nizza am Mittelmeer, das ist die sonnenverwöhnte Provence mit ihrem einzigartigen Licht; das ist Savoir vivre und Lebensgenuss; nicht umsonst heißt es: Leben wie Gott in Frankreich.

Normandie-Küste (oben links)
Die Normandie mit ihren atemberaubend schroffen Kreidefelsen, dem viel fotografierten Felsentor von Etretat und lieblichen Abschnitten mit üppigen Gärten erstreckt sich vom Mont Saint-Michel bis nach Le Tréport. Die Küstenabschnitte heißen entsprechend Alabasterküste, Blumenküste und Perlmuttküste, hier liegen einige der berühmtesten Badeorte Frankreichs wie Trouville, Deauville und Honfleur.

Deauville und Trouville (oben rechts)
An der Côte Fleurie, der normannischen Blumenküste, liegen in direkter Nachbarschaft die bekannten Badeorte Deauville und Trouville. Während das ruhige Trouville mit seinem schönen Sandstrand bereits seit 1830 als Badeort beliebt ist, entwickelte sich Deauville erst später zum Ferienzentrum: Der Ort lädt ein zum Polospielen, Golfen, Reiten, zur Promenade am Jachthafen oder in das Spielcasino.

Lille (rechts)
Lille ist eine Stadt der Gegensätze: In der malerischen barocken Altstadt stehen die Ancienne Bourse (Alte Börse) von 1650 mit reich geschmückter Fassade, die stattliche im Auftrag Ludwigs XIV. erbaute Zitadelle sowie das Musée des Beaux-Arts mit seiner berühmten Gemäldesammlung. Direkt daneben beginnt die Moderne, u.a. mit dem von Rem Koolhaas geplanten Viertel Euralille.

Reims *(ganz links)*
An den Kreidehängen rund um Reims im Nordosten Frankreichs gedeiht einer der besten Champagner der Welt. In Reims selbst steht die 1211 begonnene imposante Cathédrale Nôtre-Dame, wegen ihrer harmonischen Gliederung und der Fülle des plastischen Schmucks ein Meisterwerk des hochgotischen Stils. Am linken Portal ist der wegen seiner Anmut weltberühmte Lächelnde Engel zu bewundern.

Bretagne *(links oben)*
Die traumhafte Landschaft der Bretagne mit ihren historischen Menhiren und Kalvarienbergen und ihren Fischerdörfern mit reetgedeckten Bauernhäusern ist ein sagen- und legendenumwobener Ort ebenso wie ein beliebtes Urlaubsziel. Im Norden fordert die tosende Brandung des Atlantiks Wellenreiter heraus, während die flachen, malerischen Strände im südlichen Teil sehr familienfreundlich sind.

Mont Saint-Michel *(links Mitte)*
Der Mont Saint-Michel ist das bedeutendste Zeugnis mittelalterlicher Klosterbaukunst. Das Kloster liegt eindrucksvoll auf einem Berg vor der Küste der Normandie – inmitten des Meeres, das mit seinen Extremen zwischen Ebbe und Flut den Bau eindrucksvoll umspielt. Das berühmte Kloster erhielt seinen Namen der Legende nach vom Erzengel Michael, der den Bau 708 persönlich befohlen haben soll.

Belle Ile *(links unten)*
Belle Ile, die größte der bretonischen Inseln, heißt übersetzt schöne Insel. Den Namen verdankt sie ihrer einmaligen Landschaft mit steilen, zerklüfteten Schieferfelsen, gegen die kraftvolle Brecher anbranden, wie z. B. die vom Wasser geformten Felsnadeln von Port-Coton. Ebenfalls einen unverwechselbaren Anblick bietet die an einem natürlichen Hafen gelegene Stadt Le Palais mit ihrer Zitadelle.

119

Louvre, Paris *(ganz oben)*
Das größte Museum der Welt befindet sich mitten in Paris. Um das ewige Lächeln der Mona Lisa und die unzähligen anderen Kunstschätze zu sehen, betritt man den Louvre durch die moderne Glaspyramide im Napoleonhof – der Feldherr hatte eine Vorliebe für Pyramiden. Im Innern bietet sich dann eine einzigartige Sammlung von Gemälden, Skulpturen und Objekten von der Antike bis ins 19. Jh.

Sacré Cœur *(oben)*
In strahlendem Weiß erhebt sich die orientalisch anmutende Kirche auf dem Montmartre über den Dächern von Paris. Die 1910 fertig gestellte Basilika wurde erbaut, um sich – angesichts all der Sünden der Pariser Kommune – des göttlichen Segens zu vergewissern. Das Bauwerk mit der imposanten Kuppel erinnert an eine mit Puderzucker bestäubte Torte – Zuckerbäckerstil eben.

Eiffelturm *(rechts)*
Dieses Meisterwerk der Ingenieurskunst war bei seiner Aufstellung für die Weltausstellung 1889 das höchste Bauwerk der Welt. Heute ist das Wunder aus Stahl und Nieten das Wahrzeichen von Paris und hat schon viele Künstler inspiriert und zahllose Besucher in seinen Bann gezogen. Von oben bietet sich ein wundervoller Blick, und wer es exquisit liebt, besucht im Turm das Luxusrestaurant Jules Verne.

Versailles *(oben)*

Ludwig der XIV., der Sonnenkönig, ließ das kleine Jagdschloss bei Paris zu einem der prächtigsten Paläste Europas ausbauen. Dieses Schloss war für ihn Spiegelbild des Kosmos, den er selbst als Sonne überstrahlte. Die einzelnen Räume sind mit Gold, Stuck und edlen Stoffen prunkvoll ausgestattet. Höhepunkt ist der gigantische Spiegelsaal, hier wurde u. a. 1871 der Deutsche Kaiser gekrönt.

Seine-Ufer *(rechts oben)*

Flanieren an den Ufern der Seine gehört unbedingt zu einem Besuch in Paris. Verbunden sind die beiden Ufer durch 33 Brücken: Eine davon ist der Pont Neuf, Schauplatz des berühmten Films „Die Liebenden vom Pont Neuf". Wer im Sommer kommt, hat mitunter das Glück, „Paris Plage" zu erleben: Dann werden die Uferstraßen gesperrt, Sand aufgeschüttet und mitten in Paris herrscht Strandatmosphäre.

Monets Garten in Giverny *(rechts Mitte)*
Wer kennt sie nicht, die berühmten Seerosen, den Teich mit japanischer Brücke und ähnliche Motive, die die späteren Bilder Monets bestimmen? Als Vorlage diente ihm sein eigener, liebevoll angelegter Garten in Giverny bei Paris. Dort malte er viele Male jenen Seerosenteich mit Brücke, der von Bambus und Trauerweiden umgeben war. Heute kann jeder dorthin fahren und sich inspirieren lassen.

Centre Pompidou *(rechts unten)*
Eine ziemlich ungewöhnliche Erscheinung ist das Centre Pompidou: Zwischen offenen Stahlträgern ragen riesige, grellbunte Rohre hervor. In den 1970er-Jahren wurde es von den Star-Architekten Renzo Piano, Richard Rogers und Gianfranco Franchini entworfen. Im Innern befindet sich eines der größten Kulturzentren der Welt. Von der Dachterrasse mit Café bietet sich ein wunderbarer Blick über Paris.

Nancy (links oben)
In Nancy, der historischen Hauptstadt Lothringens, liegt die Place Stanislas, ein außergewöhnlich schöner Platz aus dem 18. Jh., den fünf stattliche, mit Laternen und Balkonen verzierte Palais säumen; abgerundet wird das Ensemble durch die schmiedeeisernen Gitter und Tore längs der Fassaden und in den Ecken des Platzes. Obendrein ist Nancy eine sehenswerte Hochburg des Jugendstils.

Straßburg (links unten)
Mittelalterliches Flair in der Altstadt des sonnenverwöhnten Straßburg: Am Flüsschen Ill, dessen Arme den Stadtkern umschließen, stehen viele alte Fachwerkbauten — besonders malerisch ist das Viertel der Gerber, Müller und Fischer. Die UNESCO hat die Altstadt zum Weltkulturerbe erklärt, und es ist ein Erlebnis, durch die wunderschönen verwinkelten Gassen zu schlendern.

Kathedrale von Chartres (rechts)
Über Chartres südöstlich von Paris thront die berühmte dreischiffige Kathedrale. Der mustergültige gotische Bau ist eines der schönsten und besterhaltenen Baudenkmäler Frankreichs und Weltkulturerbe der UNESCO. Besonders sehenswert sind das um 1150 entstandene Königsportal mit Skulpturengruppe und die einmaligen riesigen Glasfenster mit Heiligenlegenden und Szenen aus dem Leben Karls des Großen.

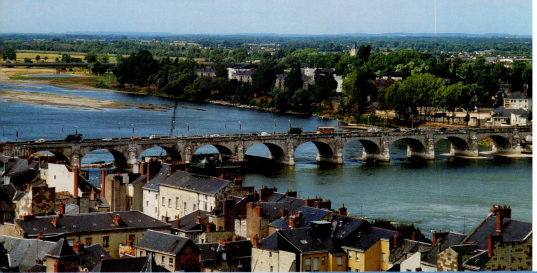

Val de Loire *(links)*
Die Loire ist der längste Strom Frankreichs, fließt mitten durch das Land und wird gerne als das Herz Frankreichs bezeichnet. Wegen des milden Klimas im mittleren Abschnitt und der Bedeutung für die Handelsschifffahrt haben sich viele Könige und Adelsgeschlechter hier niedergelassen – davon zeugen noch heute die zahlreichen prachtvollen Schlösser wie z.B. Chambord, Chenonceaux, Chaumont und Amboise.

Schloss Amboise *(oben)*
Das Schloss von Amboise, im 15. Jh. im großen Stil ausgebaut, ist nur noch in wenigen, aber sehenswerten Teilen erhalten, so z. B. die prächtigen Wohnräume und die reich dekorierte Hubertus-Kapelle mit ihrem Hochrelief über dem doppeltürigen Portal. Hier ruhen vermutlich die Gebeine Leonardo da Vincis, der in dem Herrensitz Clos-Lucé neben dem Schloss gewohnt und gearbeitet haben soll.

Schloss Chambord *(rechts)*
Schloss Chambord an der Loire, 1519 als Jagdschloss Franz I. erbaut, hat eine bewegte Geschichte mit zahllosen Besitzern hinter sich, die es immer wieder entsprechend ihren eigenen Vorstellungen erweiterten. Davon zeugen die immerhin 440 Räume und 365 Türme, die das großartige Schloss heute aufweist. Die große doppelläufige Wendeltreppe im Innern wird Leonardo da Vinci zugeschrieben, beeindruckend ist auch die gigantische Parkanlage.

Schloss Chaumont (rechts)

Das schlichte Dorf Chaumont nahe Blois wird von einem Schloss überragt, das berühmte Bewohnerinnen sah: Einst gehörte es Katharina von Medici, später weilte hier Madame de Stael und schrieb an ihrem berühmten „de l'Allemagne". Zu bewundern sind u.a. die völlig intakte Zugbrücke sowie der schöne Blick von der Terrasse ins Tal der Loire, im Sommer außerdem die von Künstlern gestalteten Themengärten.

Schloss Chenonceaux (oben)

Das romantische Wasserschloss Chenonceaux erstreckt sich in fünf eleganten Bögen über der Cher, einem Seitenarm der Loire. Die berühmten Bögen ermöglichen aus dem langgestreckten Festsaal im Innern einen wunderbaren Blick auf den Fluss. Wegen der vielen illustren Schlossherrinnen wird der prachtvolle Renaissance-Bau, der kostbare Möbel und Gemälde beherbergt, auch als „Schloss der Frauen" bezeichnet.

Riquewihr (links)
Das malerische Winzerstädtchen mit seinen gut erhaltenen Türmen und Mauern ist ein lohnendes Reiseziel, in den verwinkelten Gassen stehen noch zahlreiche Häuser der Gotik und Renaissance. An den sonnigen, geschützten Hängen rund um den Ort gedeihen seit Jahrhunderten Rieslingtrauben, denen der berühmte Elsässische Wein sein besonderes Bukett verdankt – gefeiert mit dem Rieslingfest im August.

Ile d'Oléron (unten links)
Die sonnenverwöhnte Ile d'Oléron, zweitgrößte Insel Frankreichs, liegt südlich der Bretagne vor der Atlantikküste. Die feinsandigen Strände laden zum Baden ein, das seichte Wasser der Ostküste dient der Muschel- und Austernzucht. Im milden Klima der Insel gedeihen u. a. Oleander, Feigen, Artischocken und Wein. Der Insel vorgelagert ist Fort Boyard, das schon als Kulisse für Abenteuerfilme diente.

Dune du Pilat (unten Mitte)
Die Dune du Pilat südwestlich von Bordeaux ist mit 118 m Höhe und 2800 m Länge die größte Wanderdüne Europas, sie wandert jährlich 4 m landeinwärts – auch über Gebäude. Von ihrem Kamm aus bietet sich ein einzigartiger Blick über die Côte d'Argent, die Silberküste, an der sich in der Sonne glitzernd die Wellen brechen. Besonders eindrucksvoll ist das Naturschauspiel bei Sonnenauf- oder -untergang.

St. Emilion (unten rechts)
St. Emilion, einer der malerischsten Weinorte der Welt, liegt auf einem Kalksteinplateau inmitten von Weinbergen, in denen die Trauben für die „grands crus" wachsen – die besten Weine überhaupt. In der Umgebung lohnen einige berühmte Weingüter den Besuch, und der Ort selbst mit altem Marktplatz und der angrenzenden Eglise Monolithe, einer Felsenkirche aus dem 8. bis 12. Jh., ist äußerst sehenswert.

Burg von Carcassone *(rechts)*

Die eindrucksvolle Burg von Carcassonne mit ihren 56 Türmen und 3 km doppelter Festungsmauern thront hoch oben auf den Corbiéres-Bergen am Canal du Midi. Während der Albigenser-Kreuzzüge diente die im 12. Jh. errichtete Festung den Katharern als Zufluchtstätte. Eine Besichtigung der vielbesuchten Burg, die schon Walt Disney inspirierte, empfiehlt sich vor allem in den ruhigen Morgen- oder Abendstunden.

Mont Blanc *(unter.)*

Das Bergmassiv der beeindruckenden, aus Granit und Schiefer bestehenden Mont-Blanc-Gruppe in den französischen Alpen mit dem 4807 m hohen Mont Blanc als höchstem Gipfel ist ein überwältigender Anblick. Man kann z. B. mit der Kabinenbahn von Fraz-Conduit auf die Spitze des Aiguille du Midi fahren und den Ausblick genießen – für Geübte ist aber auch eine Besteigung des Mont Blanc mit Führer denkbar.

Biarritz (rechts oben)

Die einstige Bedeutung von Biarritz, dem mondänen Seebad an der südfranzösischen Atlantikküste, bezeugen Villen aus Gründerzeit und Belle Epoque sowie das luxuriöse Hôtel du Palais: 1835 wurde das Fischerdorf von Kaiserin Eugenie entdeckt, später ließ sie hier mit ihrem Mann Napoleon III eine Sommerresidenz erbauen. Wegen des oftmals stürmischen Wellengangs im Golf von Biscaya ist Biarritz heutzutage bei ambitionierten Surfern sehr beliebt.

Lourdes (rechts unten)

Alljährlich besuchen Millionen von Pilgern Lourdes, um sich von ihren Leiden befreien zu lassen. Hier, am Fuße der Pyrenäen, hatte die 14-jährige Bernadette Soubirous 1858 mehrere Marienerscheinungen. Einer unterirdischen Quelle in der Grotte werden wundersame Heilkräfte zugesprochen. Wer vor Ort keine Heilung erfährt, kann zumindest Devotionalien, heiliges Wasser und vieles mehr erstehen.

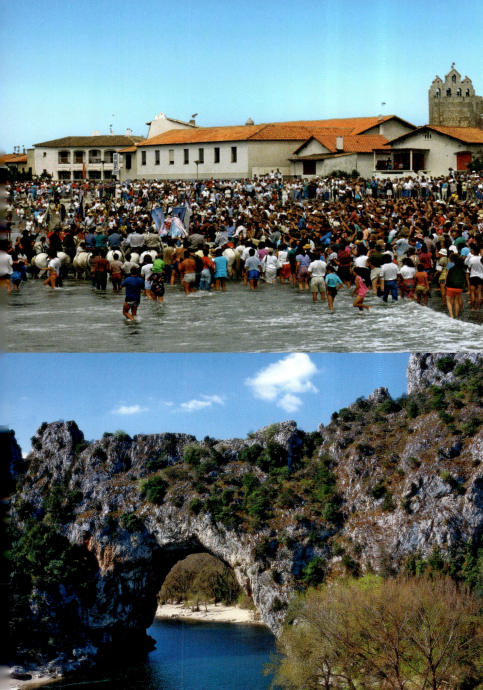

Uzès *(ganz links)*
Einer der bezauberndsten Orte des Languedoc thront in einer sanften Hügellandschaft bei Nîmes. Im Zentrum liegt die einladende Place aux Herbes mit ihren renovierten Arkaden. Sehenswert sind auch die Tour Fenestrelle, ein 42 m hoher, nach Art der italienischen Campanile freistehender Turm aus dem 12. Jh., sowie der Duché, das Schloss der Herzöge mit Renaissancefassade und mittelalterlichem Turm.

Camargue *(links oben)*
Eine unvergleichliche Landschaft ist das brettebene fruchtbare Schwemmland im Rhône-Delta in der Provence mit seinen Salzgärten, Reisfeldern, Lagunen und ganz eigenen Pflanzen und Tieren. Hier leben zeitweise um die 400 Vogelarten, und im Schutzgebiet des großen Naturparks sind auch die berühmten Wildpferde zu bewundern – z. B. bei einem Ausritt mit einem der Gardians, den Cowboys der Camargue.

Stes-Maries-de-la-Mer *(links Mitte)*
Das schöne Stes-Maries-de-la-Mer in der Camargue ist ein Wallfahrtsort: An dieser Stelle soll im Jahr 40 n. Chr. ein Boot aus Palästina vertriebener Christen gestrandet sein. Der Legende nach waren unter ihnen Maria Jakobäa, Schwester der Jungfrau Maria und Maria Salome, Mutter zweier Apostel, sowie die Sünderin Maria Magdalena – dieses Ereignis wird hier im Mai und im Oktober ausgiebig gefeiert.

Ardèche-Schlucht *(links unten)*
Bis zu 300 m tief hat sich die Ardèche im Lauf der Jahrhunderte in das Kalkgestein östlich von Pont d'Arc eingegraben, bevor sie in die Rhône mündet – ein gewaltiges Panorama. Die Gorges de l'Ardèche mit Felsbrücke und urzeitlichen Höhlen sind im Frühsommer mit dem Kajak vom Wasser aus zu bewundern – oder aber von den spektakulären Aussichtspunkten an der meist oberhalb verlaufenden D 290 aus.

Orange (oben)
In Orange im unteren Rhônetal steht eines der schönsten und am besten erhaltenen römischen Theater der Welt, das heute viel bespielt wird. Erbauen ließ es Kaiser Augustus, dessen Statue, seit sie 1931 ausgegraben wurde, in einer Nische in der prächtigen Bühnenmauer sitzt. Von der Bedeutung der Stadt zur Römerzeit zeugt auch der Arc de Triomphe, beide Bauwerke unterstehen dem Schutz der UNESCO.

Avignon (oben Mitte)
Einzigartig ist der festungsartige Papstpalast in Avignon, am Rande der Provence. Die prächtigen Räumlichkeiten im Innern gemahnen an ein Königsschloss. Besonders faszinierend: Die Privatgemächer des Papstes mit detailfreudigen Laub- und Fruchtranken, Tieren, Jagdszenen und spielenden Kindern, die Küche und der gigantische Festsaal. Daneben ragen die Reste der viel besungenen Pont d'Avignon in die Rhône.

Pont du Gard (oben rechts)
Mit dem Pont du Gard, der beeindruckendsten Wasserleitung der Welt, die über das Flüsschen Gard verläuft, leiteten die Römer täglich 20000 m³ Wasser nach Nîmes. Die drei übereinander liegenden Bogenreihen des 49 m hohen und 275 m langen Aquädukts wurden ohne Mörtel aus massivem Fels übereinander geschichtet – und hielten bislang 2000 Jahre. Heute steht das Bauwerk unter dem Schutz der UNESCO.

Provence (rechts)
Tief violette Lavendelfelder, knallrote Mohn- und leuchtend gelbe Sonnenblumen, Zypressen, Kalkfelsen und tiefe Schluchten, historische Kulturgüter und traumhafte Strände, und über allem der Gesang der Zikaden und das besondere Licht des Südens – die Landschaft der Provence ist einzigartig. Und so fasziniert dieser Landstrich schon seit langem und bis heute Künstler und Urlauber gleichermaßen.

Gorges du Verdon (links)
Im Herzen der Provence verlaufen die eindrucksvollen Gorges du Verdon, eine bis zu 700 m tiefe Schlucht mit spektakulär enger Klamm, die das Flüsschen Verdon im Lauf der Jahrhunderte in der weichen Kalkstein gegraben hat. Hier kann man vortrefflich Wandern und Kanu fahren oder aber von den Aussichtspunkten entlang der oberhalb verlaufenden Straße den Blick in die spektakuläre Schlucht genießen.

Montagne Ste-Victoire (unten)
Das Hauptmotiv im Spätwerk Cézannes war die beeindruckende Montagne Ste-Victoire östlich von Aix-en-Provence. Picasso wollte später diesen für ihn zum Leitmotiv abstrakter Malerei gewordenen Gebirgszug kaufen – und erwarb zumindest das Renaissanceschloss Vauvenargues an der bewaldeten Nordseite einschließlich 1500 ha Grundstück. Auf eigenen Wunsch wurde Picasso im Garten des Schlosses bestattet.

Kloster Sénanque (links)
In einem abgelegenen Tal östlich von Avignon liegt inmitten von Lavendelfeldern die Zisterziensabtei Sénanque, die zu den bedeutendsten Bauten der provenzalischen Romanik gehört. Sie wurde 1148 gegründet, nach der Zerstörung durch Waldenser im 17. Jh. rekonstruiert und wird heute wieder von Mönchen bewohnt. Wer von einem der umliegenden Bergrücken in das kleine Tal hinunterblickt, kann wunderbar den klaren, harmonischen Grundriss studieren.

Arles (rechts)
In der traumhaft schönen ehemaligen römischen Hauptstadt Arles – vielfach porträtiert von van Gogh – in der Camargue sind eine Arena, erbaut ca. 75 v. Chr. zur Zeit Vespasians, sowie ein etwa 15 v. Chr. unter Augustus erbautes römisches Theater zu sehen – beide Weltkulturerbe der UNESCO. In der Arena finden im Sommer die „Courses Camarguaises" statt – eine unblutige Variante des Stierkampfes.

Aix-en-Provence (links oben)
Aix-en-Provence ist eine der schönsten Städte Frankreichs. Einmalig ist die von mittelalterlichen Straßenzügen geprägte Altstadt mit ihren schattigen Plätzen und den Palästen aus dem 17. und 18. Jh. im Stil des italienischen Barock. Der prächtige Cours Mirabeau, die im 17. Jh. angelegte Flanierstraße mit plätschernden Brunnen und Platanendach, ist heute Mittelpunkt des städtischen Lebens.

Fontaine-de-Vaucluse (links unten)
Die Fontaine-de-Vaucluse, eine ungewöhnlich ergiebige Quelle, die vermutlich mehr als 300 m tief in einer Höhle aus porösem Kalkstein entspringt, tritt östlich von Avignon zutage. Der Dichter Petrarca soll 16 Jahre lang in einer abgeschiedenen Klause nahe der Sorgue-Quelle gelebt und mit berühmt gewordenen Sonetten seiner Verehrung für Laura gefrönt haben – ein Museum erinnert hier an ihn.

Calanques bei Marseille (rechts oben)
Zwischen Frankreichs höchsten Steilklippen liegen äußerst malerisch fjordähnliche Badebuchten und Ankerplätze: die Calanques bei Marseille. Die von weißem Kalkgestein gesäumten Calanques mit ihrem türkisfarbenem Wasser stehen seit 1975 unter Naturschutz und sind in den Sommermonaten nur zu Fuß oder mit dem Boot zu erreichen – eine Tagestour per Boot ist ein einmaliges Erlebnis.

St. Tropez (rechts unten)
Der Maler Paul Signac entdeckte 1892 den kleinen Fischerort. Spätestens seit Roger Vadim hier seinen Film „Und immer lockt das Weib" mit einer barbusigen Brigitte Bardot drehen ließ ist der Ort ein Magnet des exzentrischen Trubels und der High Society geworden, und auf den großen Jachten, in den Bars des Hafenstädtchens und an den rundum ausgestatteten noblen Stränden herrscht Champagnerlaune.

Fondation Maeght, St.-Paul-de-Vence *(ganz oben)*
Hauptattraktion des malerischen mittelalterlichen Dorfs St.-Paul-de-Vence bei Nizza ist die Fondation Maeght, eine 1962 vom Galeristenehepaar Maeght gestiftete moderne Kunstsammlung. Den Gebäudekomplex mit Ausstellungssälen, Künstlerwohnhäusern etc. umgibt ein kunstvoller Park, und neben der sehenswerten Dauerausstellung mit Werken des 20. Jh. finden hier weitere große Ausstellungen statt.

Hotel Carlton, Cannes *(links unten)*
Das legendäre Hotel Carlton in Cannes ist Anziehungspunkt für Berühmtheiten aus aller Welt. Neben königlichen Hoheiten residierten hier, nicht zuletzt wegen der berühmten Filmfestspiele, Stars von Cindy Crawford über Alfred Hitchcock und Grace Kelly bis hin zu Liz Taylor. Im Carlton wurden überdies auch mehrere Filme gedreht, u. a. „Über den Dächern von Nizza" mit Grace Kelly und Cary Grant.

Cannes *(oben)*
Einmalig schön liegt das luxuriöse Strandbad Cannes zwischen Berghängen und der Côte d'Azur. Hier stehen die meisten Nobelhotels und die ausgefallensten Villen, und alljährlich im Mai treffen sich in Cannes die Großen der Filmbranche zum berühmten Festival. Ideal zum Flanieren ist die großartige Uferpromenade Boulevard de la Croisette mit schönen Parkanlagen entlang dem feinsandigen Strand.

Antibes (links)

Zu Antibes, dem schönen Ort an der Côte d'Azur mit seiner historischen Altstadt und der Markthalle aus dem 19. Jh. gehören auch die Villen- und Badeorte Cap d'Antibes und Juan-les-Pins. Im Schloss Grimaldi direkt am Meer lebte und arbeitete Picasso in den 1940er-Jahren. Heute befindet sich hier das Musée Picasso mit einer Dokumentation über sein Leben und einer umfassenden Sammlung von Werken.

St. Raphaël (unten)

Der Badeort St. Raphaël schmiegt sich nahtlos an Fréjus und besticht vor allem durch seine Lage direkt an der Côte d'Azur und an den Ausläufern des Estérel-Massivs sowie durch die schönen, mit Palmen und Platanen bestandenen Promenaden. Hierher kehrte Napoleon 1799 von seinem Ägyptenfeldzug zurück – davon zeugt die Pyramide am Hafen – und hier schiffte er sich 15 Jahre später nach Elba ein.

Eze (rechts)

Das Dorf Eze an der Côte d'Azur ist zweigeteilt: Eze-Bord-sur-Mer ist ein Badeort an der Küste, während das berühmte Eze-Village sich wie ein Adlerhorst 427 m über dem Meer an einen Felsen schmiegt. Der beste Ausblick bietet sich von der Burgruine, besuchenswert sind der Jardin exotique um die Burg sowie die Chapelle des Pénitents-Blancs aus dem 14. Jh. und die Parfümerien Fragonard und Galimard.

Nizza *(links)*

Nizza gehörte bis 1860 zu Italien, und italienisches Flair ist in der schönen Altstadt um die arkadengesäumte Place Garibaldi deutlich spürbar. Seinen Ruhm als Ferienort verdankt Nizza dagegen den Engländern, nach denen die Promenade des Anglais mit ihren noblen Hotels benannt ist. Sehenswert sind auch die Matisse und Chagall gewidmeten Museen sowie die römischen Ausgrabungen im Stadtteil Cimiez.

Monaco *(rechts)*

Das 1,95 km² große Fürstentum Monaco an der französischen Riviera ist vor allem wegen der Fürstenfamilie, des Glücksspiels und als Steueroase zu Ruhm und Reichtum gelangt. Das legendäre Casino ist äußerst sehenswert: Es wurde 1877 von Charles Garnier, Architekt der Pariser Oper, im Stil der Belle Epoque errichtet. Ebenfalls einen Besuch wert ist der Fürstenpalast mit seinen Prunkräumen und Fresken.

Korsika

Bonifacio (rechts oben)
Im äußersten Süden Korsikas thront auf imposanten, vom Meer umtosten Kreidefelsen das malerische, ehemals genuesische Bonifacio. Von hier aus sieht man schon das jenseits der Meerenge liegende Sardinien. Lohnend ist ein Rundgang durch die engen mittelalterlichen Gassen der Oberstadt mit ihren alten mehrstöckigen Häusern, die durch wie Querstreben anmutende Wasserleitungen verbunden sind.

Bucht von Porto (rechts unten)
Der Golf von Porto im Westen Korsikas mit seinen herrlich roten Felsklippen aus Granit, die sich aus dem tiefblauen Meer erheben, gehört zum Weltkultur-erbe der UNESCO. Ein typisch genuesischer eckiger Wachturm sichert seit vier Jahrhunderten die Hafeneinfahrt Portos und rundet das Bild ab. Der beliebte Ferienort ist obendrein berühmt für seine traumhaften Sonnenuntergänge.

Naturpark Scandola (ganz rechts)
An der bis auf 560 m ansteigenden Halbinsel Scandola nördlich des Golf von Porto wurde nicht nur das Land, sondern auch das Meer unter Naturschutz gestellt, um die Artenvielfalt von Flora und Fauna zu erhalten. Auf der eindrucksvollen Halbinsel aus Vulkangestein sind noch einige Paare der selten gewordenen Fischadler heimisch, die sich bei der Jagd in das tiefblaue Meer stürzen.

Spanien

Spanien entfaltet auf einer Fläche von 505 000 km² eine unermessliche Fülle an Landschafts- und Kulturformen. Glanzvoll und stolz zeigen sich die Städte Sevilla und Barcelona, atemberaubend schön offenbart sich die Gebirgswelt der Pyrenäen, quirlig und lebendig geht es an den Stränden der Costa Brava zu, während die märchenhafte Pracht der Alhambra und Mezquita den Besucher verstummen lässt.

Höhlen von Altamira *(rechts oben)*
Nicht ohne Grund tragen die Höhlen von Altamira im nordspanischen Kantabrien den Beinamen „Sixtinische Kapelle der Steinzeit". Die 1879 entdeckten prähistorischen Malereien sind kunsthistorisch von unschätzbarem Wert und wurden von der UNESCO zum Weltkulturerbe erklärt. Besucher können in einem exakten Nachbau der Höhlen die faszinierenden Tiermotive und Kohlezeichnungen bestaunen.

Baiona *(rechts Mitte)*
Das nur 40 km nördlich der portugiesischen Grenze liegende Baiona profitiert in zweifacher Hinsicht von seiner Lage: An der Atlantikküste gelegen lockt der Ort einerseits mit wunderschönen Stränden und Bademöglichkeiten, während andererseits das angrenzende Weinbaugebiet Rias Baixas reizvolle Ausflüge ermöglicht, die mit genussvollen Weinproben kombiniert werden können.

Picos de Europa *(rechts unten)*
Mit seinen bis zu 2600 Meter hohen schroffen Felswänden erinnert der Nationalpark Picos de Europa zuweilen an die italienischen Dolomiten. Dichte Wälder, Gletscherseen und eine reiche Flora und Fauna locken zudem all jene Naturbegeisterten, die im Grenzgebiet zwischen den nördlichen Regionen Asturien und Kantarien eine eindrucksvolle Hochgebirgslandschaft erkunden möchten.

Santiago de Compostela *(ganz rechts)*
Santiago de Compostela im Nordwesten Spaniens fasziniert durch seine Mischung aus Traditionsbewusstsein, Spiritualität und moderner Lebendigkeit. An der prachtvollen Kathedrale kommen neben Touristen und Einheimischen auch die Pilger zusammen, die nach der mühsamen Begehung des knapp 800 km langen Jakobweges mit dem Mausoleum des heiligen Jakobs ihr lang ersehntes Ziel erreichen.

San Sebastian (rechts)

Elegant, lebendig und abwechslungsreich – so präsentiert sich die nordspanische Grenzstadt San Sebastian ihren Besuchern. Neben prächtigen Herrenhäusern und endlosen Promenaden, die zum Essen und Einkaufen einladen, ist es vor allem der berühmte „Playa de la Concha" mit der vorgelagerten Insel Santa Clara, der San Sebastian zu einer der schönsten Städte Spaniens macht.

Bilbao (unten)

Seit der Eröffnung des Guggenheim-Museums im Jahre 1997 ist das im nördlichen Baskenland liegende und als Handels- und Industriestadt bekannte Bilbao zu einem Magnet für Kunstinteressierte geworden. Das gigantische Museum beherbergt in 21 Ausstellungssälen und auf einer Fläche von über 24000 qm eine imposante Sammlung bedeutender Kunst der Gegenwart und klassischen Moderne.

Burgos (rechts oben)

Unbestrittener Mittelpunkt der kastilischen Stadt Burgos ist die gotische Kathedrale Santa María. Beeindrucken allein schon die mächtigen Außenfassaden und Türme, so vermag der Besucher in Anbetracht der Pracht und des Kunstreichtums im Kathedraleninneren vollends verstummen. Hier befindet sich unter einem gewaltigen Kuppelgewölbe das Grab des spanischen Nationalhelden El Cid.

Pamplona (rechts unten)

Pamplona steht weltweit als Synonym für ungebändigte Feier- und Lebenslust. Dieses Image verdankt die navarrische Stadt dem größten Volksfest Spaniens: den Sanfermines. Über acht Tage wird das berühmte Stiertreiben durch die Altstadt begleitet von endlosen Feiern und Trinkgelagen. Angesichts dessen geraten die reizvollen Plätze, Promenaden und kulturellen Zentren fast ins Vergessen.

Poblet (ganz links)
Wunderschön auf einer Anhöhe im Hinterland der Costa Dorada gelegen, befindet sich das Zisterzienser-Kloster Poblet, das im Hochmittelalter als Grablege der aragonesischen Könige diente. Die Vermischung romanischer, gotischer und barocker Elemente sowie die Umsetzung des Ideals von Strenge und Nüchternheit im Innern der Kirche machen Poblet zu einem einzigartigen Bauwerk.

Montserrat (links oben)
Eingearbeitet in das bizarr geformte Gebirgsmassiv des Montserrat bietet das gleichnamige Kloster auf 725 m Höhe einen überwältigenden Anblick. Trotz der Besucherströme, die sich ihren Weg zur Schwarzen Madonna – der Schutzheiligen Kataloniens – bahnen, findet man nur 35 km nördlich von Barcelona mit dieser Klosteranlage einen einzigartigen Ort der Ruhe und Kontemplation.

Tossa de mar (links Mitte)
Über eine kurvenreiche Küstenstraße erreicht man das nördlich von Barcelona gelegene Tossa de mar. Die auf antiken Fundamenten der einstigen römischen Ansiedlung Vila Vela erbaute Altstadt mitsamt ihrer mächtigen Befestigungsanlage verleiht dem beliebten Badeort einen ganz besonderen Reiz. In den zahlreichen verwinkelten Gassen laden Bars und Restaurants zum Verweilen ein.

Nationalpark von Ordesa und Monte Perdido, Pyrenäen (links unten)
Die spanischen Pyrenäen sind ein Paradies für Naturbegeisterte. Im Zentrum des Hochgebirges erstreckt sich der Nationalpark von Ordesa und Monte Perdido. Auf über 15500 ha finden in Form von Gletschern, tiefen Schluchten, seltenen Tierarten und einer üppigen Pflanzenwelt all die Besucher ein Traumziel, die nach einem urwüchsigen und facettenreichen Naturreservat suchen.

Sagrada Familia, Barcelona *(links oben)*
Umgeben von prächtigen, lebhaften Einkaufsstraßen befindet sich im Zentrum von Barcelona die weltbekannte Kirche Sagrada Familia. Das gigantische Bauvorhaben Antoni Gaudís wartet aufgrund des plötzlichen Todes des Künstlers bis heute auf seine Fertigstellung. Doch die unzähligen Details der Fassaden sowie die beispiellose Architektur zeugen von der Einzigartigkeit des Bauwerks.

Segovia *(links unten)*
Segovia an den nördlichen Ausläufern des Iberischen Randgebirges gilt als kulinarische Metropole Kastiliens und kann darüber hinaus mit seinem über 800 m langen Aquädukt eines der eindruckvollsten Monumente römischer Baukunst aufweisen. Aus 20 000 t Granitquadern errichtet und bis zu 29 m hoch, versorgt das imposante Meisterwerk noch heute Segovia mit Wasser.

Avila *(rechts oben)*
Das 90 km nordwestlich von Madrid liegende Avila ist geprägt von Frömmigkeit und Strenge. Im Innern der von mächtigen Mauern geschützten Stadtanlage stehen zahlreiche religiöse Bauten, von denen einige die Bedeutung der berühmtesten Stadtbewohnerin bezeugen: die heilig gesprochene und zur Schutzpatronin von Spanien erklärte Ordensgründerin Theresia von Avila.

Salamanca *(rechts unten)*
Ihren Beinamen „goldene Stadt" verdankt Salamanca dem goldgelb leuchtenden Sandstein, der die Baugrundlage der anmutenden Gebäude bildet. Das Herzstück der kastilischen Stadt ist die vom königlichen Pavillon und Rathaus eingerahmte Plaza Mayor. Sie gleicht einem riesigen Freiluft-Festsaal und ist am Abend lebhafter Treffpunkt für Einheimische, Touristen und zahlreiche Studenten.

Teruel (links)

Teruel im Süden Aragoniens ist im letzten Jahrhundert vor allem als tragischer Schauplatz im Spanischen Bürgerkrieg bekannt geworden. Ein faszinierendes Relikt früherer Jahrhunderte sind die zahlreichen Gebäude im Mudéjar-Stil, die auf den langen maurischen Einfluss zurückgehen. In dem Mudéjar-Gotteshaus San Pedro befindet sich die Grabstätte der berühmten „Liebenden von Teruel".

Plaza Mayor, Madrid (rechts oben)

Wer das Herz von Madrid und einen der schönsten Plätze Spaniens sucht, muss sich zur zentral gelegenen Plaza Mayor begeben. Seit jeher Austragungsort aller wichtigen Feste und Proklamationen, spiegeln die viergeschossigen, in tiefem Rot gehaltenen Fassaden und die Schatten spendenden Arkaden den Reichtum und die Pracht Spaniens zu Beginn der Neuzeit wider.

Toledo (rechts Mitte)

Auf einem 530 m hohen Granitfelsen erbaut und geschützt durch den Tajo-Fluss, gleicht das 50 km südlich von Madrid liegende Toledo einer uneinnehmbaren Festung. Neben der zweitgrößten Kathedrale Spaniens und vielen Kirchen finden sich hier auch mittelalterliche Synagogen und maurische Baudenkmäler – sie bezeugen die historische Kulturenvielfalt, die den besonderen Reiz Toledos ausmacht.

Museo del Prado (rechts unten)

Das Madrider Museo del Prado beherbergt mit fast 3000 Exponaten eine der ältesten und glanzvollsten Gemäldesammlungen der Welt. Angesichts der Werke von Albrecht Dürer, Hieronymus Bosch, Tizian, El Greco, Rubens, Veláquez, Goya und anderen kann die Bedeutung und der kunsthistorische Wert dieses im Jahre 1785 erbaute Museums nicht hoch genug eingeschätzt werden.

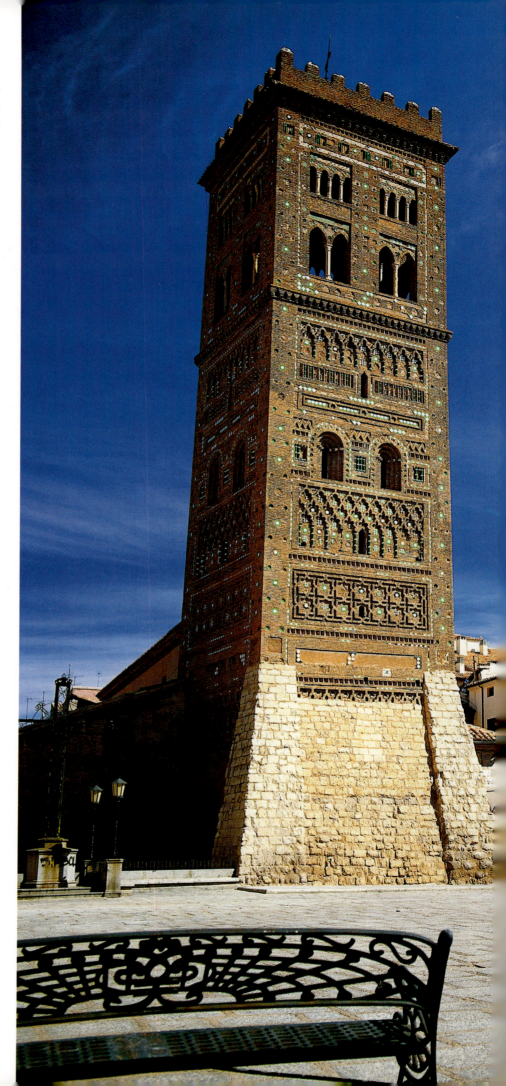

La Mancha (oben)

Wer den „Don Quijote" von Cervantes gelesen hat, der erkennt in der kastilischen Hochebene La Mancha sofort die Kulisse dieses weltberühmten Epos wieder. Endlose Weiten, verlassene Burgen und zahllose Windmühlen prägen auch nach 400 Jahren das Bild der Umgebung. Und auch in den kleinen Dörfern haben sich die Bewohner mit Leib und Seele dem berühmten Ritter verschrieben.

El Escorial (rechts)

Am Südhang der Sierra de Guadarrama, 50 km nordwestlich von Madrid, verwirklichte König Philipp II. im ausgehenden 16. Jh. sein ehrgeiziges Klosterprojekt El Escorial. Auf einer Höhe von über 1000 m entstand ein gigantischer Mehrzweckbau mit Kloster, Schloss, Bibliothek und Mausoleum. Überwältigend sind die Pracht und Größe der Anlage sowie der Blick über die Sierra.

Mérida (rechts oben)
Vor über 2000 Jahren wurde Mérida von den Römern mit dem Ziel gegründet, einen Stützpunkt und Altersitz für Veteranen zu schaffen. Entstanden ist dabei ein perfektes Abbild der heimatlichen Provinz. Und so kann der heutige Besucher inmitten der spanischen Extremadura angesichts von Tempeln, Amphitheatern, Thermen und einem Aquädukt Kultur, Leben und Kunst der Römer erforschen.

Santa Maria de la Sede, Sevilla (rechts)
Über 150 Jahre beträgt die Bauzeit der drittgrößten Kathedrale der Welt: der Santa María de la Sede in Sevilla. Auf dem Fundament einer Moschee errichtet, zeugen insbesondere die Portale und die Giralda von den maurischen Einflüssen, während sich im Innern die ganze Macht und Symbolik der christlichen Kirche entfaltet. Hier befindet sich auch Kolumbus' Grabdenkmal.

> **Córdoba** *(oben)*
> Die andalusische Stadt Córdoba war über 250 Jahre hinweg das Zentrum des maurischen Spaniens und avancierte unter arabischer Herrschaft zur größten und reichsten Stadt des Abendlandes. Berühmtestes Relikt dieser glanzvollen Zeit ist die Moschee-Kathedrale – kurz Mezquíta genannt. Bis zu 25 000 Gläubige kamen einst in diesem prächtigen Gebäudekomplex zum Freitagsgebet zusammen.

> **Alhambra, Granada** *(rechts)*
> Jahr für Jahr strömen rund 2 Mio. Besucher ins andalusische Granada, um eines der berühmtesten Monumente der Welt zu besichtigen – die Alhambra. Zu Füßen der schneebedeckten Sierra Nevada gelegen, lassen die Ausmaße und die verschwenderische Ausgestaltung der maurischen Anlage schnell erkennen: Man braucht mehr als ein Leben, um diese Pracht in ihrer Vollständigkeit zu erfassen.

Jerez de la Frontera *(links)*
Zwei Wahrzeichen haben die südspanische Stadt Jerez de la Frontera bis weit über die Landesgrenzen hinaus bekannt gemacht: der weltweit vermarktete Sherry, der hier hergestellt und in unzähligen Bodegas angeboten wird, und die traditionsreiche Königliche Hofreitschule. Jedes Jahr im Mai werden im Rahmen der „Feria de Caballos" die kostbaren Pferde präsentiert.

Nerja, Balcón de Europa *(links)*
Trotz der vielen Urlauber, die im Sommer Nerja aufsuchen, hat sich der Mittelmeerort eine gewisse Beschaulichkeit und Idylle bewahrt. Auf der berühmten Promenade „Balcón de Europa", von der man einen fantastischen Blick auf das Meer genießt, flanieren am Abend Einheimische wie Touristen, bevor sie in einem der unzähligen Restaurants und Bodegas in geselliger Runde zusammenkommen. Etwas intimer genießt man den Blick vom Parador de Nerja aufs Meer.

Ronda *(oben)*
Schon die kurvenreiche Fahrt vom lebhaften Marbella zu dem auf 705 m gelegenen Ronda ist ein faszinierendes Erlebnis. Auf einem Felsplateau erbaut, wird die Stadt durch die bis zu 160 m tiefe Tajo-Schlucht in zwei Teile geteilt. Während der südliche Teil pittoreske Kirchen aufweist, findet man im nördlichen Teil die älteste Stierkampfarena Spaniens.

La Palma (links oben)
La Palma gilt als die ursprünglichste und vegetationsreichste Insel der Kanaren. Von der UNESCO zum schützenswerten Biosphärenreservat erklärt bietet La Palma zwei kontrastreiche Vegetations- und Landschaftsformen. Im feuchten Nordosten gedeihen üppige Bananenplantagen und Lorbeerwälder, während der Südwesten karger, aber dafür sonnenverwöhnter ist.

Gomera (links unten)
Einst als Geheimtipp für Aussteiger und Hippies gehandelt, ist die kanarische Insel Gomera mittlerweile auch von der Tourismusbranche entdeckt worden. Und doch steht die Besucherzahl – verglichen mit Gran Canaria – in einem gesunden Verhältnis zur Einwohnerzahl. Hier finden all diejenigen ihr Traumziel, die Ruhe, unverfälschte Natur und Beschaulichkeit suchen.

Ibiza (rechts oben)
Sonnenverwöhnt, lebhaft und facettenreich – so präsentiert sich die balearische Insel Ibiza ihren Gästen. Türkisgrünes Meer, weitläufige und feine Sandstrände, ein reges Nachtleben sowie üppige Vegetation im Landesinnern schaffen die Voraussetzung dafür, dass hier alljährlich die verschiedenartigsten Urlaubswünsche der über 1,5 Mio. Besucher erfüllt werden können.

Mallorca (rechts unten)
Seit Jahren unangefochten an der Spitze des europäischen Sonnentourismus steht Mallorca – ein Juwel im Mittelmeer. Wer traumhafte Strände und Buchten oder von wunderschönen Fincas durchsetzte Naturgebiete sucht, kommt auf der Insel ebenso auf seine Kosten wie all diejenigen, die Mallorca vor allem wegen der unzähligen Diskotheken, Bars und Open-Air-Partys ansteuern.

Gran Canaria, Maspalomas (oben)
Ein Strandspaziergang von Playa de Inglés Richtung Maspalomas entlang der endlos scheinenden Dünen lässt einen fast vergessen, dass Gran Canaria auch im Landesinneren Traumhaftes bereithält. Hier schafft die Mischung aus tropischer Vegetation, bizarr geformter und zum Teil schneebedeckter Bergwelt sowie pittoresken Dörfern eine unvergleichliche Atmosphäre.

Lanzarote (unten)
Lanzarote profitiert von dem Umstand, dass — verglichen mit anderen kanarischen Inseln — der Massentourismus hier vergleichsweise spät einsetzte. Und so konnte die Vulkaninsel ihren ursprünglichen Charakter bewahren. Spektakuläres Ausflugsziel ist der Nationalpark Timanfaya: Auf einer Fläche von 5000 ha bilden Vulkankrater und Lavaformationen eine faszinierende Landschaft.

Teneriffa, Pico del Teide (rechts oben)
Unverwechselbar verbunden mit Teneriffa ist das Bild des von dichten Passatwolken eingehüllten Teides. Der höchste Berg Spaniens bildet das geographische Zentrum der Insel. Zu seinen Füßen erstrecken sich kleine Orte mit wunderschönen Altstadtkernen, während auf 2000 m Höhe der Naturpark Teide mit einem imposanten Vulkankrater eine beeindruckende Naturkulisse bildet.

Fuerteventura *(links)*
300 Sonnentage pro Jahr und beständig angenehme Wassertemperaturen zeichnen Fuerteventura als ideales Ziel für alle aus, die ihre Zeit am Strand, in und auf dem Wasser verbringen möchten. Dank des Nord-Passats bieten Strände wie der Playa de Costillo im Norden und der Playa Sotavento im Südwesten paradiesische Bedingungen für Windsurf- und Kiteboard-Fans.

Portugal

Portugal hat weit mehr zu bieten als die berühmten Strände der Algarve oder weitläufige, menschenleere Naturgebiete. Es gilt ein fantastisch schönes Land zu entdecken, dessen Reiz nicht zuletzt in dem Nebeneinander von prächtigen, verschwenderischen Bauten und eng gedrängten, mittelalterlich erscheinenden Altstadtvierteln, in dem Gegensatz von ausgelassener Lebensfreude und wehmütigem Fado liegt.

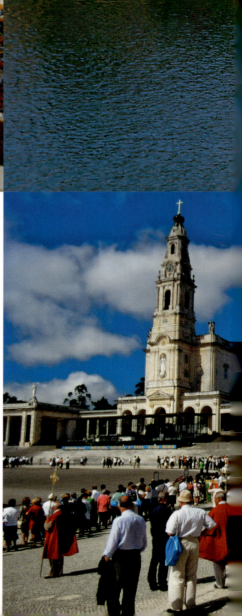

Coimbra (oben)
Coimbra gilt als das geistige Zentrum Portugals. 20 000 Studenten bewohnen die älteste Universitätsstadt des Landes und sorgen für eine weltoffene und quirlige Atmosphäre. Das geographische Zentrum der am Mondego gelegenen Stadt ist der auf einem Hügel erbaute Universitätskomplex, um den sich in erstaunlicher Dichte zahlreiche weitere Sehenswürdigkeiten sammeln.

Fatima (rechts)
Kaum ein anderer Wallfahrtsort ist in der Welt so bekannt wie das 20 km von Leiria entfernte Fatima. Infolge der von der katholischen Kirche für glaubhaft erklärten Erscheinungen der Muttergottes vom Rosenkranz im Jahre 1917 wurde Fatima zum Pilgerziel vieler Millionen Menschen. Der Anbetungsplatz vor der neobarocken Rosenkranzbasilika umfasst die gigantische Fläche von 150 000 qm.

Porto (oben rechts)
Seit der Auszeichnung zur Kulturhauptstadt 2001 sind der kulturelle Reichtum und die Schönheit von Porto in den Blickpunkt der Weltöffentlichkeit gerückt. Unzählige, zum Teil verschwenderisch ausstaffierte Kirchen, prächtige Herrenhäuser und eine anmutig an das Douro-Ufer geschmiegte Altstadt sind die Wahrzeichen der stolzen und weltoffenen Portwein-Metropole im Norden des Landes.

Douro-Tal (ganz rechts)
Mit 41 anerkannten Weinregionen ist Portugal ein Weinland par excellence. Die berühmteste Sorte – der Portwein – stammt aus dem Douro-Tal, einer einzigartig schönen Kulturlandschaft, die sich östlich von Porto erstreckt. Die Weinlese gestaltet sich alljährlich als ein überschwängliches Fest, bei dem die köstlichen Produkte der begehrten Trauben im Mittelpunkt stehen.

Sintra (oben)
Umgeben von einem subtropischen Wald bilden die zahlreichen prachtvollen Schlösser, Villen und Parkanlagen in Sintra eine märchenhafte Kulisse. Auf einer Höhe von 530 m Höhe erstrahlt der Palácio Nacional da Pena in leuchtendbunten Farben. Die gelungene Symbiose verschiedener Stilelemente macht den Palast zu einem einzigartigen und viel besuchten Monument.

Lissabon, Alfama (rechts)
Während hoch über der Stadt das imposante Castelo de São Jorge inmitten einer weitläufigen Anlage thront, schmiegen sich die dicht gedrängten und verschachtelten Häuser der Alfama an die Südwestseite des Burghügels. Hier wird ein Spaziergang aufgrund der verwirrend vielen kleinen Gassen, in denen Restaurants und Fado-Lokale locken, zu einem unvergesslich schönen Abenteuer.

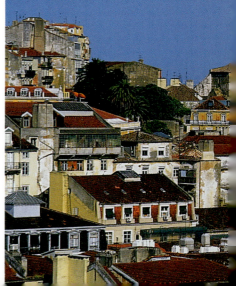

Hieronymuskloster *(oben)*

1502 legte Manuel I. den Grundstein für das weltberühmte Hieronymuskloster. Die Dimensionen des Sakralbaus und die prächtigen Fassaden und Portale symbolisieren den unendlichen Reichtum, der sich infolge der koloniclen Eroberungen für Portugal einstellte. Auch in der Ornamentik wird mit nautischen und exotischen Elementen auf die Erfolgsgeschichte portugiesischer Seefahrt verwiesen.

Torre de Belém *(unten)*

Einst als Wacht- und Leuchtturm unmittelbar auf einer Insel im Tejo errichtet, ist der Torre de Belém das Wahrzeichen Lissabons. Das Meisterwerk manuelinischer Baukunst beherbergt in seinem von 3,5 m dicken Mauern geschützten Innern neben Schießständen und königlichen Räumen auch ein Gefängnis. Vom 35 m hohen Turm genießt man einen fantastischen Ausblick über die Stadt.

Évora (links)

Inmitten des agrarisch geprägten Alentejo befindet sich in Gestalt von Évora eine einmalige Museumsstadt. In der zum Weltkulturerbe erklärten Altstadt kann der Besucher die architektur- und kunsthistorischen Ausprägungen verschiedener Epochen und Kulturen studieren. So stehen strenge gotische Sakralbauten, ein römischer Tempel und im Mudéjarstil gehaltene Monumente nebeneinander.

Azoren (rechts oben)

Wie kleine grüne Tupfer erscheinen die neun Inseln im Atlantik, die die Gruppe der Azoren bilden. Vulkanlandschaften, fantastische Küstenlinien und urwaldartige Gebiete machen die portugiesischen Inseln vor allem für Naturbegeisterte zu einem Paradies. Die zum Weltkulturerbe erklärte Hauptstadt Terceiras, Angra do Heroismo, beeindruckt durch prächtige Paläste aus der Renaissance-Zeit.

Algarve (rechts unten)

Mit mehr als 3000 Sonnenstunden im Jahr, weitläufigen Sandstränden und beeindruckend schönen Felsklippen ist die Algarve Portugals Reiseziel Nummer Eins. Während in den Badeorten zwischen Faro und Lagos quirliges Durcheinander und ausgelassenes Nachtleben vorherrscht, erlebt man im bergigen Hinterland und in den kleinen Orten der Westküste Einsamkeit und Ursprünglichkeit.

Madeira (unten)

Die portugiesische Insel Madeira ist ein immergrünes Juwel mitten im Atlantischen Ozean. Begünstigt durch das milde subtropische Klima erscheint die Insel als einziges Blumenmeer und hält mit dem größten Lorbeerwaldgebiet Europas zugleich eine botanische Sensation bereit. In den Gassen der lebendigen Hauptstadt Funchal locken hingegen zahllose Sehenswürdigkeiten und Restaurants.

Italien

Welches europäische Land steht mehr für Lebensfreude als Italien. La dolce vita: Das ist das Kaffeetrinken auf Plätzen wie der Piazza Navona in Rom, das ist ein Einkaufsbummel in Mailands Exklusivgalerie Vittorio Emanuele, das ist das Baden in den kleinen Buchten der Amalfiküste und das ist nicht zuletzt der Genuss der erstklassigen italienischen Küche und ihrer edlen Weine.

Cortina d'Ampezzo *(links unten)*

Geboren wurden die Dolomiten vor Jahrmillionen auf dem Grund eines Meeres. Die daraus entstandenen Dreitausender Tofane und Cristallo bilden die Kulisse zu Italiens mondänstem Wintersportort, Cortina d'Ampezzo, der 1956 Schauplatz der Olympischen Winterspiele war. Doch auch Sommertouristen bietet der Ort mit der mittelalterlichen Pfarrkirche neben malerischen Winkeln ein reiches Sportangebot.

Dolomiten, Drei Zinnen *(unten)*

Wer die bizarren Felsformationen der Sextener Dolomiten einmal gesehen hat, vergisst sie nie: Insbesondere ihr Wahrzeichen, die schroffen 2999 m hohen, aus weiten Geröllhalden aufragenden Dolomitentürme „Drei Zinnen", üben Jahr für Jahr auf Touristen und Bergwanderer eine immer neue Faszination aus. Die Italiener nennen das Felsdreigestirn den „höchsten Himmel der Dolomiten".

Lago Maggiore *(ganz unten)*

Der Lago Maggiore gehört nur im südlichen Teil zu Italien, der Norder ist Teil des schweizerischen Kantons Tessin. Und während die Ufer der italienischen Schweiz von blühenden Magnolien und Zypressen gesäumt werden, gilt das italienische Ufer als das ärmere und vor allem rauere. Seine Reize liegen eher in einer unberührten Steilküstennatur denn in prächtigen Villen und Parks.

Bellagio, Comer See *(oben)*
Bellagio – an der Spitze der Halbinsel im Zentrum des Comer Sees gelegen – zählt zu den idyllischsten Orten rund um den See. Die engen, malerischen Gassen des Städtchens, die landschaftlichen Reize des Umlandes, einem ausgezeichneten Wandergebiet, und die sonnenbeschienenen Strände des Sees sind Naherholungsgebiet der Milanesen und Sommerfrische für Italiener und Österreicher.

Villa d'Este *(unten links)*
Am westlichen Arm des Comer Sees finden sich unzählige prächtige Villen, die vom Reichtum der Lombardei im 18. und 19. Jh. zeugen. Eine davon ist die Villa d'Este, zunächst als Adelsresidenz erbaut und um 1873 zu einem prächtigen Grand Hotel umgewandelt. Heute ist die Villa d'Este ein 5-Sterne-Hotel, in dem sich im April Oldtimerfans mit ihren Fahrzeugen treffen.

Villa Melzi *(unten Mitte)*
Ein Ort der Ruhe und Beschaulichkeit ist der gepflegte Park der Villa Melzi am lombardischen Comer See. Die neoklassizistische Villa liegt unmittelbar am Seeufer, von dem eine breite Treppe zu ihr hinaufführt. Herzog Francesco Melzi, ein Günstling Napoleons, ließ zu Beginn des 19. Jh. das Anwesen erbauen. Der heutige Besitzer, Graf Scotti, machte den Park der Öffentlichkeit zugänglich.

Villa Carlotta *(unten rechts)*
Die Villa Carlotta ist die bekannteste und auch eine der schönsten Villen am Ufer des Comer Sees. Sie wurde 1747 als Sommersitz des reichen Mailänder Bankiers Marchese Giorgio Clerici erbaut und beherbergt heute eine umfangreiche Kunstsammlung. Der Botanische Garten der Villa ist ein Juwel, besonders im Frühling. Dann blühen hier zwischen den Palmen unzählige Azaleen und Rhododendren.

Torbole, Gardasee (oben)
Am nördlichen Ufer des Gardasees, umgeben von den Felsen des Monte Baldo und des Monte Brione, liegt Torbole. Seine Bekanntheit verdankt das Städtchen vor allem den für Surfer optimalen Windverhältnissen, die sich hier entsprechend tummeln. Die Surfer haben außerdem ein Pendant zum alpinen „Après Ski" entwickelt, sodass man in Torbole bis spät in die Nacht etwas erleben kann.

Gran Paradiso Nationalpark (rechts)
Der älteste Nationalpark Italiens ist der im Süden des Aostatals liegende Gran Paradiso. Der Steinbock, Symboltier des Parks, war um 1800 in der Region beinahe ausgestorben und wurde daher 1821 unter Naturschutz gestellt. So wurde nicht nur des seltene Tier für die gesamte Alpenregion gerettet, es war auch der Grundstein des Parks gelegt, der die einzigartige Hochgebirgsnatur schützt.

Sirmione (rechts oben)
Die Wasserburg der Scaliger, 1250 als massive Festungsanlage erbaut, ist die Hauptattraktion Sirmiones. Das lombardische Städtchen auf der vier Kilometer langen Halbinsel im Gardasee bietet daneben aber auch Ruinen einer römischen Villa, die Grotten des Catull genannt, eine vielseitige Landschaft und vor allem die heilenden, 69 °C heißen, schwefelhaltigen Thermalquellen.

Aostatal (ganz rechts)
Das Aostatal wird eingerahmt von den Walliser Alpen, dem Montblanc-Massiv und den Grajischen Alpen. Das Gletschertal gehört zwar politisch zu Italien, genießt aber eine gewisse politische und kulturelle Selbständigkeit. Mundart – man spricht Savoyer Dialekt –, Lebensstil und Küche sind völlig „unitalienisch". Neben dem Tourismus spielt die Almwirtschaft eine wichtige Rolle im Tal.

San Remo *(ganz links)*

Das einst glanzvolle San Remo an der ligurischen Küste musste seine Exklusivität mittlerweile an die Orte der Côte d'Azur und an Monte Carlo abtreten und hat sich dafür ein neues Wahrzeichen geschaffen. Statt des legendären Spielkasinos wegen kommt man heute zur größten Blumenauktion Italiens. Die Blumen wachsen an den Hängen der Stadt und werden in die ganze Welt exportiert.

Villa Hanbury, Ventimiglia *(links oben)*

Nahe dem Ort Ventimiglia an der italienisch-französischen Grenze liegt die Villa Hanbury, 1867 von dem Briten Thomas Hanbury erbaut. Der Blick auf die Riviera ist beeindruckend, doch noch bezaubernder ist der die Villa umgebende Park. In ihm sind Schätze wie der maurische Kiosk zu bewundern. Spaziergänger treffen auf fast 4000 Pflanzenarten wie Passionsblume, Eukalyptus und Agave.

Monte Baldo *(links Mitte)*

Der Gardasee ist aus Erdbewegungen des Tertiärs hervorgegangen, während derer die Kalkmassen des Monte Baldo in die Tiefe stürzten und das Becken aushoben. Der Monte Baldo begrenzt den Gardasee nach Osten und er ist berühmt für seine Blumenpracht und Artenvielfalt, die sich von mediterranen Pflanzen am Fuße des Bergs zu einer Hochgebirgsvegetation auf seinem Gipfel entwickelt.

Portofino *(links unten)*

Portofino ist ein beschauliches Hafenstädtchen an der ligurischen Küste. Häuser in lebhaften Farben säumen die Uferpromenade. Ein Spaziergang zum Leuchtturm an der Punta del Capo, einer kleinen Landspitze vor Portofino, führt vorbei an herb duftenden Olivenhainen, der mittelalterlichen Kirche San Giorgio sowie dem Castello di San Giorgio, einer barocken Bastionsanlage.

Teatro alla Scala, Mailand (rechts oben)

Traditionsgemäß am 7. Dezember, dem Tag des Mailänder Schutzpatrons St. Ambrosius, pilgern Opernliebhaber aus aller Welt zum Teatro alla Scala, um hier feierlich an der Eröffnung der Opernsaison teilzunehmen. Wer beim Anblick des außen eher schlicht gehaltenen Baus enttäuscht ist, muss spätestens bei den Aufführungen zugeben, dass der innere Wert nicht vom Aussehen der Fassade abhängt.

Castello Sforzesco (rechts Mitte)

Die Visconti erbauten im 15. Jh. das Castello Sforzesco in Mailand als gewaltige Verteidigungsanlage, bevor es zum Wohnsitz der Sforza wurde, die die Visconti in der Herrschaft ablösten. Das Wappen der Sforza mit der würgenden Schlange findet sich überall an den dicken, uneinnehmbaren Backsteinmauern des Castellos. Heute tummeln sich die Mailänder in dem Park um das Castello.

Mailänder Dom (rechts unten)

In weißem Marmor erstrahlt der bedeutendste Bau der italienischen Gotik, der Mailänder Dom, dessen Bauzeit sich bis in die 1950er-Jahre zog. Ein besonderes Vergnügen ist es, auf den Dächern des Doms zwischen den Türmchen spazieren zu gehen. Bei gutem Wetter schweift der Blick nicht nur über die gesamte Stadt, er reicht auch bis zu den Alpen und weit in die Lombardische Ebene hinein.

Galleria Vittorio Emanuele II. (ganz rechts)

Wer als italienischer Modeschöpfer nicht in Mailand ansässig ist, der lässt es sich nicht nehmen, in der luxuriösen Galleria Vittorio Emanuele II. wenigstens einen Showroom oder eine elegante Boutique einzurichten. Daneben beherbergt die Galleria das Campari-Stammhaus, das nach einer anstrengenden Shopping-Tour zu dem traditionellen Campari Orange einlädt.

Casa di Giulietta (links)
Ein Wallfahrtsort für Verliebte ist die Casa di Giulietta in Verona, das angebliche Geburtshaus von Shakespeares Julia. Der berühmte Balkon, über den Romeo Zugang zu seiner Liebsten fand, wurde 1935 passend zum Shakespeare-Text in einer Nacht-und-Nebel-Aktion am Palazzo angebracht. Das Berühren der bronzenen Julia-Statue im Innenhof soll Frauen reichen Kindersegen bescheren.

Arena di Verona (oben)
Die fast 2000 Jahre alte Arena in Verona ist neben dem Kolosseum in Rom die eindruckvollste ihrer Art. Ergötzten sich hier die Zuschauer der Antike noch an Gladiatorenkämpfen und die des Mittelalters an der Verbrennung von Ketzern, wurden im Jahr 1913, zum 100. Geburtstag Verdis, die berühmten sommerlichen Opernfestspiele begründet, die seither alljährlich 600 000 Besucher anziehen.

Abano Terme (unten)
Bereits die alten Römer wussten um die heilende Kraft des Wassers. Kein Wunder, dass sich das älteste Thermalzentrum Europas in Italien befindet: die Abano Terme in den Euganeischen Hügeln Venetiens. In Abano setzt man auf die Kombination der drei Elemente Wasser, Erde und Luft, um nicht nur die Leiden von Kranken zu lindern, sondern auch um das Wohlbefinden der Gesunden zu fördern.

Canal Grande, Venedig *(oben)*
Das Alltagsleben Venedigs spielt sich auf dem Wasser ab, entweder auf dem Canal Grande, der Hauptverkehrsader der Stadt, oder einem der unzähligen Seitenkanäle. Das Valporetto ersetzt Bus und Straßenbahn und tuckert in regelmäßigen Abständen zum Ziel. Fortbewegung auf venezianisch heißt daher sprichwörtlich: Bei schwankendem Boden stets das Gleichgewicht halten.

Palladio-Villen *(rechts oben)*
Mit der Ausdehnung der venezianischen Herrschaft auf das Festland begann auch die Geschichte der vornehmen Patrizier-Villen in der lieblichen Landschaft der Campagna Veneta. Viele dieser Villen, die auf der UNESCO-Liste der internationalen Kunstschätze stehen, wurden von Antonio Palladio erbaut – die berühmteste ist wohl „La Rotonda" vor den Toren Vincenzas.

Markusplatz *(rechts unten)*
Den Markusplatz in Venedig nannte Napoleon einst den elegantesten Salon Europas – heute ist er Tummelplatz von Tauben und Verliebten. Das älteste Kaffeehaus Italiens, das Café Florian, in dem nur edelstes Publikum verkehrte, befindet sich auch heute noch am Platz. Im Übrigen ist der Markusplatz die einzige echte Piazza Venedigs, alle anderen Plätze heißen Campo.

Insel San Giorgio Maggiore *(links)*
Formvollendete Architektur findet sich auf der kleinen Insel San Giorgio Maggiore vor Venedig. Das Wechselspiel von weißem Marmor und blauem Wasser, dem hoch aufragenden Glockenturm und dem weiten Himmel lässt sich vor allem von der Piazza San Marco aus genießen. Andrea Palladio konzipierte die Renaissancekirche, deren wuchtige Fassade vor allem auf Fernwirkung angelegt war.

Rialto-Brücke *(unten links)*
Die Rialto-Brücke ist die berühmteste Brücke von Venedig. Im 16. Jh. konnte sich der Architekt Antonio da Ponte mit seinem Entwurf gegen so berühmte Mitstreiter wie Michelangelo und Palladio durchsetzen. Der marmorne Bogengang passt sich mit den kleinen Läden gut in das traditionelle Handelsviertel San Polo ein – allerdings wird hier heute nur noch Venedigkitsch feilgeboten.

Palazzo Ducale, Mantua *(unten Mitte)*
Inmitten der Poebene, dort wo die Emilia-Romagna mit Venetien und der Lombardei zusammentrifft, liegt eine der großen Kunstmetropolen der Renaissance: Mantua. Der 34 000 m^2 große Palazzo Ducale, Residenz der damaligen Herrscherfamilie Gonzaga, verbirgt in seinem Innern gewaltige Kunstschätze. Höhepunkt eines Rundgangs ist das mit Malereien verzierte Schlafzimmer des Herzogehepaars.

Lido *(unten rechts)*
Der Lido schirmt Venedig gegen das offene Meer ab. Die mondäne Insel lockt im Sommer zahlreiche Badegäste an. Während der Blütezeit der Republik bauten die reichen Patrizier hier ihre Sommervillen, doch seine Glanzzeit hatte der Lido in den 1920er-Jahren. Thomas Mann ließ sich hier zu seiner Erzählung „Tod in Venedig" inspirieren, die später ebenfalls am Lido von Visconti verfilmt wurde.

Modena *(links oben)*
Die kleine Provinzstadt Modena in der südlichen Poebene ist eine reiche Stadt. Die ansässigen Keramik- und die Ferrariwerke bringen der Stadt wirtschaftlichen Wohlstand. Weltbekannt ist aber vor allem der Aceto Balsamico. Seit 1597 reift der süße Trebbiano-Most in Holzfässern zu dem schmackhaften Essig heran. Die sehr teuren Ampullen kann man in der Drogheria Fini erstehen.

Bologna *(links unten)*
Bologna ist die Hauptstadt der Emilia-Romagna und vor allem für ihre Lebendigkeit, ihre Türme und die herrlichen Laubengänge berühmt. Im Westen der Stadt windet sich die längste Arkade der Welt mit 666 Bögen über 3,5 km zur Wallfahrtskirche Madonna di San Luca. Im Mittelalter ursprünglich wegen des knappen Wohnraums erbaut, spenden die Kolonnaden heute Schatten beim Flanieren und Shoppen.

Ravenna *(oben)*
Die kostbaren, atemberaubenden Mosaiken der Basiliken San Vitale und San Apollinare Nuovo in Ravenna sowie der 5 km entfernten Kirche San Apollinare in Classe gehören zu den prächtigsten der byzantinischen Kunst. Sie sollten ein Pendant zu denen Konstantinopels bilden und sind Zeugen der wichtigen politischen Rolle, welche die Stadt der Emilia-Romagna einst spielte.

Cinque Terre *(links)*
Cinque Terre — das sind fünf ehemals bettelarme ligurische Dörfer, die bis ins 19. Jh. völlig abgeschieden lagen. Auch heute sind die zwischen Meer und Felsen eingezwängten Dörfer nur schlecht mit dem Auto zu erreichen, und so eröffnet sich vor allem für den Wanderer ein wahres Paradies. Der „blaue Weg" führt hoch über dem Meer durch die Dörfer und eröffnet herrliche Ausblicke über die Riviera.

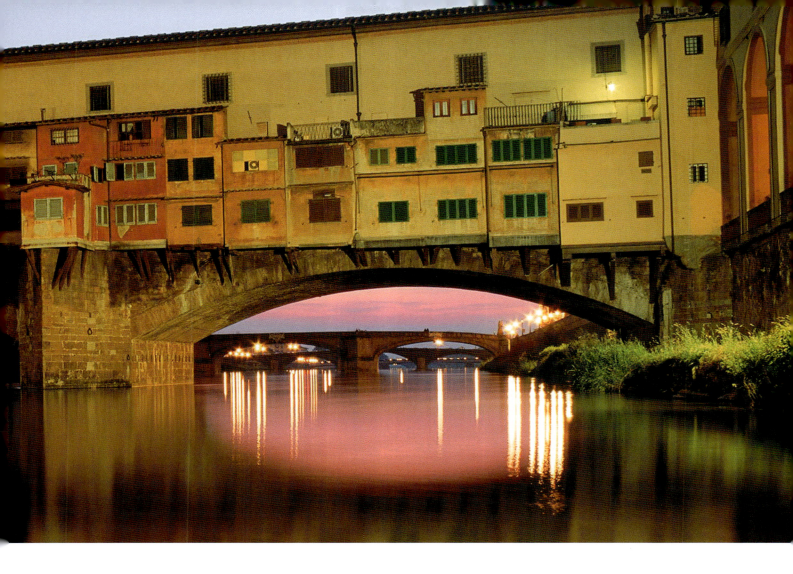

Giardino di Boboli *(unten)*
Die zum Palazzo Pitti, die Residenz des florentinischen Herrschergeschlechts der Medici, gehörende barocke Gartenanlage Giardino di Boboli zählen mit ihren Zypressenalleen, Brunnen, Terrassen, Laubengängen und dem Amphitheater zu den schönsten Gärten Italiens. Wer sich hier eine Rast gönnt, hat einen wundervollen Rundblick über Florenz und die angrenzenden Hügel.

Dom Santa Maria del Fiore, Florenz *(unten)*
Der Innenraum der florentinischen Doms Santa Maria del Fiore ist ebenso schlicht wie imposant: Es entspricht ganz dem spätmittelalterlichen Ideal der Erneuerung des Glaubens statt der Verschwendung. Der mit öffentlichen Geldern finanzierte Dom beherbergt in seinen Seitenschiffen Denkmäler für cll jene, die sich um die Stadt Florenz verdient gemacht haben – so etwa für Dante Alighieri.

Ponte Vecchio *(oben)*
Der Ponte Vecchio, die älteste Brücke in Florenz, überquert den Arno an dessen schmalster Stelle. Da die Brücke durch einen geheimen Korridor auch die großherzoglichen Paläste miteinander verband, duldeten die Medici keine „schmutzigen" Handwerkerläden auf der Brücke: Bis heute sind daher auf dem Ponte Vecchio nur Kunsthandwerker und Gold- und Silberschmiede ansässig.

Chianti (unten)
Das Kerngebiet des Chianti, zwischen Florenz im Norden und Siena im Süden gelegen, ist traditionell Bauernland – ärmer an Kunstwerken als andere toskanische Gebiete, dafür aber das Elysium der Gourmets. Der Chianti ist einer der ältesten und meistproduzierten Qualitätsweine Italiens und passt hervorragend zur toskanischen Küche, die man in den Restaurants der Weinregion genießen kann.

Lucca (rechts)
Reich geworden ist Lucca im Mittelalter durch die Herstellung kostbarer Seiden- und Goldbrokatstoffe. So konnte sich die Stadt eine schützende Wallanlage bauen und Florenz, als dieses die gesamte Toscana unterwarf, allein widerstehen. Die Wallanlage besteht auch heute noch, wird von Bäumen beschattet, und wer sich ein Fahrrad mietet, kann eine idyllische Tour rund um die Altstadt unternehmen.

Uffizien (rechts)
Zwischen Rathaus und Arno liegen die Uffizien – sie beherbergen eine der berühmtesten Kunstsammlungen der Welt. Die Medici trugen während ihrer Herrschaft in Florenz alles zusammen, was sich an wertvoller Kunst fand. Ihr Wert ist heute unermesslich. In gotischen Sälen finden sich die Werke Giottos, ein ganzer Raum ist Botticelli gewidmet. Sein berühmtestes Werk: die schaumgeborene Venus.

Toscana (ganz rechts)
Die toskanische Landschaft wird von sanften Hügeln, Olivenbäumen, und Weinstöcken geprägt. Abgerundet wird das Bild durch die typischen, zypressenumstandenen Bauernhäuser. Das Zentrum der Toskana ist die spektakuläre Landschaft der Crete Senesi, die nach einem trockenen Sommer fast wüstenhaft wirkt. Sie ist reich an Kräutern und Gräsern und der Schafskäse ganz besonders aromatisch.

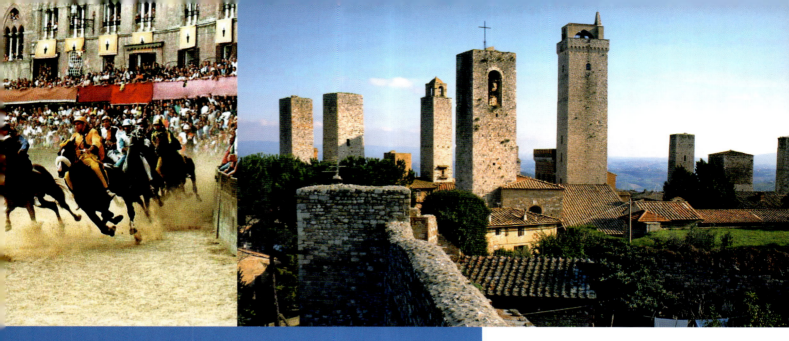

Maremma (oben links)
Die Maremma, einst ein Sumpfgebiet, in dem die Malaria herrschte, ist seit ihrer Trockenlegung im 19. Jh. eine gefällige südtoskanische Landschaft, deren weite Grasebene sich wirkungsvoll von den Hügeln des Hinterlandes abhebt. Ein Geheimtipp sind die 37 °C heißen Schwefelquellen in der Nähe von Saturnia, die schon von den Etruskern genutzt wurden. Die unberührte Flora der Maremma ist ein exzellentes Wandergebiet, und so fühlt sich vor allem der Naturliebhaber wohl.

Siena, Il Palio (oben Mitte)
Jeden Sommer bricht auf der Piazza del Campo in Siena ein wildes Ritual aus, das man einmal erlebt haben muss, um die Stadt und seine Bewohner zu begreifen: der Palio, das traditionelle Pferderennen der Stadtviertel. Zehntausende beschwören dann den Sieg ihrer Mannschaft. Zum Abschluss feiert jedes Viertel ein großes Fest; doch wer beim Palio gewinnt, feiert monatelang weiter.

San Gimignano (oben rechts)
Das in der Toskana an der historischen Frankenstraße gelegene Bergstädtchen San Gimignano ist vor allem für seine mittelalterlichen Geschlechtertürme bekannt. Die 17 der ehemals 72 noch erhaltenen Türme, Statussymbol, Wohnturm und Trutzburg der sich im Mittelalter bekämpfenden Adelsfamilien, prägen das enggassige Stadtbild und verleihen ihm ein eigentümliches Flair.

Piazza dei Miracoli, Pisa (links)
Gleich drei bedeutende Bauwerke des Mittelalters gruppieren sich um die Piazza dei Miracoli, den Platz der Wunder, in Pisa: die Kathedrale mit der Kanzel Giuliano Pisanos, ihr Campanile — kein geringerer als der berühmte Schiefe Turm — und das Baptisterium, die Taufkapelle. Der imponierende Gebäudekomplex wurde errichtet, als Pisa noch zu den mächtigsten Städten Italiens zählte.

Giardino dei Tarocchi (links)
In einem alten Steinbruch in der südlichen Maremma bei Capalbio hat die Künstlerin Niki de Saint Phalle einen ganz besonderen Garten geschaffen. Zwischen Bäumen und Sträuchern stehen ihre wunderbar bunten, überlebensgroßen Skulpturen, zu denen sie Tarot-Karten inspirierten. Die teilweise begehbaren Figuren aus Beton, Spiegeln und Kacheln sind vor allem in der Dämmerung höchst eindrucksvoll.

Arezzo (oben)
Arezzo, im Süden der Toskana liegend, hat neben seiner charmanten Altstadt und deren Zentrum, der Piazza Grande, gleich zwei Anziehungspunkte für Besucher: Zum einen ist die Stadt für die Produktion von Goldschmuck berühmt, zum anderen findet an jedem ersten Wochenende eines Monats der größte Antiquitätenmarkt Italiens statt, der sich über das gesamte Altstadtgebiet erstreckt.

Gubbio (rechts)
Terrassenförmig schmiegt sich die Stadt Gubbio an den Monte Ingino, während sie gen Süden über die umbrische Ebene blickt. Berühmt ist ein einmaliges sprachwissenschaftliches Dokument: die Eugubinischen Tafeln. Die Bronzetafeln legen den Jupiter- und Marskult dar und sind, da die Umbrer keine Schrift kannten, in lateinischen und etruskischen Lettern, aber in umbrischer Sprache verfasst.

Urbino (oben links)
Im Hinterland der Adriaküste liegt Urbino, der Geburtsort des Malers Raffael, eine bis heute noch vollständig erhaltene Renaissancestadt und trotz ihrer nur 15 000 Einwohner ein besonderes Kleinod. Der Herzog von Urbino wollte die ideale Stadt erbauen und setzte sich und seiner Zeit damit ein Denkmal. Ein Rundgang durch seinen Palast zeugt von der Pracht des herzoglichen Lebens.

Orvieto (oben)
2500 Jahre ist die umbrische Stadt Orvieto alt und scheint seit dem Mittelalter, da sie auf einem Hochplateau kauert, kaum von späteren Jahrhunderten berührt. Inzwischen unterliegt auch der Verkehr Begrenzungen, sodass man mit einer Seilbahn von der Ebene in die Stadt gelangt. Weithin sichtbar ist der Dom, der mit seiner mit säulen- und mosaikengeschmückten Front seinesgleichen sucht.

Perugia (unten)
Belebt wird die Stadt im Zentrum Umbriens durch die italienischen und ausländischen Studenten – berühmt ist sie dagegen für ihre baci, die Küsse von Perugia. Die baci, ein mit Nüssen gefülltes Schokoladenkonfekt, zählen zu den wichtigsten Produkten der Stadt. Bereits seit 1922 werden die Schokoküsse hergestellt, seit Mitte der 1980er-Jahre allerdings durch die Firma Nestlé.

Lago Trasimeno (rechts)

Die Region Umbrien ist vor allem von ihrer mittelalterliche Stadtkultur geprägt. Wer ein wenig Erholung von der hehren Kunst braucht, sollte zum Lago Trasimeno fahren, dessen grünliches Wasser zum Schwimmen und Segeln einlädt. Beliebtes Städtchen am See ist Castiglione del Lago, dessen mittelalterliche Stadtmauern von Olivenhainen umgeben sind und dessen Cafés zum Verweilen auffordern.

Nationalpark Abruzzen (unten links)

Wild und ursprünglich präsentiert sich der 1923 gegründete Nationalpark in den Abruzzen, der im Gegensatz zu anderen Nationalparks — beispielsweise in den USA — auch weiterhin von Menschen bewohnt ist. In Eintracht mit diesen leben in den weiten Buchenwäldern des Parks Braunbären und Wölfe. Auch die Flora ist hier sehr artenreich und umfasst unter anderem Enzian und Akelei.

Sperlonga (unten Mitte)

Wenig bekannt ist das kleine Fischerdorf Sperlonga an der Küste Latiums. Die Treppengassen und Höfe begeistern durch ihr für Mittelitalien atypisches Ambiente. 1957 entdeckten Bauarbeiter durch Zufall die Tiberiusvilla, deren Grotte mit dem plätschernden Wasser und dem Geschrei der Möwen den kaiserlichen Empfängen und Gastmahlen eine eindrucksvolle Stimmung beschert haben mag.

Park der Ungeheuer, Bomarzo (unten rechts)

Monstren, Fabeltiere und Giganten — im „Park der Ungeheuer", einem 1552 entstanden, manieristischen Park nahe Bomarzo in Latium, trifft der Besucher auf eine bildhauerische und architektonische Wunderlandschaft: Der Park soll erstaunen, ein Mysterium darstellen. Daher ist alles verzerrt, steht im Kontrast zur Natur und mischt Schönheit und Grauen auf eigentümliche Weise.

Forum Romanum (unten)

Das Herz Roms war und ist bis heute das Forum Romanum. Den schönsten Blick über das Forum hat man vom Tarpejischen Felsen auf dem Kapitol. Julius Cäsar hat hier Wohnviertel niederreißen lassen, um sein eigenes Forum zu erbauen – andere Kaiser folgten seinem Beispiel. Nach dem Untergang des römischen Reiches bauten die Christen ihre Kirchen auf den Fundamenten der alten Tempel – das Forum zerfiel.

Engelsburg (rechts)

Die schönste Brücke Roms führt zur Engelsburg. Jahrhundertelang war die von Engeln beschützte Brücke der einzige Zugang zum Vatikan. Kaum ein Bau Roms hat die Fantasie der Menschen lebhafter beschäftigt als der ehemalige Grabbau Hadrians. Papst Alexander VI., Vater der Lucrezia Borgia, ließ die Innenräume prachtvoll ausstatten, um seine geliebte Tochter und zahlreiche Konkubinen zu empfangen.

Petersdom und -platz, Vatikanstadt (rechts)

Der Petersdom im Vatikan und der davor liegende Platz sind das Zentrum der katholischen Welt. Die berühmtesten Baumeister, allen voran Michelangelo, haben an diesem einzigartigen Bauwerk mitgewirkt. Ein Besuch des Vatikans sollte mit dem Besuch des sonntäglichen Angelus enden: Punkt 12 Uhr öffnen sich die Fenster der päpstlichen Gemächer und der Bischof von Rom erteilt seinen Segen.

Kolosseum (ganz rechts)

„Panem et circenses" – „Brot und Spiele" lautete das Lebensmotto im antiken Rom: Bis zu 70 000 vergnügungssüchtige Römer fanden im 79. n. Chr. erbauten Kolosseum Platz, um den Tierhetzen und Gladiatorenkämpfen und der Hinrichtung von Christen zuzusehen. Kein Kaiser hätte es gewagt, das Kolosseum zu schließen, schließlich verlangte der Pöbel nach immer neuen grausamen und verrückten Sensationen.

Sixtinische Kapelle (links)

Die Sixtinische Kapelle, in der seit Jahrhunderten die Päpste gewählt werden, zählt zu den Höhepunkten eines Vatikanbesuches. Die Fresken – Meisterwerke Michelangelos – erstrahlen nach aufwändigen Restaurationen wieder in altem Glanz. Da ist etwa die Erschaffung Adams: Nach der freizügigen Interpretation des Meisters flößt nicht Gottes Atem, sondern seine Berührung Adam das Leben ein.

Fontana di Trevi (rechts oben)

Rom ist ein Dorado der Brunnen und wer in den heißen römischen Nächten Kühlung sucht, findet sie vor allem am Trevi-Brunnen, der durch das Bad Anita Ekbergs in dem Fellini-Film „La dolce vita" weltberühmt wurde. Hier hoffen nicht nur die Verliebten auf die Wirkung des alten Zaubers, von dem es heißt: Wer eine Münze in den Brunnen wirft, kehrt wieder und wieder und wieder nach Rom zurück.

Spanische Treppe (rechts Mitte)

Inmitten des volkstümlichen Roms, in dem sich die Touristen am liebsten tummeln, findet sich die Spanische Treppe, die zur Kirche Trinità dei Monti hinaufführt. Die schönste Treppe der Welt lädt zum Sehen und Gesehenwerden ein. Alljährlich findet hier die Gala der „Alta Moda"-Messe statt, bei der die Treppe zu einem für die Models besonders anspruchsvollen Laufsteg unter den Sternen wird.

Piazza Navona (rechts unten)

Kein anderer Flecken Roms hat mehr Zauber als dieser: die Piazza Navona, auf den Ruinen eines antiken Stadions erbaut. Straßenmaler, Wahrsager und Gaukler, Musikanten und fliegende Händler buhlen hier um die Gunst der Passanten. Rund um die drei Brunnenanlagen der Piazza und in den vielen Straßencafés und Restaurants trifft sich die halbe Welt und beobachtet den allabendlichen römischen Corso.

Paestum (links oben)
Zwischen den langen Stränden des Golfs von Salerno und den Hügeln Kampaniens ragen die imposanten Tempel Paestums auf, das im 7. Jh. v. Chr. von griechischen Kolonisten gegründet wurden. Die auf dorischen Säulen ruhenden Giebel des Poseidontempels, in Wirklichkeit ein Heiligtum der Göttermutter Hera, sind fast vollständig erhaltenen und zeugen noch immer von der Kunst der Griechen.

Pompeji (links unten)
Ein heftiger Erdstoß erschütterte 79 n. Chr. den Golf von Neapel, danach begruben Lava und Asche die Stadt Pompeji unter einer 7 m dicken Schicht, die erst nach langwierigen Ausgrabungen entfernt werden konnte. Geblieben ist ein einmaliges, fast vollständiges Bild einer altrömischen Handelstadt und des in ihr geführten Lebens, das heute – 2000 Jahre später – durchstreift werden kann.

Amalfiküste (rechts oben)
Die Amalfiküste am Golf von Salerno ist das von Goethe besungene „Land, wo die Zitronen blühn". Und sie gleicht einer Bilderbuchküste: Das Meer leuchtet türkisgrün und hinter schroffen Felsklippen verstecken sich einsame Buchten. Das Klima ist äußerst mild und ermöglicht eine üppige Gartenvegetation, die einen reizvollen Kontrast zu den steilen Abhängen der Küste bildet.

Neapel (rechts unten)
Neapel, im Schatten des Vesuvs, ist die Hauptstadt Kampaniens und nach Rom und Mailand die drittgrößte Stadt Italiens. Die Stadt ist ein Gemisch aus kosmopolitischen Büro- und Bankenvierteln und der Altstadt, die in ihrer rußigen Baufälligkeit den Fremden zunächst eher abschreckt. Doch wer sich auf die engen Gassen einlässt, wird ihre überwältigende, wirre Lebendigkeit erleben.

Ravello, Kampanien (links oben)
Im Mittelalter hatte die kampanische Stadt Ravello ihre Blütezeit, von der noch heute der Dom und die im maurisch-sizilianischen Stil erbaute Villa Rufolo zeugen. Der verwunschene, mosaikengeschmückte Innenhof der Villa ist ein Juwel dieses Stils. Er inspirierte den Komponisten Richard Wagner zum zweiten Akt seiner Oper „Parsifal", der im Garten des Zauberers Klingsor spielt.

Capri (links unten)
Die Sonne im Golf von Neapel lässt die Insel Capri während des Tages in unterschiedlichen Farben leuchten – ein Naturschauspiel, das zahllose Besucher anlockt. Die Grotta azzura, die blaue Grotte, ist zum Symbol der Insel geworden. Der Sage nach sollen Sirenen, welche die Grotte bewohnten, Seefahrer durch ihren betörenden Gesang von deren Route abgebracht und ins Verderben gelockt haben.

Kalabrische Küste (rechts)
Badestrände wie in der Karibik – und das mitten in Europa? Kaum jemand weiß, das die Stiefelspitze im Süden Italiens eine Fülle prächtigster Badestrände bietet. Insgesamt 800 km feinsten Sandes umspülen das Ionische und das Tyrrhenische Meer an Kalabriens Küsten. Im Hinterland türmen sich dagegen bereits erhabene Bergmassive wie das Silagebirge auf und bieten eine attraktive Kulisse.

Ischia (unten)
Sie ist die größte Insel im Golf von Neapel und wie die meisten anderen Inseln dort vulkanischen Ursprungs. Den heilsamen Quellen und Fumarolen verdankt Ischia seine berühmten Thermalbäder. Unterschiedlich temperierte Thermalbecken, die Leiden wie Rheuma und Arthritis lindern, liegen in blühenden subtropischen Gärten. Doch auch dem Strandurlauber und Wanderer hat Ischia viel zu bieten.

Castel del Monte (links)
Auf einer Anhöhe Apuliens ließ der Stauferkaiser Friedrich II. 1240 das Castel del Monte errichten. Der Grundriss des berühmtesten italienischen Stauferbaus ist achteckig, ebenso bilden die acht Türme und der Innenhof je ein Oktogon. Aus der Ferne erscheint das Kastell, das der Kaiser zu kurzen Jagdausflügen nutzte, wie eine steinerne Krone – ein Symbol der kaiserlichen Macht.

Trulli von Alberobello (links unten)

Um Steuern zu sparen, die auf gemauerte Häuser erhoben wurden, ließ der Feudalherr Gian Girolamo II. 1635 in Apulien eine Siedlung aus mörtellosen Steinhütten mit kleinen Kuppeldächern errichten, die Trulli. Aus der unbedeutenden Siedlung ist heute das Städtchen Alberobello geworden, dessen Wahrzeichen die zahllosen noch erhaltenen und bewohnten Trulli geblieben sind.

Liparische Inseln (unten)

Nordöstlich von Sizilien liegen die Liparischen Inseln, von den Sizilianern „Isole Eolie" nach dem Windgott Äolus genannt. Lebenszentrum des Atolls ist Lipari, die Hauptinseln mit knapp 10 000 Einwohnern; die interessante Landschaft vulkanischen Ursprungs lässt sich aber auch auf den anderen Inseln bewundern. Besonders reizvoll: die Kraterumrundung des Fossa II auf Vulcano.

Costa Smeralda, Sardinien (ganz unten)

Die Costa Smeralda an der Ostküste Sardiniens ist ein Paradies. Ihren Namen verdankt die Smaragdküste dem tiefen Grün des Meeres, das in den flacheren Buchten vor den feinen weißen Sandstränden in ein helleres Türkis übergeht. Weiße Granitfelsen runden das Bild ab. Doch auch die südlicher liegenden Küstenlinien stehen der Costa Smeralda in nichts nach und sind einen Besuch wert.

Sizilien

Normannenpalast, Palermo (rechts)
Die Metropole Siziliens, außerordentliche Kunststadt und Machtzentrum der italienischen Mafia ist Palermo. Die Architektur der Stadt ist arabisch und normannisch inspiriert und auch unter dem Stauferkaiser Friedrich II., unter dem die Stadt ihre Blüte erlebte, wurde diese spannende Mischung beibehalten – zu bewundern im Normannenpalast, heute Sitz des sizilianischen Parlaments.

Taormina (unten links)
Die sizilianische Stadt Taormina gleicht einem Amphitheater: Man blickt, angeschmiegt an die Hänge des Monte Tauro, auf das funkelnde Meer der Straße von Messina und im Hintergrund auf den rauchenden Ätna. Im Sommer ist die Stadt von Touristen so überfüllt, dass man im mittelalterlichen Ortskern Schwierigkeiten hat, ein Plätzchen in den zahlreichen Straßencafés zu ergattern.

Ätna (unten Mitte)
Mit seinen mehr als 3300 m ist der Ätna auf Sizilien einer der größten noch tätigen Vulkane der Welt und der größte und höchste in Europa. Sein Name bedeutet „der Brennende": sehr zutreffend, da der Berg die Insel immer wieder in Schrecken versetzt – zuletzt im Jahr 2001. Doch die Bewohner der umliegenden Orte haben sich mittlerweile mit dem rauchenden Riesen arrangiert.

Favignana (unten rechts)
Favignana gehört zu den Ägadischen Inseln, die vor der Westküste Siziliens liegen. Die Insel lebte bis zur Mitte des 20. Jh. hauptsächlich vom Tuffsteinabbau, sodass die Insel von einem gigantischen Stollenlabyrinth durchlöchert ist. Die Höhlen reichen bis an die einsamen Meeresbuchten mit ihrem glasklaren Wasser und spenden bei Sommertemperaturen von 40°C wunderbaren Schatten.

Selinunt (links)
Oberhalb der goldenen Sandstrände der sizilianischen Westküste kann man die Überreste einer griechischen Tempelanlage besichtigen: Selinunt. In dem nach wildem Sellerie (griech. „selinon") benannten Ort trafen sich große Persönlichkeiten der Antike: Hier machte der legendäre König Minos von Kreta Jagd auf Daidalos, und Hannibal kämpfte gegen Syrakus – und zerstörte die Stadt.

Agrigent (unten)
Wie in vielen Teilen Siziliens gründeten auch in Agrigent griechische Kolonisten eine Siedlung und erbauten dort auf einem Höhenkamm einen Tempelkomplex mit dem irreführenden Namen „Tal der Tempel". Fast wie Perlen an einer Schnur reihen sich hier die Tempel aneinander. Besonders beeindruckend ist ein Besuch im Februar, wenn die Mandelbäume zwischen den Ruinen in zartrosa Blüte stehen.

Syracus (ganz links)
Syrakus, im Osten Siziliens, war eine der wichtigsten und größten Städte der Antike. Hier soll der Mathematiker Archimedes, halbnackt durch die Straßen laufend, sein sprichwörtliches „Heureka" ausgerufen haben. Die Stadt hat seit der Antike nichts von ihrer Lebendigkeit eingebüßt, und so lassen sich neben kunsthistorischen Besichtigungen am Tage spannende Nächte erleben.

Villa Casale bei Piazza Armerina (links)
Die Sehenswürdigkeit Siziliens sind die Mosaiken der römischen Villa Casale bei Piazza Armerina: Sie sind so überaus kunstvoll und von so großem Ausmaß, dass sie bald nach ihrer Freilegung im Jahr 1950 berühmt wurden. Besondere Aufmerksamkeit gilt dabei immer wieder dem Saal mit den zehn Mädchen: Das Mosaik zeigt zehn Turnerinnen in sehr knappen, trägerlosen Bikinis.

Baltische Länder

Seit ihrer Unabhängigkeit verändern sich die baltischen Ländern rasend schnell, vor allem die Hauptstädte. Nach und nach siedeln sich in den frisch renovierten Vierteln „hippe" Kneipen an – das Nachtleben boomt. Auch sonst ist hier alles vorhanden, was europäische Metropolen auszeichnet, und die Landschaft steht der des restlichen Europa in nichts nach und lohnt einen Besuch.

Litauen

Vilnius (oben)
Im Tal der Flüsse Neris und Vilija und umgeben von sieben Hügeln liegt die litauische Hauptstadt Vilnius, fast an der weißrussischen Grenze. Die Stadt ist kulturelles Zentrum des Landes, was vor allem mit der 400 Jahre alten Universität zusammenhängt. Auch ansonsten gleicht Vilnius einer riesigen barocken Schatztruhe, nur ab und zu unterbrochen von Renaissance- und Klassizismusgebäuden.

Kurische Nehrung (oben rechts)
Um Fischer vor dem tobenden Meeresgott Bangputys zu schützen, häufte die riesige Fischertochter Neringa Sand in ihre Schürze und schüttete ihn als Kurische Nehrung aus. So die Sage. Die schmale Landzunge schützt das Kurische Haff vor der Ostsee und war Urlaubern fast 50 Jahre lang unzugänglich. Mittlerweile dürfen Besucher den unvergleichbaren Naturschutzpark begrenzt wieder besuchen.

Lettland

Riga (rechts)
Riga, die an Rigaer Bucht und Düna gelegene Hauptstadt Lettlands, gilt weithin als das Paris des Nordens. Doch damit würde man der Stadt nicht gerecht. Riga musste in seiner launischen Geschichte vielen Herren dienen, und deren Einfluss lässt sich überall in der pulsierenden Metropole entdecken. Vor allem beim Betrachten der Baudenkmäler, von denen Riga geradezu überquillt.

Estland

Tallinn (ganz rechts)
Dänen und Deutsche, die Hanse, Schweden, russische Zaren und die Sowjets – die estnische Hauptstadt Tallinn kann auf eine wechselhafte Geschichte zurückblicken. Das Leben innerhalb der mittelalterlichen Stadtmauern direkt am Finnischen Meerbusen ist äußerst lebhaft, bietet aber mit den vielen Parks, darunter der Kadriorg-Park mit Zarenschloss, und dem Strand von Pirita auch viel Erholung.

Russland

Russland umfasst ein gigantisches Territorium. Es reicht vom Nordpolarmeer bis zum Schwarzen Meer im Süden, sein Westen gehört zu Europa, doch sein weitaus größerer Teil liegt in Asien und reicht bis zur Beringsee und zum Stillen Ozean im Osten. Die Kultur ist so umfangreich wie die Landschaft, welche weite Steppen und Wälder ebenso wie das Hochgebirge des Kaukasus umfasst.

Eremitage, St. Petersburg *(oben)*
Am Ufer der Newa erhebt sich majestätisch der Winterpalast der Zaren – heute besser bekannt unter dem Namen Eremitage. Katharina die Große, die Zarin aus dem deutschen Haus Anhalt-Zerbst, war eine große Kunstliebhaberin, doch die 46 000 m² des Winterpalastes, damals nur der Familie zugänglich und heute Museum, reichen bei weitem nicht aus, um all die Schätze Katharinas zu präsentieren.

Karelien, Onegasee *(unten)*
In Nordwestrussland, zwischen Weißem Meer, Ladogasee und Onegasee, liegt die teilautonome russische Republik Karelien. Berühmt ist die Region für ihre Seenlandschaft, die der Finnlands den Rang ablaufen könnte. Der Onegasee ist der zweitgrößte Süßwassersee Europas, und eine Kreuzfahrt auf ihm ist ein besonderes Vergnügen. Am felsigen Ufer lassen sich urzeitliche Zeichnungen entdecken.

Sommerpalast, Zarskoje selo *(rechts oben)*
Katharina, Frau Peters des Großen, begann mit dem Bau der kunstvoll ausgeschmückten Sommerresidenz südlich von St. Petersburg im Zarendorf Zarskoje selo. Die verschwenderisch gestalteten Säle des Katharinenpalastes zeugen von der unermesslichen Prunksucht der Zaren – zu einer Zeit, in der das russische Volk verhungerte. Auch das nachgebildete Bernsteinzimmer ist bei einem Rundgang zu sehen.

Kishi Pogost *(rechts unten)*
Der Onegasee in der russischen Region Karelien ist eine unberührte Wasserlandschaft. Bis Ende Mai ist der See zugefroren, danach zieht es Touristen vor allem auf die Insel Kishi Pogost, ein Kleinod karelischer Volkskunst. Die Bauten wurden aus Holz ohne einen einzigen Nagel errichtet. Insbesondere die Verklärungskirche mit ihren 22 Kuppeln verschlägt dem Betrachter die Sprache.

Basiliuskathedrale, Moskau (links)
Iwan der Schreckliche ließ im 16. Jh. das Moskauer Wahrzeichen, die weithin sichtbare Basiliuskathedrale, mit ihren acht Zwiebeltürmen vor dem Kreml erbauen, und er war davon so angetan, dass er den Architekten blenden ließ, damit dieser nie wieder etwas Vergleichbares schaffen könne. Das verspielte, einst weiße Gotteshaus erhielt erst nach einem Brand im 17. Jh. sein farbenfrohes Aussehen.

Kaufhaus GUM (oben)
Das Gosudarrstwennyj Univeralnyj Magazin, eher bekannt als Kaufhaus GUM, begrenzt die Westseite des Roten Platzes. Bereits zu Zarenzeiten war es das russische Kaufhaus schlechthin, und selbst während des Kommunismus galt es als Tempel des Konsums, in dem rund 1000 Geschäfte untergebracht werden. Heute ist das GUM eine fast normale Einkaufsgalerie, geprägt von westlichen Marken.

Roter Platz (unten)
Zu Füßen der Basiliuskathedrale erstreckt sich vor dem Kreml der Rote Platz, der zwölf Fußballfelder fassen würde. Ehemals war der Platz Marktplatz, Hinrichtungsstelle und der Platz, von dem Truppen in den Krieg zogen — eine Tradition, die für die Maiparaden wieder aufgenommen wurde. Hier kann man auch das Lenin-Mausoleum mit dem gläsernen Sarg des Revolutionsführers besichtigen.

Sotschi, Schwarzmeerküste *(oben)*
Von Mai bis Oktober lockt das subtropische Klima die Russen in das „Nizza" der russischen Schwarzmeerküste, nach Sotschi. Der Ort wuchs zwar erst nach der Oktoberrevolution, dann jedoch innerhalb weniger Jahre zum führenden Kurort der Sowjetunion heran. Eine der größten botanischen Sammlungen Russlands findet sich hier, von den vormals 2000 subtropischen Pflanzen sind noch etwa die Hälfte erhalten.

Transsibirische Eisenbahn *(unten links)*
Die klassische Route der Transsib, wie die Transsibirische Eisenbahn genannt wird, verläuft von Moskau nach Wladiwostok. Bei Touristen jedoch wesentlich beliebter ist die Fahrt von Moskau über Irkutsk am Baikalsee und die mongolische Hauptstadt Ulan Bator bis nach Peking. In 14 Tagen fährt man durch die Weiten der russischen und mongolischen Landschaft und entlang der Chinesischen Mauer.

Baikalsee *(unten rechts)*
Die Russen nennen ihn ehrfurchtsvoll das heilige Meer und besingen ihn in unzähligen Volksliedern — den Baikalsee nahe der russisch-mongolischen Grenze. Im Jahr 1996 wurde dieses größte Süßwasserreservoir in die UNESCO-Liste des Weltnaturerbes aufgenommen, um das glasklare Wasser des Baikalsees — Heimat von über 2500 Tier- und Pflanzenarten — vor Verschmutzungen zu schützen.

Ukraine

Die Ukraine ist nach Russland der zweitgrößte Staat Europas und entsprechend facettenreich. Sie war das Land der Kosaken und hat sich deren Urwüchsigkeit bewahrt. Sie birgt aber auch noch die kulturellen Schätze, die während der Fremdherrschaft durch die russischen Zaren entstanden. Und sie bietet die unversehrten Landschaften Galiziens, der Bukowina und der Schwarzmeerküste.

Sophienkathedrale, Kiew *(rechts)*

Jeder Reisende, der die Hauptstadt der Ukraine, Kiew, betritt, bemerkt als erstes die hoch über der Oberstadt thronende Sophienkathedrale, ein ukrainisch-orthodoxes Gotteshaus, das der Hagia Sophia in Istanbul nachempfunden ist und auch deren Namen trägt. 19 teilweise vergoldete Kuppeln krönen die Kathedrale, deren Inneres mit großartigen Fresken und Mosaiken aus dem 11. Jh. bedeckt ist.

Jalta, Krim *(unten)*

In einem zum Schwarzen Meer hin offenen Halbrund des Krimgebirges liegt Jalta, von den Ukrainern die „Perle der Krim" genannt. Lange standen hier nur einige Fischerhütten, bis der russische Adel, darunter auch die Zarenfamilie, das milde und heilsame Klima für sich entdeckte und seine Sommerresidenzen erbaute. Der Romanow-Weg führt noch heute durch das angrenzende Naturschutzgebiet.

Polen

Östlich von Oder und Neiße erstreckt sich ein Juwel unter den europäischen Ländern: Polen. Noch gibt es hier die verträumten Dörfer, umgeben von Buchen- und Eichenwäldern, hügeligen Äckern und Seen. Daneben gedeihen die Bürgerstädte mit unendlich vielen kunsthistorischen Denkmälern. Die wechselvolle Geschichte Polens hat dazu beigetragen, dass es hier so unglaublich viel zu entdecken gibt.

Danzig (oben links)
Danzig, durch die Danziger Bucht von der offenen Ostsee abgeschirmt, ist das Wirtschafts- und Kulturzentrum der Region Pommern. Die historische Altstadt, nach dem Zweiten Weltkrieg aufwändig wiedererbaut, beeindruckt durch ihre herrschaftlichen Patrizierhäuser. Die Marienkirche beherbergt im Innern eine meisterliche astronomische Uhr aus dem 15. Jh. und ist die größte Kirche Polens.

Nationalpark Bialowiezer Heide (oben)
Einer der letzten Urwälder Europas, der zudem auf der Liste des UNESCO-Weltkulturerbes steht, befindet sich unmittelbar an der Grenze zu Weißrussland — der Nationalpark der Puszcza Bialowieska, zu deutsch Bialowiezer Heide. Der Nationalpark schützt 11 000 verschiedene Tierarten, darunter 200 Vogelarten. Im polnischen Teil der Parks leben etwa 250 Wisente in freier Wildbahn.

Masuren (links)
Masuren im Norden Polens, direkt an der russisch-litauischen Grenze, gilt als die grüne Lunge Polens und als wichtigstes Urlaubsgebiet — dennoch findet man noch abgelegene, sehr ruhige Flecken. Dichte Wälder und unzählige Seen, darunter der Sniardwy- und der Mamrysee, prägen den Charakter der Landschaft und laden zu ausgedehnten Wanderungen, Fahrradtouren und zum Baden ein.

Slowinski-Nationalpark (oben)
Direkt an der polnischen Ostsee liegt der Slowinski-Nationalpark — berühmt für seine einmalige Wanderdüne. Die kleinen Fischerdörfer zogen immer wieder Künstler, wie den Maler Max Pechstein, an. Der Nationalpark wird unter anderem von der Volksgruppe der Slowinzen bewohnt. Ein kleines Freilichtmuseum in Süden des Parks bei Kluki klärt über ihre Trachten und Traditionen auf.

225

Karpaten (rechts oben)
Im südlichen Grenzgebiet Polens zur Slowakei beginnen die Karpaten, die sagenumwobene Heimat Graf Draculas. Heute ist die Region, mit dem Tatry-Nationalpark, im Sommer ein ideales Wandergebiet mit klaren Bergseen und eindrucksvollen Wasserfällen und ein Dorado für Mountain-Biker. Im Winter wird rund um den höchsten Berg Polens, den 2499 m hohen Rysy, Ski gelaufen.

Breslau (rechts Mitte)
Breslau, auf polnisch Wroclaw, ist ein Ort der Wissenschaft. Die traditionsreiche Universität birgt aber auch einen der größten kulturellen Schätze Polens, die Leopoldina-Aula, die als einer der kostbarsten Barocksäle Polens gilt. Die vielen Studenten schaffen in Breslau eine sehr lebendige Atmosphäre, und so ist in der Stadt auch tief in der Nacht immer noch etwas los.

Warschau (rechts unten)
Auf den Ruinen des Zweiten Weltkrieges haben die Warschauer ihre Stadt wieder aufgebaut. Man sieht dem historischen Zentrum nicht an, dass es gerade mal 60 Jahre alt ist, denn die mittelalterlichen, barocken und klassizistischen Wohnhäuser wurden ebenso wie der Königspalast nach alten Plänen rekonstruiert. Dazwischen tummeln sich Geschäfte und Cafés und hauchen der Stadt Leben ein.

Krakau (ganz rechts)
Bis 1596 war Krakau im Süden Polens die Landeshauptstadt und ist auch heute noch das kulturelle Zentrum. Das Stadtzentrum, mit dem berühmten Königsschloss auf dem Wawelsberg, dem Marktplatz und seinen Adelspalästen und den angrenzenden Tuchhallen, steht als Weltkulturerbe unter dem Schutz der UNESCO. Der Stadtteil Kazimierz ist dagegen geprägt von der jüdischen Geschichte der Stadt.

Tschechien

Wo durch Wiesen Bäche brausen/Wo auf Felsen Wälder rauschen/Wo ein Eden uns entzückt/Wenn der Lenz die Fluren schmückt/Dieses Land, so schön vor allen/Böhmen ist mein Heimatland! – Die Zeilen, geschrieben von Jozef Kajetan Tyl und heute der Text der tschechischen Nationalhymne, beschreiben am besten die liebliche Landschaft Tschechiens, die durch ihre schönen Städte noch einmal unterstrichen wird.

Marienbad *(links oben)*
Ende des 18. Jh. wurde das westböhmische Heilbad Marienbad, Mariánské Lázně, gegründet und stieg Ende des 19. Jh. zu einer der ersten Adressen der europäischen Noblesse auf. In den letzten Jahren wurde die Stadt völlig restauriert, sodass sie nun in ihrem alten Glanz erstrahlt. Die klare Luft und der Reichtum an Mineralquellen und Moor schaffen ideale Bedingungen für eine Kurbehandlung.

Karlsbad *(links unten)*
Nahe dem Erzgebirge wurde Karlovy Vary, Karlsbad, Mitte des 14. Jh. von Karl IV., böhmischer König und Kaiser des Heiligen römischen Reiches deutscher Nation, gegründet und kann seitdem seinen hervorragenden Ruf als Heilbad in aller Welt behaupten. Zu den 13 gesundheitsfördernden Quellen kommt nach Ansicht der Tschechen noch eine vierzehnte hinzu, der Becherovka, ein edler Kräuterlikör.

Český rai bei Turnov *(oben)*
Nahe der böhmischen Stadt Turnov, die durch ihre Granatschleifereien Weltruhm erlangte, liegt das 120 km² große Naturschutzgebiet Böhmisches Paradies, Český ráj. Sein Herzstück bilden die Prachower Felsen, ein bizarrer Wald aus Sandsteinwänden mit Felsplateaus, Höhlen und tiefen Schluchten. Die umliegenden Nadelwälder versprechen herrlich kühle Wanderungen mit grandiosen Ausblicken.

Karlsbrücke, Prag *(links)*
In einer leichten Krümmung der Moldau überquert die Karlsbrücke den Fluss. Die Brücke, die von insgesamt 26 Statuen geziert wird, darunter die des Brückenheiligen Nepomuk, ist ein beliebter Treffpunkt der Prager Bürger wie auch der Besucher. Die Karlsbrücke, deren Brückenköpfe von Peter Parler, Erbauer der Veits-Doms, entworfen wurden, verbindet die Prager Kleinseite mit der Altstadt.

Kleinseite *(unten links)*
Zu Füßen der Prager Burg erstreckt sich die Malá Strana, die so genannte Kleinseite. Am schönsten ist es, die Besichtigung des Viertels von der Karlsbrücke aus zu beginnen, sodass man durch das gotische Stadttor die Brückengasse mit ihren interessanten Läden betritt. Danach lässt man sich am besten durch die Gassen treiben, denn in der Malá Strana trifft man überall auf Sehenswürdigkeiten.

Altstädter Ring *(unten Mitte)*
Das Herz der Prager Altstadt ist der Altstädter Ring, wie alle Prager Ringe eigentlich ein Platz. Die Häuser aus Gotik, Renaissance und Barock beeindrucken ebenso wie das Rathaus, das im 14. Jh. allein durch die Prager Weinsteuer finanziert wurde. Zu jeder Stunde beginnt dort die berühmte Astronomische Uhr ein kleines Spiel, in dessen Verlauf der Tod, Christus und die Aposteln sowie ein Hahn auftreten.

Hradschin *(unten rechts)*
Der Prager Hradschin ist nicht allein Palast, auch die Adelspaläste, Kirchen und Patrizierhäuser gehören mit zu diesem Stadtteil. Den eigentlichen Burgkomplex bilden mehrere Burghöfe und Paläste, der St. Veits-Dom, ein Höhepunkt gotischer Baukunst, sowie das Goldene Gässchen, in dem der Legende nach Alchimisten lebten, die Blei in Gold zu verwandeln suchten.

Altvatergebirge (oben)
An der Grenze zu Polen im Norden Mährens liegt das Altvatergebirge. Rund um den Altvater, den auf Tschechisch Praded genannten höchsten Berg des Gebirges, erstreckt sich ein Skigebiet, das sowohl gute Abfahrtpisten als auch herrliche Loipen für Langläufer bietet. Abseits des Skiangebotes kommen aber auch Kulturinteressierte auf ihre Kosten, etwa im Renaissanceschloss von Bruntál.

Böhmerwald (oben rechts)
Zusammen mit dem Bayrischen Wald ist der Böhmerwald das größte zusammenhängende Waldgebiet Mitteleuropas und wurde von der UNESCO zum Biosphärenreservat erklärt. Die Tschechen nennen den Wald S̆umava, was sehr treffend für „rauschen" steht. Der Oberlauf der Moldau windet sich durch die schöne Landschaft des Böhmerwaldes, vorbei an Hochmooren, abgerundeten Hügeln und idyllischen Wiesen.

Slowakei

Hohe Tatra *(links)*

Die hohe Tatra in der Slowakei an der Grenze zu Polen ist das einzige Hochgebirge des Landes und das kleinste Hochgebirge der Welt. Nur 600 km² umfasst das Gebiet, in dem sich nichtsdestotrotz ein einzigartiges Naturschutzgebiet mit 300 Gipfeln, von denen 26 über 2 500 m liegen, und glasklaren Gebirgsseen erstreckt. Auf gut markierten Wanderwegen lässt sich der Nationalpark durchstreifen.

Ungarn

Viele Jahrhunderte lang war Ungarn ein reines Agrarland, bekannt für seine Viehzucht, den Anbau von scharfem Paprika und Wein. Vor allem der Anbau des Tokajer, ein goldener, sehr süßer Likörwein, blickt auf eine 700-jährige Tradition zurück, und sein Anbaugebiet, Tokaj-Hegyalja im Nordosten des Landes, ist seit 2002 als UNESCO-Weltkulturerbe geschützt.

Budapest *(links unten)*

Einst waren die heute von der Donau getrennten Stadtteile Buda und Pest zwei Siedlungen, die erst 1872 zur heutigen ungarischen Hauptstadt Budapest zusammengefasst wurden. Das topografische Stadtbild der beiden Viertel könnte nicht ungleicher sein, auf der einen Seite das Budaer Bergland, auf der anderen die flache Pester Ebene. Doch in beide Teilen erstrahlen herrliche Paläste und Kirchen.

Puszta *(unten)*

Vor der Türkenherrschaft waren die heutigen Puszta-Gebiete feuchte Waldsteppen, doch schonungslose Rodungen wandelten sie in baumlose Heidelandschaften. Traditionell lebten die Puszta-Bewohner von der Viehzucht, und da einige der gezüchteten Spezies, wie das Graurind mit den riesigen Hörnern, vom Aussterben bedroht waren, hat man ihren Lebensraum zu Nationalparks erklärt.

Balaton *(ganz unten)*

Der von den Deutschen Plattensee genannte Balaton ist bei weitem die populärste Urlaubsregion Ungarns. Das Südufer zieht mit seinen weißen Stränden und dem flachen Wasser Familien zum Baden an. Doch rund um den See erstrecken sich Orte mit malerischen Altstädten und Winzerdörfer, in denen der beliebte Balaton-Wein ausgeschenkt wird und die ebenso einen Besuch Wert sind.

Kroatien

Die Geschichte Kroatiens ist wechselhaft. Römer haben hier geherrscht, Teile des Landes waren Venedig zu dessen Glanzzeiten untertan, die Habsburger Monarchie hat ihre Spuren hinterlassen. Zuletzt hat der Krieg im ehemaligen Jugoslawien das Land etwas aus dem Gleis gebracht. Doch seit ein paar Jahren besuchen wieder mehr Urlauber das schöne lebensfrohe Land entlang der Adriaküste.

Zagreb (oben links)
Die Hauptstadt Zagreb ist Kroatiens kulturelles, politisches und wirtschaftliches Zentrum. Besucher erliegen schon bald der Schönheit und dem Charme der Gebäude, Museen und Parks und der ansteckenden Lebensfreude der Zagreber. Dominiert wird das Stadtbild durch die neogotischen Türme der Kathedrale; noch gewinnender ist jedoch die kleinere Markuskirche mit ihrem bunten Ziegeldach.

Poreč (oben rechts)
Malerisch auf einer Halbinsel Istriens liegt das Städtchen Poreč. Schönstes und wohl auch berühmtestes Gebäude der ehemaligen Römersiedlung ist die Euphrasius-Basilika aus dem 6. Jh. Die byzantinischen Säulen und frühchristlichen goldenen Mosaiken sind die Kleinodien des Kirchenkomplexes. Vom Turm der Basilika kann man den Blick über Poreč˜ und die Umgebung schweifen lassen.

Istrien (rechts)
Istrien ist heute die am weitesten entwickelte Urlaubsregion Kroatiens. Dies liegt zum einen an ihrer guten Erreichbarkeit, zum anderen aber an den Kriegswirren der vergangenen Jahrzehnte, die die Küste Dalmatiens nahezu unzugänglich machten, Istrien aber kaum berührten. Die äußerst fruchtbare Halbinsel an der kristallklaren Adriaküste mit ihren bekannten Weinbaugebieten ist zu Recht das Ziel der Sommertouristen.

Plitvicer Seen (links)
Ein grandioses Naturschauspiel erschließt sich den Besuchern des Nationalparks Plitvicer Seen an der Grenze zu Bosnien-Herzegowina. Auf einer Fläche von rund 20 ha liegen, eingebettet in eine herrliche Waldlandschaft, 16 Seen, die durch 92 bis zu 80 m hohe Wasserfälle miteinander verbunden sind. Auf schmalen Holzstegen wandert man von See zu See und genießt die prachtvolle Natur.

Split (unten)
Die zweitgrößte Stadt Kroatiens, Split, verdankt ihre Bedeutung dem Wunsch des römischen Kaisers Diokletian, sich dort einen Alterssitz zu erbauen. Der um 300 errichtete Diokletianpalast, die heutige Altstadt, ist das gewaltigste römische Denkmal Dalmatiens. In den Privatgemächern des Kaisers, im Vestibül des Palastes und am Mausoleum stehen heute die Wohnhäuser und Cafés von Split.

Pula (links)
Heute wichtiges Tourismuszentrum, ist Pula an der Südspitze Istriens auch ein historisch wichtiger Ort. Die Stadt ist vor allem von der römischen Antike geprägt, von welcher der Augustustempel, ein Triumphbogen und das Amphitheater zeugen, das im 1. Jh. n. Chr. Kaiser Vespasian erbauen ließ. In der Arena finden heute Theater-, Opern- und Konzertvorstellungen statt.

Dubrovnik (rechts)
Dubrovnik im Süden Dalmatiens gilt als die Perle der Adria, manchem sogar als das Paradies auf Erden. Die prachtvolle Lage, der einmalige Stadtkern und seine schönen Gebäude erklären solche Hymnen. Die Stadt wird von einer 6 m dicken und teilweise 25 m hohen Wehrmauer aus dem 12. bis 17. Jh. umgeben, die durch Türme und Bastionen verstärkt und fast auf ihrer ganzen Länge begehbar ist.

Slowenien

Als Urlaubsland wird Slowenien gerade erst entdeckt. Dabei hat das Land nicht nur eine fast unberührte Natur, die das Wandern, Biken und Wildwasserfahren zu einem wirklich neuen Erlebnis machen, auch Erholung und kulturelle Ereignisse kommen in Slowenien nicht zu kurz. Allein die Thermenwelt Sloweniens ist legendär, und an den Stränden der Adria kommen auch Sonnenhungrige nie zu kurz.

Triglav-Nationalpark (oben)
Der Triglav an der italienisch-österreichischen Grenze ist nicht nur der höchste Berg Sloweniens, sondern auch Symbol der slowenischen Identität. Zu seinen Füßen erstrecken sich die blühenden Täler des Triglav-Nationalparks. Das Tal der sieben Seen ist einer der Höhepunkte des Landes – eiskalte Gletscherseen in einer unberührten Natur lassen das Wandererherz höher schlagen.

Ljubljana (rechts)
Zu Zeiten der k.u.k-Monarchie hieß die heutige Hauptstadt Sloweniens Ljubljana noch Laibach. Die Habsburger haben der Stadt ihren Stempel aufgedrückt, und so trifft man beim Durchwandern der engen Altstadtgassen, in denen ein buntes Treiben herrscht, hauptsächlich auf schicke Barockfassaden. Auch die Burg von Ljubljana, über der Stadt auf einem Berg thronend, ist einen Besuch wert.

See von Bled (oben)
Ruhe und Behaglichkeit vermittelt der kleine Ort Bled am gleichnamigen See im Nordosten Sloweniens. Der See bildet unweit des Triglav-Nationalparks ein weites Tal, und eine Bootsfahrt zu der in der Mitte des Sees gelegenen Insel ist ein besonderes Vergnügen, denn man schippert noch in der traditionellen Pletna, einem mehrsitzigen Ruderboot mit einem hübschen Verdeck.

Adelsberger Grotten (rechts)
In dem Karstgebiet zwischen Triest und Ljubljana liegen bei Postojna die bedeutenden urzeitlichen Adelsberger Grotten. Sie entstanden in dem zerklüfteten Kreidekalk durch die unterirdischen Erosionen des Flusses Poik, der die Grotten zum Teil durchfließt. Mit einer kleinen Bahn durchfährt man die Höhlen, Stalaktiten wachsen von den niedrigen Decken, Stalagmiten blühen am Boden.

Rumänien

Biosphärenreservat im Donaudelta *(oben)*

Eine unersetzbare Schilflandschaft, durchzogen von Flussarmen und Seen, teilweise überschwemmten Wiesen und verwunschenen Auwäldern, beheimatet das Delta, mit dem die Donau in Rumänien ins Schwarze Meer mündet. In dem von der UNESCO zum Biosphärenreservat erklärten Delta leben rund 300 Vogel- und 150 Fischarten und eine unermessliche Fülle verschiedener Pflanzenarten.

Bulgarien

Bereist wird Bulgarien von Touristen meist wegen der langen Sandstrände am Schwarzen Meer. Doch auch abseits der Schwarzmeerküste bietet das südosteuropäische Land eindrucksvolle Sehenswürdigkeiten, wie etwa die zahlreichen Nationalparks und natürlich die Hauptstadt Sofia, in der bereits die Römer, später dann die Slawen und schließlich die Türken imponierende Bauten errichteten.

Schwarzmeerküste *(oben)*
Elf Sonnenstunden täglich locken im Sommer die Touristen in Scharen an die 378 km lange Schwarzmeerküste Bulgariens, deren kristallklares Wasser, die breiten Sandstrände, kleinen Buchten oder felsigen Ufer für jeden Urlauber das richtige parat hält. Die beliebtesten Seebäder heißen sehr treffend Sonnenstrand und Goldstrand, in ihnen ist nichts mehr von kommunistischer Tristesse zu spüren.

Pirin-Nationalpark *(links)*
Andernorts sind die Pflanzen vom Aussterben bedroht, die im bulgarischen Nationalpark Pirin im Südwesten des Landes noch zuhauf blühen. Dazu gehört zum Beispiel das Edelweiß. Auch endemische Pflanzen wie der Pirin-Mohn wachsen an den Felsen des Pirin-Gebirges. Bekanntester Baum ist die alte Baikuschewa-Mura, eine riesige Panzerkiefer, die bereits zu Zeiten Karls d. Gr. hier gestanden hat.

Griechenland

Vor allem die griechischen Inseln sind seit Jahrzehnten echte Traumziele, denn bei den vielfältigen Möglichkeiten findet hier jeder sein perfektes Eiland. Doch wahre Griechenlandliebhaber sollten darüber nicht das Festland vergessen. Vor allem in die antike Welt kann man dort eintauchen, sodass man Zeuge von einstigem Reichtum und der Blüte der griechischen Kultur werden kann.

Berg Athos (links oben)
Nur Männer dürfen den heiligen Berg Athos auf der Halbinsel Chalkidike von nahem sehen. Hier liegt das Zentrum der griechisch-orthodoxen Kirche, ein Komplex prachtvoller byzantinischer Bauten, die mehr und mehr dem Verfall preisgegeben sind. Denn auf der urwirtlichen Halbinsel – die bei Gründung im Jahr 963 von Eremiten geradezu gesucht wurde – wollen nur noch wenige Mönche ihr Dasein fristen.

Korfu (links unten)
Vor der Küste Albaniens erstreckt sich die Hauptinsel der Ionischen Inseln: Korfu. Wegen seines milden Klimas und der üppigen Natur ist vor allem der Süden ein beliebtes Urlaubsziel. Weitaus einsamer und vor allem für Wanderer interessant ist aber das Hinterland. In den reizenden Dörfern steht die Zeit still und man kann hier immer mit der Gastfreundschaft der Griechen rechnen.

Meteora-Klöster (oben)
Knapp 1 000 Jahre hängen einige der Meteora-Klöster bereits auf den senkrechten Felsnadeln hoch über dem griechischen Festland. Im Mittelalter glaubten die Mönche, Gott durch die Höhe näher zu sein. Seilbahnen ersetzen heute die „Aufzüge" aus Netzen, mit denen die Besucher und Mönche zu den Klöstern empor getragen wurden. In vier der noch zugänglichen Klöster leben auch heute noch Mönche.

Olymp (links)
Hier, auf knapp 3 000 m und unweit des Thermaischen Golfs, lebten die Götter der Antike und beeinflussten von hieraus das Geschick der Menschen. Nur im Sommer enthüllt der Berg seinen Gipfel, ansonsten ist er meist von Wolken verhüllt. Er ist ein beliebtes Ziel für Wanderer und Bergsteiger, zumal die Kühle des üppigen Waldes die Hitze des griechischen Sommers erträglicher macht.

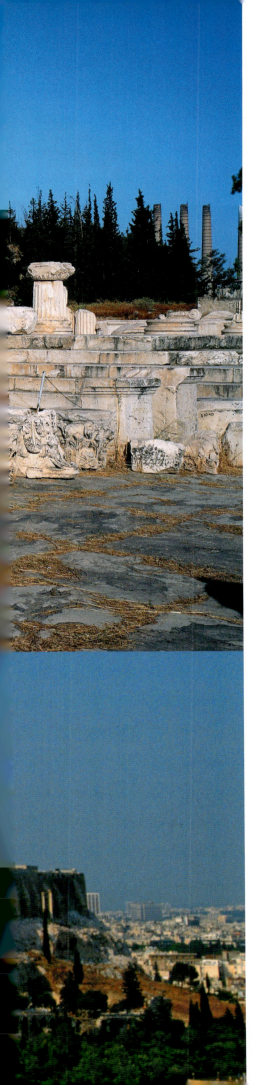

Attika *(links oben)*
Attika, die Landschaft, die Athen bis zum Meer umgibt, gehörte bereits in der Antike zum Einzugsgebiet der Polis, zumal die Stadt in ein bis zwei Tagesmärschen erreichbar war. Landschaftlich ist die Halbinsel sehr reizvoll und bietet mit den langen Sandstränden im Nordosten, den kargen Bergrücken des Südens und den kühlen Kiefernwäldern im Zentrum eine ideale Sommerfrische für die Athener.

Akropolis, Athen *(links unten)*
Über der griechischen Hauptstadt Athen erwacht jeden morgen die antike Welt neu. Im Altertum residierten auf den Felsen der Akropolis die Könige, erst später wurde sie zur Kultstätte. Die größten Baumeister der Antike, darunter der begnadete Bildhauer Phidias, beteiligten sich nach der Zerstörung der Akropolis durch die Perser 480 v. Chr. am Wiederaufbau der Tempel.

Olympia *(rechts oben)*
Im Flusstal des Alfiós liegt im Westen der Peloponnes Olympia. Nirgendwo wurde körperliche Stärke so verehrt wie in diesen heiligen Hainen. Die ersten olympischen Spiele, deren Gewinner einen Zweig vom Ölbaum des Zeus bekam, fanden 776 v. Chr. statt. Bedeutendster Bau war der Zeustempel, in dem sich die Kolossalstatue des Gottes aus Gold und Elfenbein befand – eines der sieben Weltwunder.

Orakel von Delphi *(rechts unten)*
Hoch über dem Golf von Iréa am Südhang des Parnassos ließen zwei von Zeus gesandte Adler einen Stein fallen: den Omphalos, den Nabel der Welt. Hier in Delphi wurde das berühmteste Orakel der Antike dem Gott Apollon geweiht. Wer das Orakel befragte, begab sich zu der Priesterin Pythia, die sich über einen Felsspalt, aus dem Dämpfe aufstiegen, beugte, Lorbeerblätter kaute und in Trance fiel.

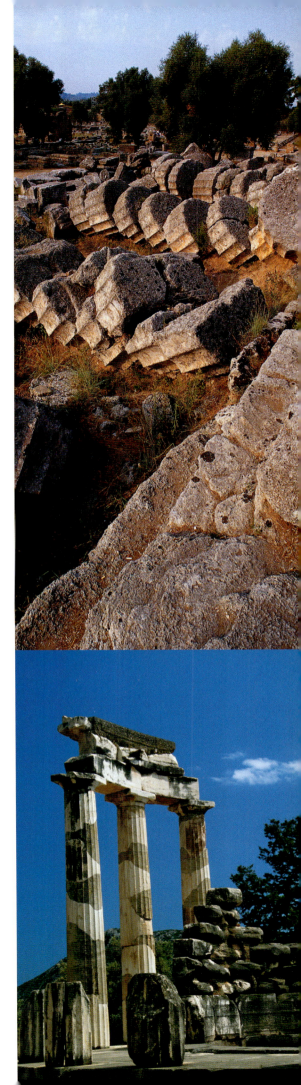

Poseidon-Tempel, Kap Sounion *(unten)*

Das Kap Sounion auf der Südostspitze Attikas ist für zwei Dinge berühmt: seine Sonnenuntergänge und den Poseidon-Tempel. Der Tempel, dessen Säulen weitgehend erhalten sind, liegt auf dem Felskap 50 m über dem azurblauen Meer. Von der Bedeutung des Ortes zeugen die über 3 m hohen Kouros-Statuen, die – hier gefunden – heute im Athener Nationalmuseum bestaunt werden können.

Dionysostheater *(ganz unten)*

Theater war im antiken Griechenland ein Massenmedium. Das am Südhang der Athener Akropolis gelegene Theater war dem Gott Dionysos, also dem Gott der Sinnesfreuden, geweiht. Die rund 17 000 Zuschauer kamen im 5. Jh. v. Chr. wohl nicht nur ins Theater, um in den Erstaufführungen der Tragödien von Sophokles und Euripides mitzuleiden, sondern auch zum Lachen über die Komödien Aristophanes'.

Patmos, Höhle der Apokalypse (links)

Eine heilige Insel ist Patmos, nördlichste Insel des Dodekanes. In der Höhle der Apokalypse soll Johannes, vermutlich ein Wanderprediger, das letzte Buch der Neuen Testamentes, Apokalypse oder auch Offenbarung genannt, verfasst haben. Auf dem Grottenboden lässt sich eine Vertiefung sehen, die von Johannes Kopf stammen soll, sowie drei Spalten, aus denen Gottes Stimme drang.

Mykonos (oben)

Die felsige, unfruchtbare Kykladeninsel Mykonos hat es in sich: weniger wegen irgendwelcher kulturhistorischer Sehenswürdigkeiten, als wegen ihres ausschweifenden Nachtlebens, das sich am Tag an den schönen Stränden fortsetzt. Doch auch hier, wie in anderen Teilen Griechenlands, hat man die weißgetünchten, engen Gässchen des Hauptortes Mykonos zur Siestazeit beinahe für sich allein.

Santorin (links)
Die Kykladeninsel Santorin ist Teil eines im Meer versunkenen Vulkans – dies und die bedeutenden archäologischen Funde schüren immer wieder den Glauben, Santorin sei das legendenumwobene untergegangene Atlantis. Das Schiff, das einen in den Hauptort Thira bringt, fährt mitten durch den ehemaligen Krater, denn die Stadt ist einfach an den Rand der Caldera gebaut, die einen fruchtbaren Boden für den Weinanbau liefert.

Paros (ganz oben)
Unter den Kykladeninseln zählt Paros zu den bemerkenswertesten. Einmal abgesehen von dem lebhaften Hauptort Parikia und dem Städtchen Naousa, das den idyllischsten Fischerhafen der Kykladen ihr eigen nennt, ist die Insel noch sehr urtümlich. Berühmt ist vor allem der in der Antike benutzte Paros-Mamor – hoch geschätzt für seine Reinheit und außergewöhnliche Lichtdurchlässigkeit.

Rhodos (oben)
Nur 18 km von der türkischen Küste entfernt liegt Rhodos, die Hauptinsel des Dodekanes. Großartige Badestrände, eine reizvolle Landschaft und die eindrucksvollen Bauten des Johanniterordens machen die Insel zu einem absoluten Urlauberparadies. Das Wahrzeichen von Rhodos-Stadt ist der Großmeisterpalast der Johanniter, ein Kastell mit dreifachem Mauerring aus dem 14. Jh.

Kreta (unten)
Kreta ist nicht nur die größte, sondern mit Sicherheit auch die bekannteste der griechischen Inseln. Das mediterrane Klima, die schönen Strände und die bedeutenden archäologischen Funde tragen ihren Teil dazu bei. Ein besonderes Erlebnis ist eine Wanderung durch die Samaria-Schlucht, die im Westen der Insel von Nord- nach Süd verläuft.

Türkei

In keinem anderen Land der Welt erlebt man die Synthese von Orient und Okzident, die Vermischung christlicher und muslimischer Kultur eindrucksvoller als in der Türkei. Einzigartige Naturwunder wie Kappadokien, der Große Basar in Istanbul mit seinem quirligen Durcheinander, traumhafte Strände an der Südküste des Landes und eine unermessliche Fülle an Kulturschätzen warten auf ihre Entdeckung.

Blaue Moschee, Istanbul *(oben links)*
Die in Istanbul einmalige Anzahl von sechs Minaretten ist das charakteristische Merkmal der Sultan Ahmet-Moschee, die damit als ranghöchste Moschee des Osmanischen Reiches ausgewiesen wurde. Seinen Namen „Blaue Moschee" verdankt der Sakralbau der überwiegend in Blautönen gehaltenen Ausschmückung der Kuppeln sowie den farbigen Fenstern, die den Hauptraum in ein mystisches Licht tauchen.

Edirne *(oben Mitte)*
Im Zentrum der historischen, nahe der türkisch-griechischen Grenze gelegenen Stadt Edirne befindet sich in Gestalt der Selimiye-Moschee ein Prachtwerk osmanischer Baukunst. Von Sultan Selim II. in Auftrag gegeben, schuf der berühmte Baumeister Sinan im 16. Jh. einen imposanten Sakralbau mit bis zu 89 m hohen Minaretten und einem gigantischen Kuppelbau von 32 m Durchmesser.

Hagia Sofia *(oben rechts)*
Unabhängig von Glaube und Religion: Wer unter die 56 m hohe und 33 m breite Kuppel der Hagia Sofia tritt, verstummt angesichts der architektonischen Meisterleistung des Gotteshauses. Einst als gewaltigstes Monument der Christenheit errichtet, wurde der Bau nach 1453 von den Türken durch vier Minarette erweitert und in eine Moschee umgewandelt, die seit 1935 als Museum dient.

Topkapi Saray *(links)*
Nach der Eroberung Konstantinopels im Jahre 1453 ließ Sultan II. Fatih am Ufer des Bosporus mit dem Topkapi Saray eine gewaltige Palastanlage errichten, die bis 1855 als prächtiger Wohn- und Regierungssitz der Sultane diente. Neben 100 000 Kunstexponaten erwartet den staunenden Besucher in Gestalt des Harems ein verwirrendes Labyrinth mit 400 verschachtelten Räumen.

Ephesus *(links oben)*

Ephesus, 80 km von Izmir entfernt, war die reichste Stadt Kleinasiens, Tor für See- und Landhandel und nicht zuletzt ein Ort der kulturellen Hochblüte. Einst durch Schwemmablagerungen verschüttet, wurde im 19./20. Jh. eine fast intakte Stadtanlage ausgegraben, in der das gewaltige Theater sowie die Tempel- und Bäderanlagen vom historischen Weltruhm der Stadt zeugen.

Side *(links Mitte)*

Das Nebeneinander von antiken Ruinen und langen, feinsandigen Stränden bildet in Side eine einzigartige Kulisse und macht den Ort zu einem der beliebtesten Ausflugs- und Urlaubsziele der türkischen Südküste. Während in den Straßen hektische Betriebsamkeit herrscht, verharrt und schweigt der Besucher angesichts des antiken Theaters, das einst bis zu 20 000 Zuschauer erfasste.

Großer Basar, Istanbul *(links unten)*

Wer in das lebhafte, orientalische Leben Istanbuls eintauchen möchte, der findet hierfür keinen besseren Ort als den Großen Basar im Herzen der Stadt. In dem 200 000 m² großen Labyrinth sorgen innerhalb der Woche täglich an die 500 000 Menschen für ein quirliges Durcheinander, in dem die Händler der 4 000 Geschäfte und Shops alle nur erdenklichen Produkte zum Kauf anbieten.

Goldenes Horn *(rechts)*

Goldenes Horn – so wird der 11 km lange Merresarm bezeichnet, der das alte Stambul von der europäischen Neustadt Beyoglu trennt. Eine Bootsfahrt führt von der 484 m langen Galatabrücke, die als gigantisches Bauprojekt in den 1990er-Jahren weltweite Aufmerksamkeit erregte, entlang riesiger Werften, hinter denen man die Minarette großer Moscheen erblicken kann.

Kalkterrassen von Pamukkale *(oben)*
Weltweit gelten die Kalkterrassen von Pamukkale als Naturwunder. Seit Jahrtausenden von Menschen zu Heilzwecken eingesetzt, hat das besondere Thermalwasser der Gegend im Laufe der Zeit zur Ausbildung eines 100 m hohen, schneeweißen Abhanges geführt, der einem märchenhaften vereisten Wasserfall gleicht und auf dessen terrassenförmigen Ebenen sich natürliche Wasserbassins befinden.

Bodrum (links)
Bodrum ist das Ziel in der Südägäis. Nirgendwo sonst wird so ausgelassen gefeiert und gelebt, nirgendwo sonst hat man sich so gut auf den westlichen Tourismus eingestellt wie in der einst persischen Stadt. Und angesichts von „Halikarnassos", eine der berühmtesten Diskotheken des Landes, vergisst der Besucher fast, dass Bodrum neben Nachtleben auch antike Sehenswürdigkeiten zu bieten hat.

Marmaris (ganz oben)
Marmaris ist die türkische Antwort auf das französische Nizza. Blickfang und Lebensmittelpunkt der Stadt ist der 1991 fertig gestellte Hafen, in dem 600 Boote und luxuriöse Jachten Platz finden. Die Marmaris-Bucht ist beliebter Ankerplatz für Skipper, die am Abend an Land gehen und vor den Restaurants und Bars der Promenaden entlang der Hafenmole flanieren.

Türkische Riviera (oben)
Vor der gewaltigen Bergkulisse des bis zu 3000 m hohen Taurus-Gebirges erstreckt sich östlich von Antalya das als „Türkische Riviera" bezeichnete Küstengebiet. Vom Mittelmeerklima gesegnet, sind die kilometerlangen Sandstrände ein Paradies für Sonnenanbeter und Badeurlauber, während Städte wie Aspendos, Side und Alanya mit fantastischen antiken Kulturgütern aufwarten.

Göreme *(unten)*

Nirgendwo sonst in Kappadokien trifft man auf eindrucksvollere Zeugnisse der frühchristlichen Kultur und Lebensweise als im Freiluftmuseum nahe des kleinen Dorfs Göreme. Dicht gedrängt finden sich in dem zum Weltkulturerbe erklärten Areal neben unzähligen Wohnstätten imposante Felsen- und Höhlenkirchen mit wunderschönen Fresken und Ornamenten und einer faszinierenden Architektur.

Gräber von Myra *(ganz unten)*

Die lykische Stadt Myra ist nicht nur als einstiger Bischofssitz des hl. Nikolaus von Bedeutung. Nur 2 km abseits des Zentrums befinden sich die imposanten Gräber von Myra, die in eine senkrecht abfallende Felswand geschlagen wurden. Insbesondere die wunderschönen Reliefs — Meisterwerke lykischer Bildhauerkunst — hinterlassen einen tief greifenden Eindruck.

Kappadokien *(unten rechts)*

Kappadokien ist ein Wunderwerk der Natur und einmaliges Zeugnis menschlicher Kultur! Wiederholte Vulkanausbrüche führten im zentralen Anatolien zur Ausbildung einer märchenhaft wirkenden Tuffsteinlandschaft mit bizarren Felsgebilden und Pyramiden. Der Anblick der in Stein geschlagenen Höhlenwohnungen und Kirchen, die etwa ab dem 5. Jh. entstanden, ist schlichtweg atemberaubend.

Berg Ararat *(links)*

Mit 5165 m ist der Berg Ararat die höchste Erhebung in der Türkei. Im Alten Testament wird er als der Berg ausgewiesen, an dessen Gipfel die Arche Noah nach langer Fahrt strandete. Seit der Erstbesteigung im Jahre 1829 haben viele Tausend Menschen den meist wolkenverhangenen Gipfel des Vulkans erklommen, der zuletzt 1840 nach langer Zeit der Inaktivität Lava und Asche verströmte.

Zypern

Die Geschichte Zyperns ist die Geschichte wechselnder Herrscher. Phönizier, Perser, Griechen, Römer, Briten und Türken haben der Insel ihren Stempel aufgedrückt und sie zu einem Schmelztiegel der Kulturen gemacht. Fernab aller politischen Probleme gilt es eine Insel zu entdecken, die Besucher mit ihrem unermesslichen kulturellen Reichtum und einer betörend schönen Natur in ihren Bann zieht.

Salamis (oben)
Die Ruinen von Salamis sind die bedeutendste Ausgrabungsstätte auf Zypern. Das einstige Zentrum des antiken Stadtkönigtums wurde zeitweise von 100 000 Menschen bewohnt. Beeindruckendes Monument der kulturellen Blüte ist das zum Teil rekonstruierte Theater, das bis zu dem verheerenden Erdbeben von 332 annähernd 20 000 Zuschauern Platz bot und über ein 40 m langes Bühnenhaus verfügte.

Kloster Stavrovoúni (rechts)
Schon von weitem erweist sich das auf einem 700 m hohen Gipfel erbaute Kloster Stavrovoúni als ein faszinierender Blickfang. Obgleich das Kloster bereits im Jahre 327 gegründet wurde, stammen die Gebäude aus dem 19. Jh. Kostbarster Schatz ist ein Splitter vom Kreuz Jesu Christi, den Helena – die Mutter Kaiser Konstantins – dem Kloster anlässlich dessen Gründung stiftete.

Asien

Israel

2000 Jahre waren die Juden in der Diaspora über die Welt verteilt, seit 1948 haben sie wieder ihren eigenen Staat, und der liegt im Brennpunkt der drei großen Weltreligionen. Vieles in dem kleinen Land ist Juden, Christen und Muslimen gleichermaßen heilig, was die Verständigung auch jenseits der verfahrenen Politik nicht einfacher macht. Neben den heiligen Stätten locken den Besucher die Mittelmeerküste und das Rote Meer.

Felsendom *(oben)*
Der oberhalb der Klagemauer aufragende achteckige, mit strahlend blauen Fayencekacheln verzierte 55 m hohe Felsendom Qubbet as Sakhra ist von einer goldenen Kuppel überwölbt und wurde zwischen 687 und 691 erbaut. Auf dem heiligen Felsen im Innern sollte nach jüdischer Überlieferung Abraham seinen Sohn Isaak opfern, während die Muslime glauben, dass von hier Muhammad auf seinem Ross Barquq seinen Ritt in den Himmel antrat. Seit 1981 gehört der Felsendom zum Weltkulturerbe.

Jerusalem, Klagemauer *(unten links)*
Die 18 m hohe und 48 m lange Klagemauer in der Altstadt von Jerusalem ist der letzte Rest des von den Römern 70 n. Chr. geschleiften Tempels, und seit jenen Tagen klagen die gläubigen Juden hier über die Zerstörung ihres Heiligtums. Das sakrale Areal hat getrennte Bereiche für Männer und Frauen. Zwischen den mörtellos aufgeschichteten Blöcken stecken viele kleine Zettel mit Bitten und Wünschen. Da man darf das Areal nur mit bedecktem Kopf betreten darf, liegen am Eingang kleine Kappen aus.

Grabeskirche *(oben rechts)*
Die Grabeskirche in der Altstadt von Jerusalem ist eine der heiligsten Orte der Christenheit, denn innerhalb ihrer Mauer liegt der Kalvarienberg, Golgatha, die Schädelstätte, an der Jesus gekreuzigt wurde, sowie auch die Grotte seiner Grablegung und Auferstehung. Konstantin der Große ließ 313 eine erste Kirche über den sakralen Stellen errichten, die in den folgenden Jahrhunderten wiederholt zerstört und immer wieder neu erbaut wurde. Seit 1981 gehört sie mit anderen Bauten der Altstadt zum Weltkulturerbe.

Garten von Gethsemane *(unten rechts)*
Am Ölberg im Osten Jerusalems befindet sich der Garten, in dem Jesus seinen himmlischen Vater in Todesangst bat, den Kelch an ihm vorüberziehen zu lassen. Doch Gottes Wille sollte geschehen, und so wurde Jesus an dieser Stelle verhaftet. Der hebräische Name lautet Gat Schemanim, was soviel wie Ölpresse bedeutet, und noch heute stehen hier viele Olivenbäume, von denen einige noch aus der Zeit Christi stammen sollen. Die 1924 errichtete Kirche von Gethsemane erinnert an die Ereignisse.

Berg Zion *(links oben)*

Unübersehbar ragen auf dem Berg Zion außerhalb der Jerusalemer Altstadt das spitze Kegeldach und der hohe Glockenturm der Dormitio-Kirche in den Himmel. Beim Besuch des deutschen Kaisers 1898 schenkte der türkische Sultan seinem Verbündeten den Hügel, und Wilhelm gab das Areal an das Kölner Bistum weiter. Architekt Heinrich Renard erbaute das 1908 geweihte Gotteshaus, an dessen Stelle christlicher Überlieferung zufolge die Mutter Jesu nicht gestorben, sondern in einen ewigen Schlaf (dormitio) gefallen sein soll.

Totes Meer *(links unten)*

Das 80 km lange und 18 km breite Tote Meer liegt in der weltweit tiefsten Senke knapp 400 m unter Meeresspiegelniveau. Aufgrund seines hohen Salzgehaltes von 30 % (Nordsee 3,5 %) existiert keinerlei pflanzliches oder tierisches Leben. Wegen des vielen Salzes kann man nicht untergehen, und Besucher lassen sich gerne fotografieren, wie sie im Wasser liegen und Zeitung lesen. Der hohe Salzgehalt entsteht durch die Wasserverdunstung des abflusslosen Sees, der durch den Jordan gespeist wird.

Bethlehem *(rechts oben)*

8 km südlich von Jerusalem liegt Bethlehem, der Geburtsort Jesu. Heiligster Ort in der Geburtskirche ist die 12 m lange und 4 m breite Grotte, in der ein silberner Stern mit der Aufschrift „Hic de virgine Maria Jesus Christus natus est" (Hier hat die Jungfrau Maria Jesus Christus geboren) die Stelle markiert, an der Jesus das Licht der Welt erblickt hat. In der angrenzenden Krippengrotte beteten laut christlicher Tradition die Hirten den Erlöser an.

See Genezareth *(rechts Mitte)*

Der See, auf dessen Wasser Jesus gewandelt sein soll, ist 21 km lang und 13 km breit, liegt 209 m unter dem Meeresspiegel und ist damit der am tiefsten gelegene Süßwassersee der Welt. In der Senke herrscht ein subtropisches Klima, und da es an Wasser nicht mangelt, sind die Ufer und die Hügelhänge mit einer reichen grünen Vegetation überzogen, deren Agrarprodukte mehrmals im Jahr geerntet werden können. Das war zur Zeit Christi schon so, denn der Geschichtsschreiber Flavius Josephus berichtete von Feldfrüchten, die in großer Üppigkeit gediehen.

Tel Aviv, Jaffa *(rechts unten)*

Beim Landeanflug auf den Ben Gurion Flughafen hat man einen fantastischen Blick auf das blaue, schaumgekrönte Meer, auf die von Hochhäusern bestimmte Skyline von Israels kosmopolitischer Metropole Tel Aviv. Der breite weiße Sandstrand zieht sich kilometerlang bis hin nach Jaffa, dem arabischen Teil der Stadt. Sie soll die älteste Hafenstadt der Welt und laut dem Geschichtsschreiber Plinius 40 Jahre nach dem Ende der Sintflut gegründet worden sein.

Hafenstadt Akko (rechts oben)

Ein ganz besonderes Flair hat die Altstadt von Akko, die mit ihren alten und uralten Gebäuden, den mächtigen Wallmauern und Bastionen, den Kreuzfahrerreminiszenzen, dem kleinen Fischerhafen mit seinen exzellenten Fischrestaurants, den labyrinthisch verschlungenen Basarstraßen und dem Ruf des Muezzin über den engen Gassen orientalisches Leben und Erinnerungen an Tausend-und-eine-Nacht wachruft.

Säulen des Salomon (rechts Mitte)

Im Süden der Negev-Wüste ragen die 60 m hohen, in der Sonne purpurn schimmernden Felsformationen auf, die als Säulen des Salomon apostrophiert werden. Über Jahrmillionen haben Auswaschungen aus dem Sandstein diese bizarren Formen hervorgebracht. Eine von den Alten Ägyptern in den Fels geschlagene Treppe führt hoch zu einem Relief, das zeigt, wie Ramses III. (1184–1153 v. Chr.) der Göttin Hathor ein Opfer darbringt.

Jordan (rechts unten)

Der „herabsteigende Fluss" entspringt im Hermongebirge, strömt gen Süden durch das Jordantal, durchfließt den See Genezareth und mündet im Toten Meer. In der Luftlinie würde seine Länge nur 170 km betragen, doch wegen seiner vielen Windungen hat er eine Gesamtlänge von rund 400 km. Religiöse Bedeutung hat der Jordan als der Fluss, den das Volk Israel bei der Landnahme nach der Wüstenwanderung überschritt. Noch immer lassen sich viele Christen im Jordan taufen in Erinnerung daran, das Johannes der Täufer hier diese Zeremonie an Jesus vollzog.

Masada (ganz rechts)

Auf einem unzugänglichen 440 m hohen Bergplateau am Ufer des Toten Meeres ließ Herodes um 30 v. Chr. eine mächtige Festung errichten. Den Römern gelang es erst nach monatelanger Belagerung im Jahr 73, die Festung einzunehmen. Kurz vor dem Sturm hatten sich der Überlieferung nach alle Bewohner von Masada das Leben genommen, um nicht in die Hände des Feindes zu fallen. Und so schwören die Juden dort oben noch heute: „Masada darf nie wieder fallen".

Jordanien

Ein „klassisches" Kulturland ist Jordanien nicht, aber es verzaubert den Besucher durch seine einsamen Berg- und Wüstenlandschaften und durch die Vielzahl seiner kulturellen Stätten. Diese entstanden aus dem Dialog zwischen den Hochkulturen Mesopotamiens und Ägyptens sowie aus den Einflüssen des arabischen Islam. Das heutige Jordanien präsentiert sich zudem als das stabilste Land im Nahen Osten, von dem aus man überdies problemlos nach Israel und Syrien reisen kann.

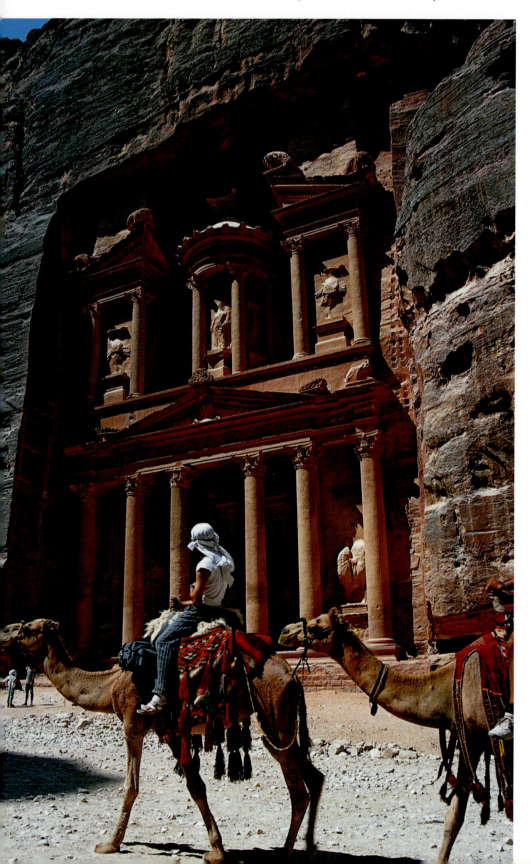

Petra (links)
Der Weg führt durch den Siq, durch eine schmale Schlucht mit 70 m hohen Felswänden, und plötzlich öffnet sich der Riss und gibt den Blick frei auf das imposante Khazne al Firaun, auf das Schatzhaus des Pharao. Seine reich gegliederte Fassade ist 25 m breit, 40 m hoch und wurde direkt aus dem Fels geschlagen. Das Volk der Nabatäer hat im 1. Jh. n. Chr. dieses fantastische Gebäude geschaffen, von dem wir heute noch nicht wissen, ob es einmal ein Grabmal oder ein Tempel war. Seit 1985 gehört es zum Weltkulturerbe.

Wüstenschloss Qusair Amra (rechts oben)
Östlich von Amman findet sich mitten in der Wüste eine Palastanlage aus dem 8. Jh. mit einem dreischiffigen Audienzsaal samt Thronnische und daran anschließend ein Bade- und Schwitzhaus. Eine solche Kombination war nicht ungewöhnlich, denn in orientalisch-islamischer Tradition fanden Unterredungen oft im Bad statt. Berühmt ist das Lustschlösschen für seine exzellent ausgeführten figürlichen Fresken, die dem islamischen Bilderverbot eigentlich entgegenstehen. Weltkulturerbe seit 1985.

Jebel Nebo (rechts unten)
„Moses stieg aus den Steppen von Moab hinauf auf den Nebo und der Herr zeigte ihm das ganze Land", so heißt es in der Bibel. Rund 40 km südöstlich von Amman ragt der über 1000 m hohe Gipfel auf, von dem Moses aus das gelobte Land erblickte; ein Denkmal, das eine um ein Kreuz gewundene Schlange zeigt, markiert den Ort. Hier soll er auch gestorben und begraben sein. Von der Spitze ist der Blick über das Tote Meer und das Jordantal wahrhaft einzigartig.

Syrien

Touristen sieht man in Syrien nicht allzu häufig, da die Länder des Nahen Ostens mit ihren politischen Krisen noch immer gemieden werden. Dabei wartet das Land zwischen Mittelmeer und Zweistromland mit einem unermesslichen Reichtum an Natur- und Kulturgütern aus allen Epochen auf, denn viele unterschiedliche Kulturen herrschten in Syrien, und jede hinterließ eindrucksvolle Spuren.

Damaskus (links oben)
Ein Muss jeder Syrienreise ist ein Besuch der Altstadt von Damaskus und dort der Omaijadenmoschee. Sie wurde um 700 über einem griechischen Jupitertempel errichtet und zählt zu den bedeutendsten islamischen Gotteshäusern der Welt. Die Mosaiken an Bet- und Schatzhaus und im Innenhof suchen ihresgleichen. In den riesigen Hallen des Gebetsraums wird die Allmacht Gottes gegenwärtig.

Aleppo (links unten)
Aleppo ist die zweitgrößte Stadt Syriens und lebt vor allem vom Handel. Die Souks von Aleppo sind die buntesten und schönsten des Landes: Auf den insgesamt 12 km langen, überdachten Ladenstraßen riecht es überall nach Kardamon und Zimt, manchmal meckert eine Ziege, ein Muezzin ruft zum Gebet. Und hier kann man die berühmte aus Oliven- und Lorbeeröl hergestellte Olivenseife kaufen.

Bosra, Altstadt (rechts oben)
Im Süden Syriens an der Grenze zu Jordanien liegt die alte Stadt Bosra, die bereits in der Jungsteinzeit besiedelt war. Zentrum der Altstadt ist das römische Amphitheater: Selbst das dreigeschossige Bühnenhaus ist hier noch erhalten und wird durch eine korinthische Säulenarkade geschmückt. Auch aus der kurzen christlichen Periode, die mit dem Sieg Saladins endete, sind Denkmäler erhalten.

Säulenstraße bei Palmyra (rechts unten)
Mitten in der Syrischen Wüste liegt wohl eine der erstaunlichsten archäologischen Ausgrabungsstätten Syriens: Palmyra. Am schönsten ist der Blick von der nahen Burg Ibn-Maan auf die Ruinenstadt – auf den monumentalen Baal-Tempel, das Theater und natürlich die legendäre Prachtstraße Palmyras, die Säulenstraße. Ihre Säulen durchziehen auf 1,2 km Länge die Stadt von Ost nach West.

274

Arabische Halbinsel

Mit architektonischen Wunderwerken wie dem Burj al-Arab in Dubai oder der spektakulären Formel-Eins-Strecke in Bahrein haben die Staaten der Arabischen Halbinsel das Interesse der Weltöffentlichkeit auf sich gezogen. Dass sich hier in Gestalt von Mekka auch die bedeutendste Wallfahrtsstätte der muslimischen Welt befindet, zeugt von der faszinierenden Synthese von Tradition und Moderne, die man auf der Halbinsel wie nirgendwo sonst erleben kann.

Oman

Mascat (oben)
Eingerahmt von den schwarzen Felsen zweier Gebirgsketten und trotzigen Festungen ist das Stadtbild von Muscat durch Modernität und Reichtum geprägt. Seit jeher war die Hauptstadt Omans ein bedeutender Ankerplatz für Schiffe und beheimatete wohlhabende Handelsfamilien, die prächtige Wohnhäuser hinterließen, die durch die Palastanlagen der Sultane eindrucksvoll ergänzt werden.

Vereinigte Arabische Emirate

Abu Dhabi (unten links)
Abu Dhabi begeistert als junge, weltoffene Stadt. Das einstige Beduinen- und Fischerdorf erlebte seit den 1960er-Jahren einen rasanten Aufstieg und fungiert heute als Hauptstadt der V.A.E. Wahrzeichen ist die prächtige Promenade entlang des Persischen Golfes, die einen fantastischen Blick auf die beeindruckende Skyline gewährt.

Saudi Arabien

Mekka (oben rechts)
100 km östlich des Roten Meeres gelegen wird das saudiarabische Mekka jedes Jahr zum Ziel eines gewaltigen Pilgerzuges von über 1 Mio. gläubiger Muslime. Im Mittelpunkt der beeindruckenden Wallfahrtszeremonien stehen die beiden zentralen Heiligtümer des Islam – die Große Moschee mit ihren sieben Minaretten und die Kaaba, die von den Gläubigen sieben Mal betend umlaufen wird.

Katar

Doha (unten rechts)
Doha, Hauptstadt des von Geröll- und Sandwüsten dominierten Staates Qatar, besticht als ein Ort, in dem Tradition und Moderne auf faszinierende Weise ineinander greifen. Vom modernen Wohlstand der Stadt zeugt die Flanierpromenade Corniche entlang des Persischen Golfes, während man in den Gassen des traditionellen Marktgebiets Souq Waqif unverfälschte orientalische Lebensweise erlebt.

Dubai

Hotel Burj al-Arab *(oben)*
Wie ein gigantisches Segel aus Glas und Stahl ragt das Burj al-Arab von einer künstlichen Insel inmitten des Persischen Golfs 321 m hoch in den arabischen Himmel. Der architektonische Traum aus Tausend-und-einer-Nacht setzt sich im Innern des 7-Sterne-Luxushotels fort: 10 000 m² verarbeitetes Blattgold, edelster Marmor und feinste Stoffe schmücken das milliardenteure Wahrzeichen Dubais vor dem Strand von Jumeira.

Goldsouq *(rechts)*
Ein einmaliges, unverfälscht orientalisches Erlebnis verspricht der Besuch der Dubaier Souqs. Blickfang und touristische Sensation ist der im Deira-Souq gelegene Goldsouq. Die funkelnden Auslagen der 300 Geschäfte verwandeln das Areal in ein Märchenland aus Gold und Juwelen, in dem sich alles um die begehrten Schmuckstücke, Münzen oder gar Goldbarren dreht.

Jemen

Bis heute ist der Jemen touristisch weit gehend unentdeckt. Dies verwundert in Anbetracht der Umstände, dass die Republik nicht nur das fruchtbarste Land der Arabischen Halbinsel ist, sondern als Ursprungsgebiet legendärer Königreiche wie Saba unermessliche Kunstschätze und in Gestalt der Altstadt von Sanaa und den weltberühmten Lehmhochhäusern architektonische Sensationen bereithält.

Sanaa (links)
Flankiert von zwei steil aufragenden Bergketten bietet Sanaa einen erhabenen Anblick. In dem von einer Mauer umgebenen Altstadtbereich erheben sich 6000 jahrhundertealte Wohntürme, an deren Natur- und Ziegelsteinfassaden die weißen Fensterummalungen und Gipsstuckornamente einen anmutigen Kontrast bilden und den Besucher in einem Traum aus Tausend-und-eine-Nacht versetzen.

Schibam (unten)
Kein Bild des Jemen löst mehr Erstaunen und Faszination aus als die Südansicht von Schibam, einer kleinen Stadt im Süden des Jemen, die von der UNESCO zum Weltkulturerbe erklärt wurde. Hier bilden dicht gedrängte, 400–500 Jahre alte Lehmhochhäuser, die selbst die Moscheen überragen, eine einzigartige Skyline, die Schibam den Namen „Chicago der Wüste" einbrachte.

Die Golfstaaten

Die beiden Golfstaaten Irak und Iran haben in den letzten Jahrzehnten die Aufmerksamkeit der Weltöffentlichkeit vor allem als politische Krisenherde erregt. Diese Umstände lassen vergessen, dass die beiden Länder auf eine Jahrtausende alte, unermesslich reiche Kulturgeschichte zurückblicken können, von der unzählige Monumente, Sakralbauten und antike Anlagen zeugen.

Irak

Königsgräber von Ur (ganz oben)

Mit den Ausgrabungen des Archäologen Woolley in den 1920/30er-Jahren wurde im Süden des Irak mit den so genannten „Königsgräbern von Ur" eine kunst- und kulturhistorische Sensation zutage befördert. Mehrere, übereinander angelegte Grabkammern aus dem 3. Jt. v. Chr. bergen in Form von goldenen Trinkschalen, wertvollen Vasen, Edelsteinen und Silber unschätzbare Kostbarkeiten.

Iran

Persepolis (oben)

50 km nordöstlich von Schiras findet sich in Gestalt von Persepolis ein einmaliges Denkmal antiker Kultur und Macht im Iran. Hoch aufragende, von der Zerstörungswut Alexander des Großen bewahrte Marmorsäulen lassen erahnen, wie einst der gewaltige, von Zedernstämmen überdachte Thronsaal aussah, während filigrane Reliefs von der unermesslichen Kunstfertigkeit antiker Steinmetze zeugen.

Isfahan (rechts)

Märchenhaft erhebt sich an den östlichen Hängen des Zagrosgebirges die traumhafte Oasenstadt Isfahan aus dem Wüstensand. Türkis-blaue Kuppeln funkeln in der Sonne, zahllose Minarette erheben sich gen Himmel, und im Zentrum findet sich mit dem Meidan-e Imam einer der schönsten Plätze der Welt, der von zweistöckigen Arkaden und der wunderschönen Kaisermoschee gesäumt wird.

Usbekistan

Wer Usbekistan bereist, fühlt sich wie in ein Märchen aus Tausend-und-eine-Nacht zurückversetzt. Die weiten Wüsten des Landes, die im Frühling aber von grünen Gräsern und Blumen überzogen sind, dazwischen Oasen, in denen Städte wie Buchara gedeihen, die orientalische Vitalität dieser Städte und die unermessliche Pracht ihrer Bauten machen Usbekistan zu einem einzigartigen Reiseerlebnis.

Buchara (unten)

Tag und Nacht brannte im Mittelalter auf dem Kalon-Minarett ein Feuer, um Karawanen den Weg durch die Kysylkum-Wüste nach Buchara zu weisen – schon damals eine der wichtigsten Handelstädte in Zentralasien. In den bevölkerten Teehäusern und bunten Basaren, in denen unter anderem die kostbaren Buchara-Teppiche feilgeboten werden, herrscht eine ungebrochen orientalische Atmosphäre.

Samarkand (rechts)

Der Mongolenherrscher Timur-Leng machte Samarkand im 14. Jh. zur Hauptstadt seines Reiches und ließ zu diesem Zweck die größten Künstler und berühmtesten Wissenschaftler in die Stadt kommen. Diese schufen nicht nur die Moschee Bibi-Chanum, die als die schönste Moschee des Orients galt, sondern auch die Sternwarte des Astronomen Ulug-Beg, deren Präzision noch heutige Wissenschaftler erstaunt.

Mongolei *(links)*

Reisen in der Mongolei, das bedeutet, sich zwischen Himmel, Steppe und Wüste zu bewegen. Alles im Land ist extrem, und dazu zählt auch das Klima, das die Quecksilbersäule im Winter auf minus 45 °C hinunter- und im Sommer auf plus 45 °C hinauf treibt. Die wenigen Menschen in der dünnbesiedelten, unendlichen Weite Zentralasiens sind zumeist Nomaden, deren ländliche Wirtschaft auf fünf Tieren ruht: Kamelen, Jaks, Pferden, Ziegen und Schafen, mit ihnen bestreiten sie ihren Lebensunterhalt.

China

Das Reich der Mitte, vor wenigen Jahrzehnten noch abgeschlossen und in selbst auferlegter Isolation, hat sich längst dem Westen geöffnet. Somit können wir historische und kulturelle Errungenschaften besuchen, die in der Welt ihresgleichen suchen. Was könnte mit der Großen Mauer konkurrieren, was mit der gigantischen Tonarmee des Kaisers Qin Shi Huangdi, und welcher Herrscher nannte je eine gesamte Verbotene Stadt sein eigen?

Peking, Verbotene Stadt (oben)
Vom Trommelturm im Norden — von dem die Bewohner morgens mit Glockenschlägen geweckt und abends mit Paukengedröhn zur Ruhe geschickt wurden — erstreckt sich die Purpurne Verbotene Stadt über 7,5 km bis zum Südtor. Die 720 000 m² große Anlage mit ihren 9900 Räumen durfte kein normaler Sterblicher betreten, deshalb ist sie von einer hohen roten Mauer und einem Wassergraben umgeben. China sah sich als Zentrum der Welt, und im Zentrum der Mitte ragte die Verbotene Stadt als Spiegelbild der kosmischen Ordnung auf.

Wüste Gobi (links)

Die Wüste Gobi liegt in Zentralasien, gehört zur Mongolei und zu China und umfasst Sandwüste, Salzsümpfe und Salzseen, aber auch Steppengebiete, in denen die Mongolen als Nomaden umherstreifen und Viehzucht betreiben. In der weitgehend lebensfeindlichen Einöde haben die Paläontologen viele Saurierknochen gefunden. Die urzeitlichen Echsen lebten hier vor 70 Mio. Jahren.

Große Mauer (oben)

Das größte Bauwerk der Welt und das einzige, das Astronauten aus dem Weltraum mit bloßem Auge wahrnehmen können, ist die Große Mauer, die sich über 6250 km im Norden Chinas vom Pazifik bis Turkmenistan hinzieht. Schon im 3. Jh. begonnen, wurde sie während der Ming-Dynastie (1368–1644) fertig gestellt. Der mächtige Wall ist 6–9 m hoch, 5 m dick, mit Zinnen und Wehrtürmen wohlversehen und zieht sich durch tiefe Täler und über Bergrücken. Die frühen Ingenieure kapitulierten vor keinem Geländeproblem.

Kaiserpalast, Peking (links)

Ab 1407 ließ einer der frühen Herrscher der Ming-Dynastie (1368–1644) einen neuen Kaiserpalast anlegen, und über 500 Jahre bauten alle seine Nachfolger an und um. Hier im Zentrum der Verbotenen Stadt residierten die Herrscher in der Halle der Höchsten Harmonie, während die Kaiserinnen ihren Sitz in der Halle der Berührung von Himmel und Erde hatten. Der Kaiserpalast ist ein wertvolles architektonisches Zeugnis klassisch-chinesischer Architektur und gehört deshalb seit 1987 zum Weltkulturerbe.

Platz des Himmlischen Friedens (oben)

Friedlich ging es nicht zu, als hier im Juni 1989 oppositionelle Studenten niedergeknüppelt wurden. 1661 wurde der riesige Tianmen-Platz vor dem Kaiserpalast angelegt und sollte die gewaltigen Dimensionen des Reiches der Mitte symbolisieren. 1949 rief von hier aus Mao Tse-tung die Kulturrevolution aus, und noch immer ist er hier in seinem Mausoleum als einbalsamierte Körper für die Chinesen präsent.

Kowloon *(unten)*

Kowloon umfasst ein Areal von 12 km² in Hongkong. Auf der Halbinsel finden sich noch viele alte Gebäude aus der Kolonialzeit, und wenn man nach Einbruch der Dunkelheit an der Promenade des Victoria-Hafens vorbeiflaniert, dann hat man eine Technicolor-Ansicht auf den Rest der Metropole. Hier in Kowloon findet der Besucher die höchste Dichte an Luxus-Hotels, exzellenten Restaurants und nächtlichen Vergnügungsorten.

Jangtse *(links oben)*
Der Chang Jiang oder auch Yangtsekiang ist mit 6300 km Chinas längster Strom und der drittlängste der Erde. Der Jangtse entspringt im Südwesten des Riesenreiches und mündet nach seinem Weg durch neun Provinzen bei Shanghai in das Gelbe Meer. Über 700 Nebenflüsse speisen den großen Strom, in dessen dicht besiedelten Umfeld sich etwa 25 % der Anbaufläche des Landes konzentrieren. Derzeit staut der Drei-Schluchten-Damm den Strom auf, der dann einmal den größten künstlich geschaffenen See der Erde bilden wird.

Xian *(links unten)*
Xian (Westlicher Friede) ist eine der bedeutendsten alten Kaiserstädte in China. Hier residierten die Herrscher von insgesamt 11 Dynastien, darunter der Reichseiniger Qin Shi Huangdi (220–210 v. Chr.). Ihm wurde die fantastische Terrakotta-Armee mit ins Grab gegeben. Über 7000 lebensgroße, individuell gestaltete Krieger, vom Heerführer bis zum einfachen Soldaten, dazu 600 tönerne Pferde, alle in Schlachtordnung der damaligen Zeit angetreten, sollten über die Totenruhe des Kaisers wachen. Weltkulturerbe seit 1987.

Himmelstempel, Peking *(rechts)*
Der Himmel galt den Chinesen als heilig, und um Verbindung mit ihm aufzunehmen, gingen die Gläubigen in eigens dafür geschaffene Tempel. Das galt auch für den Kaiser, der in dem kreisrunden 1421 fertig gestellten Himmelstempel mit seinem charakteristischen dreistufigen Dach, das mit blauen Glasurziegeln gedeckt ist, alljährlich seine Herrschaft legitimieren lassen musste. Auf dem Altar brachte er ein Ernteopfer dar, in der Hoffnung, seinem Land Gedeihen und Glück zu bringen.

Gärten von Suzhou (links)

In Suzhou, nahe Shanghai, finden sich die Meisterwerke der klassischen Gartenbaukunst Chinas. Von den ursprünglich 200 Anlagen in der einstigen Stadt der 6000 Brücken sind noch 69 erhalten. Zu den repräsentativsten zählen der Garten der Politik des einfachen Mannes, der Garten des Verweilens oder der Löwenwald. Zwischen den Pflanzen und Bäumen finden sich Seerosen bedeckte Teiche, Pavillons, Pagodentürme, hier atmet der Besucher Ruhe im Einklang mit der gestalteten Natur.

Gelber Fluss (rechts oben)

Der Huang He oder auch Gelbe Fluss hat seine Quelle in Tibet, ist mit 5404 km Chinas zweitlängster Strom und mündet in der nordöstlichen Provinz Shandong ins Gelbe Meer. Seinen Namen hat er von den Lößfrachten, die er mit sich führt, und diese gewaltigen Sedimentmengen kommen seit Jahrtausenden den Bauern zugute. 20 % der Landesackerfläche liegen entlang des Stromes, und so stand an dieser Lebensader einmal die Wiege der chinesischen Kultur.

Turmkarste in Guangxi (rechts Mitte)

Die Region um Guilin (Zimtbaumwald) im Autonomen Gebiet Guangxi im Süden Chinas ist eine Bilderbuchlandschaft, von der sich Maler und Dichter inspirieren ließen. Neben den kegeligen Turmkarstbergen breiten sich hellgrüne Reisfelder, Bambuswäldchen und Plantagen mit Apfelsinenbäumchen aus. Dieses weltweit einmalige charakteristische Landschaftsbild mit den hoch aufragenden Karstbergen ist das Ergebnis von 200 Mio. Jahren erdgeschichtlicher Entwicklung.

Kaiserliche Sommerresidenz Chengde (rechts unten)

In der im 18. Jh. erbauten Sommerresidenz von Chengde konnte der Kaiser „Tugend erwerben", so wenigstens lautet der Name. Dazu boten sich beispielsweise der Tempel des Riesen-Buddha an oder der Xumi Fushou Miao, der Tempel der Glückseligkeit und des langen Lebens, in denen der Herrscher zu meditieren pflegte. Heute sind die erhabenen Gebäude für alle zugänglich, und seit 1994 gehört das Ensemble zum Weltkulturerbe.

Shanghai (links oben)

„Die Stadt über dem Meer", wie Shanghai übersetzt heißt, ist Chinas Industrie- und Handelszentrum und seine heimliche Hauptstadt am Delta des Yangtsekiang. Diplomaten und Geschäftsleute sprechen auch vom Tor zum Westen. Und damit Chinas Führung seine Politik der Öffnung weiter forcieren kann, genießen die Bewohner mehr Privilegien als anderswo. Für den Besucher präsentiert sich die Stadt mit alter chinesischer Architektur und einer modernen Skyline, die vom 468 m hohen Oriental Pearl Tower überragt wird.

Huanglong-Naturpark (oben)

Im Norden der Provinz Sichuan erstreckt sich der 580 km² große Naturpark mit seinen ausgeprägten Kalksteinformationen in Höhen von 1700 bis 5588 m. Seinen Namen — Gelber Drache — hat er von den gelben Kalksinterterrassen mit ihren blaugrün schimmernden Wasserbecken bekommen. Das seit 1995 unter den Schutz der UNESCO gestellte Gebiet ist Rückzugsort des gefährdeten Panda-Bären und weiterer, in ihrer Existenz bedrohter Tierarten.

Bezeklik-Höhlen bei Turfan (unten)

Im Nordwesten des Riesenreiches hielt vor 2000 Jahren der Buddhismus seinen Einzug, und davon künden die 1000-Buddha-Höhlen von Bezeklik. Zwischen dem 5. und dem 13. Jh. wurden die Grotten aus den weichen Tuffsteinfelsen geschlagen und mit zahllosen Buddha-Figuren und Wandbildern versehen. Treffend ist daher der Name, das uigurische Wort Bezeklik bedeutet soviel wie „schön geschmückt".

Geschichts- und Landschaftspark Jiuzhaigou *(unten)*

Dieser Park nahe bei Huanglong umfasst das bewaldete Jiuzhaigou-Tal 720 km² und ist mit seinen Bergen, den Seeterrassen und Wasserfällen eine Landschaft von herausragender Schönheit. In dem schwer zugänglichen Gebiet gibt es viele endemische und seltene Pflanzen, die in der traditionellen chinesischen Medizin von Bedeutung sind. Darüber hinaus können auch hier der Panda-Bär und weitere gefährdete Arten ungestört ihren Nachwuchs aufziehen. Seit 1992 Naturdenkmal der UNESCO.

Geschichts- und Landschaftspark Wulingyuan *(rechts)*

Mehr als 3000 Sandsteinpfeiler ragen teilweise über 200 m in den Himmel, 40 Tropfsteinhöhlen ziehen sich entlang des Flusses Suoxiya, und zwei natürliche Brücken überspannen tiefe Schluchten. Dazwischen finden sich über 700 Pflanzenarten, 34 verschiedene Säugetiere durchstreifen das 264 km2 große Areal und 53 Vogelarten zwitschern in der Luft. Seit 1992 ist Wulingyuan von der UNESCO zum Naturdenkmal erklärt.

Seidenstraße *(links)*

Die 5000 km lange Seidenstraße zog sich von der Kaiserstadt Xian bis ins syrische Antiocha am Mittelmeer. Mit Karawanen, die bis zu 1000 Kamele umfassten, kamen nicht nur Seide, sondern auch Kulturpflanzen wie Klee, Pfirsich oder Mandeln nach Europa, aber auch Geisteshaltungen wie der Buddhismus. Der Asien-Forscher Sven Hedin schrieb über den Handelspfad: „Mir war als stünde ich an der Grenze eines unermesslichen Raumes, in dem rätselhafte Welten von Ewigkeit zu Ewigkeit kreisen."

Macao *(rechts)*

Macao wurde im 16. Jh. von den Portugiesen besetzt und war die erste europäische Kolonie im Fernen Osten. Seit 1999 ist Macao laut Vertrag zwischen der Volksrepublik China und Portugal eine Special Administrative Region (SAR) of China. Die Chinesen verpflichten sich darin, den 470 000 Einwohnern unter der Formel „ein Land, zwei Systeme" ein hohes Maß an Autonomie zu geben und das sozialistische Wirtschaftssystem hier nicht zu praktizieren.

Japan

Japan ist ein Land der Kontraste! Landschaftlich finden sich diese in Form von imposanten Bergwelten und lieblichen Kulturlandschaften, schroffen Vulkanen und üppigen Wäldern, architektonisch im Nebeneinander von futuristischen Bürokomplexen und jahrhundertealten Tempelanlagen, und kulturell im Widerstreit zwischen einer traditionsbewussten und einer westlich orientierten, hochmodernen Bevölkerung.

Tokyo (unten)

30 Mio. Menschen in einem Radius von 50 km, 800 000 Unternehmen, unzählige Geschäfte und Shops sowie 70 000 Lokale schaffen in Tokyo eine einzigartige dynamische, quirlige und dicht gedrängte Atmosphäre, in der 7000 Parkanlagen, Tempelanlagen und Schreine und nicht zuletzt der eindrucksvolle Kaiserpalast im Herzen der Stadt wunderschöne und willkommene Ruhepole bilden.

Fujiyama (rechts)

Er ist das Wahrzeichen des Landes und wird als Hauptsitz der Götter als heiliger Berg verehrt: der Fujiyama. 3776 m hoch erhebt sich der Vulkan auf der japanischen Hauptinsel Hond gen Himmel, und der Anblick des in der Sonne funkelnden, schneebedeckten Gipfels, zu dessen Füßen zahlreiche Schreine und Tempel liegen, versetzt den Betrachter in eine unvergessliche mystische Stimmung.

Kyoto *(ganz links)*
Kyoto war über 1000 Jahre die Hauptstadt des japanischen Inselreiches, und dank 1600 erhaltener Tempel, 270 Shintō-Schreinen und einer bedeutenden Universität ist sie noch heute unbestritten das kulturelle und geistige Zentrum des Landes. Wer sich in den Straßen der historischen Stadt bewegt, glaubt sich beim Anblick der unzähligen Tempelanlagen in eine vergangene Zeit zurückversetzt.

Sapporo *(links)*
Der Odori Koen ist Japans schönster und lebendigster Boulevard, und einmal im Jahr wird er zu einem Blickfang der Weltöffentlichkeit. Dann findet in Sapporo, der Hauptstadt der Insel Hokkaido, das berühmte Schneefest statt, zu dessen Anlass märchenhaft anmutende Schnee- und Eisfiguren mit zum Teil gigantischen Ausmaßen die Prachtstraße und den anliegenden Park säumen.

297

Pakistan

Pakistan – Heimat einer bedeutenden, jahrtausendealten Hochkultur, beeinflusst und geprägt durch drei Weltreligionen und nicht zuletzt ein Land von atemberaubender Schönheit. Imposante Gebirgswelten im Norden, abenteuerliche, quirlige Städte als kultureller Schmelztiegel, prächtige Palast- und Gartenanlagen und einzigartige religiöse Monumente warten auf ihre Entdeckung.

Karakorum-Massiv *(links oben)*
Die Nordgrenze Pakistans zu China wird eindrucksvoll durch das Karakorum-Massiv gezogen, das mit dem 8611 m hohen K2 den zweithöchsten Berg der Welt vorweist. Unüberwindbar ist der Gebirgszug dank eines ehrgeizigen Bauprojektes nicht: Der knapp 900 km lange Karakorum Highway verbindet die Hauptstadt Islamabad mit dem chinesischen Kashgar und heißt deshalb auch „Straße der Freundschaft".

Multan *(links Mitte)*
Multan, Zentrum des Baumwollanbaus im zentralen Pakistan, erscheint nicht nur aufgrund der unglaublich hohen Temperaturen, die im Sommer hier gemessen werden, als rekordverdächtig. Es ist die beeindruckende Vielzahl von Moscheen, Reliquienschreinen und Mausoleen, die die Stadt zu einem einzigen Freiluftmuseum machen, in dem man insbesondere die faszinierende Kultur des 13. und 14. Jh. studieren kann.

Schalimar-Garten *(links unten)*
Wer im Frühling zur vollen Blütenpracht durch den nahe der ostpakistanischen Stadt Lahore gelegenen Schalimar-Garten wandelt, glaubt den Eingang ins Paradies gefunden zu haben. Von großen Wasserbassins und Brunnen durchsetzt bildet die terrassenförmig angelegte Anlage mit ihren marmornen Pavillons, dem Kaiserthron sowie der Audienzhalle eine harmonische Einheit.

Nanga Parbat *(rechts)*
Er gilt als der schönste, beeindruckendste, aber auch unberechenbarste Berg im Himalaya-Massiv – der Nanga Parbat, übersetzt „Nackter Berg". Zahlreiche Versuche, die Gipfel des 8125 m hohen Berges zu erklimmen, die den Sagen der Bergbevölkerung zufolge von Fabelwesen bewohnt sein sollen, endeten auf tragische Weise. Legendär ist die 4500 m hohe Rupal-Steilwand aus Felsen und Eis.

Nepal

Fruchtbare Täler, klare Gebirgsseen und dichte Wälder, eingerahmt von schneebedeckten Bergmassiven — diese traumhaft schöne Kulisse findet man im Königreich Nepal, einem Land mit bestechend schönen Städten und einsamen Bergdörfern, das mit über 50 verschiedenen Sprachen und Dialekten und mehr als 35 ethnischen Gruppen zugleich ein faszinierender Schmelztiegel der Kulturen ist.

Kathmandu (rechts oben)
Kathmandu — Hauptstadt Nepals und Zentrum von Kultur und Religion. Unzählige Tempelanlagen, Paläste und Schreine reihen sich in dem vom heiligen Bagmati-Fluss geteilten Tal in unvorstellbarer Dichte aneinander, und nirgendwo sonst kann man die Einbindung religiöser Rituale in das Alltagsleben eindringlicher erleben als in dieser Stadt, die mehr Götter als Menschen beherbergen soll.

Annapurna-Massiv (rechts Mitte)
Das Annapurna-Massiv ist eine Bergwelt mit zwei Gesichtern: Während die vom Monsunregen heimgesuchte Südseite in ihren Ausläufern dichte, subtropische Wälder und üppige Vegetation aufweist, nimmt die trockene Nordseite in weiten Teilen einen wüstenartigen Charakter an. Dieser Facettenreichtum macht das Annapurna-Massiv zum beliebtesten Trekking-Gebiet des Himalaya.

Pokhara (rechts unten)
Vor der Kulisse des imposanten Annapurna-Massivs besticht die von 100 000 Menschen bewohnte Stadt Pokhara durch ihre malerische Schönheit. Geheimnisvoll und mystisch wirken die acht Seen im Tal, auf deren Wasseroberfläche sich die Gipfel der umliegenden Berge spiegeln, während liebliche Kulturlandschaften und sanfte Hügel einen herrlichen Kontrast zur schroffen Bergwelt bilden.

Mount Everest (ganz rechts)
Kein Berg der Welt ragt höher in den Himmel als der Mount Everest mit seinen 8848 m. Er bestimmt als mystischer Riese das Bild Nepals, eines Landes, dessen Kultur auf einem starken spirituellen Fundament ruht. Und so gilt das Himalaya-Gebirge als heilige, unzugängliche Heimat der Götter, ein Mythos, der durch die Erstbesteigung des höchsten Berges im Jahre 1953 nicht gebrochen wurde.

Tibet

Tibet, auf dem Dach der Welt gelegen, hat durch seine religiöse und kulturelle Eigenart und aufgrund seiner natürlichen Abgeschiedenheit von jeher auf den westlichen Reisenden eine besondere Faszination ausgeübt. Wie das Land in unserer Vorstellung wirkt, das ist in Begriffen wie „der verlorene Horizont" oder „Shangri-La" gut charakterisiert. Dort, so glauben wir, leben zufriedene, alterslose Menschen, die durchdrungen sind vom Wissen ihrer Religion.

Indus (links)
Der 3190 km lange Indus hat seinen Namen vom indischen Wort „Sindh", was soviel wie „Bewässerer" bedeutet, und in der Tat ist der Fluss vor allem in seinem Mittellauf für die Wasserversorgung Vorderindiens von lebenswichtiger Bedeutung. Der Strom entspringt in Tibet, umfließt den Nanga Parbat und bricht in steilen Schluchten aus dem Himalaya heraus. Ab hier ist er auch schiffbar und eine wichtige Wasserstraße für die Region.

Potala Palast, Lhasa (rechts)
Auf einer Höhe von 3700 m und umgeben von den höchsten Gipfeln der Welt liegt die tibetische Hauptstadt Lhasa, deren Häuser überragt werden vom 13-stöckigen Potala-Palast, der bis 1959 Sitz des Dalai Lama war. Gut zu erkennen ist, wie mitten in den Weißen Palast der Rote Palast hineingebaut wurde. Das gewaltige Gebäude steht stumm als Symbol für den Freiheitsdrang des tibetischen Volkes, das seit fast 50 Jahren von den Chinesen unterdrückt wird.

Bhutan (links)

Das Königreich Bhutan, an den Südhängen des östlichen Himalaya, gelegen, ist der große Erbe des Mahayana-Buddhismus tibetischer Prägung. Landschaften von faszinierender Unberührtheit und großer Gegensätzlichkeit bilden den Hintergrund, vor dem sich das Leben der Bhutanesen abspielt und von dem ihre Geschichte und Kultur mitgeprägt wurden. Bhutan ist das Land der Dzong, der Klosterburgen, die zu den architektonischen Highlights des Landes zählen.

Sikkim (ganz links)

Klein, aber fein! Sikkim, im östlichen Himalaya gelegen, umfasst nur 7300 km², ist 114 km lang, 64 km breit und wird beschützt vom 8534 m hohen Mount Khanchendzonga, dem dritthöchsten Berg der Welt. Dem Besucher bietet das Ländchen mit den subtropisch heißen Tälern auf 300 m Höhe und ihren schnell daherrauschenden Flüssen sowie der üppigen Vegetation bis zu den kalten und rauen Gebirgshängen hinauf in die Höhen des ewigen Schnees einmalige Erlebnisse.

Indien

Indien ist modern. Auch in Europa boomen indische Filme und indische Musik, die eine Farbenpracht und Lebensfreude ausstrahlen, für die der Subkontinent schon längst berühmt ist. Kunstvolle Paläste und Tempel, fantastische Strände, Naturschutzgebiete, aber auch moderne aufregende Metropolen mit riesigen Elendsvierteln – Indien ist all das, uralt und träge und doch von zäher Lebendigkeit.

Kaschmir *(oben)*

Die grünen Täler Kaschmirs, in denen im Sommer Lotusblumen, im Herbst Safranfelder blühen, sind von hohen Schnee bedeckten Bergen umgeben. In dem Gebiet des nördlichsten Bundesstaats Indiens, Jammu & Kaschmir an der Grenze zu Pakistan, Afghanistan und China/Tibet, leben ausschließlich Muslime, von denen viele als Nomaden mit Herden und Hausrat durch das „glückliche Tal" ziehen.

Goldener Tempel, Amritsar *(rechts oben)*

Inmitten der chaotischen Millionenstadt Amritsar an der indisch-pakistanischen Grenze befindet sich eines der Kleinode Indiens und gleichzeitig das wichtigste Heiligtum des Sikhismus – der Goldene Tempel. Über und über mit Blattgold überzogen, steht der Tempel, in dem das heilige Buch „Granth Shahib" der Sikhs aufbewahrt wird, in einem von Marmor und Gold gerahmten künstlichen See.

Ladakh *(rechts unten)*

Ladakh, das einstige Königreich an der Grenze zu Tibet, ist das höchstgelegene Siedlungsgebiet Indiens. Zerklüftete, Schnee bedeckte Berge und grüne Täler prägen die herrliche Landschaft Ladakhs, immer wieder trifft man auf schöne buddhistische Klöster. Die Einsamkeit und wechselvolle Geschichte der Region prägten die Weisheit: Nach Ladakh kommen nur ganz liebe Freunde oder schlimme Feinde.

Pushkar (unten)
Als der hinduistische Schöpfergott Brahma einst einen wütenden Dämon tötete, fielen ihm die Blätter einer Lotusblume aus der Hand, wodurch in den trockensten Gegenden Rajasthans plötzlich drei Seen entstanden. Der heiligste dieser Seen liegt in Pushkar, zu dem aus allen Teilen Indiens Pilger strömen, um Brahma zu ehren, ihm Opfer zu bringen und im See ihre Sünden hinweg zu waschen.

Festung von Jaisalmer (rechts)
Mächtige ockerfarbene Fortmauern ragen aus den Sanddünen der Wüste Thar. Sie umgeben die frühere Handelsstadt Jaisalmer in der Provinz Rajasthan und schützten damals die filigranen Steinmetzarbeiten an den Häusern und die prächtigen Torbögen vor feindlichen Übergriffen. Die Gründung des Forts reicht ins Jahr 1156 zurück, sein jetziges Aussehen stammt aber größtenteils aus dem 16. Jh.

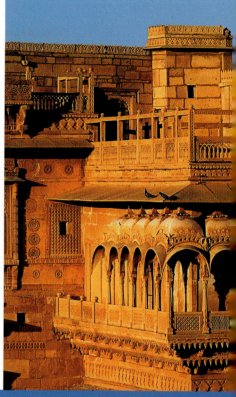

Jodhpur (unten)

Die Stadt Jodhpur liegt am Eingang zur Wüste Thar in Rajasthan. Über ihrer Altstadt thront die Festung Meherangarh, in deren Tor man mehrere Handabdrücke erkennen kann. Sie stammen vermutlich von den Frauen des Maharadschas Man Singh, die sich mit dessen Leichnam verbrennen ließen. Innerhalb der Festung stehen noch verschiedene Paläste aus dem 16. bis 18. Jh.

Palast der Winde, Jaipur (rechts)

Wegen der Häuserfarbe, die im Glanz der sinkenden Sonne rosa erscheint, wird die ehemalige Festungsstadt Jaipur in Rajasthan auch Pink City genannt. Die Paläste der Stadt sind außergewöhnlich, teilweise kann man in ihnen sogar übernachten. Von dem fantasievollen Palast der Winde, einer zierlichen Fassade mit Erkern, kann man den Ausblick über Jaipur genießen – so wie früher die Haremsdamen.

Udaipur (unten links)

Sie trägt den Beinamen „Stadt der aufgehenden Sonne", nach den Herrschern des Sonnenclans, und gilt vielen als die romantischste Stadt Indiens: die Stadt Udaipur am Picholasee in Rajasthan. Bekannt ist vor allem das Lake Palace Hotel inmitten des Sees, ein prunkvoller ehemaliger Maharana-Palast, in dem teilweise auch der James Bond-Klassiker „Octopussy" gedreht wurde.

Amber Fort (unten rechts)

Ca. 11 km nördlich der Stadt Jaipur liegt die alte Festung Amber, die vor der Gründung Jaipurs für lange Zeit die Hauptstadt des Rajputen-Reichs war. Neben der Besichtigung der Palasträume aus dem 17. Jh. mit ihren feinen Spiegeldecken und herrlichen Einlegearbeiten sind vor allem Elefantenrundritte durch die Umgebung ein beliebter Spaß bei Touristen. Die weitläufige Anlage des wehrhaften Amber Forts liegt oberhalb des Palastes.

Qutb Minar *(ganz links)*

Als Siegesturm und Minarett wurde der 71 m hohe Sandsteinturm Outb Minar erbaut, nach dem Einfall der Moslems in Delhi und ihrem Sieg über die Hindus im 12. Jh. Anfang des 19. Jh. wäre der Turm bei einem Erdbeben fast zerstört worden. Seitdem steht er ein bisschen schief, kann aber dennoch bestiegen werden und erstrahlt auch nach jüngsten Restaurierungen wieder in seiner alten Vollkommenheit.

Rotes Fort, Delhi *(links oben)*

Die roten Sandsteinmauern, 16 m hoch, gaben dem Roten Fort in der nordindischen Stadt Delhi seinen Namen. Das Fort stammt aus der Zeit, da Indien von den Großmogulen beherrscht wurde — es wurde 1648 fertig gestellt. Der Palast des weitläufigen Geländes beeindruckt durch die kunstvollen Arkaden und feingliedrigen Säulen. Auch die königlichen Bäder können besichtigt werden.

Dilwara-Tempel, Mount Abu *(links Mitte)*

Zwischen Felsen und Mangohainen liegen in Dilwara nordöstlich von Mount Abu in Rajasthan die wegen ihrer Schönheit viel gerühmten und zugleich wichtigsten Tempel des Jainismus. Sind ihre Fassaden noch recht schmucklos, so entfalten die Heiligtümer ihre wahre Pracht im Innern: Auf Säulen, Dächern und Arkaden schweben fein gearbeitete Marmorstatuen, um die sich zarte Blüten ranken.

Tempelkomplex von Khajuraho *(links unten)*

Früher die Hauptstadt der großen Rajputen-Könige, ist Khajuraho in Zentralindien heute beinahe ein Dorf mit wenigen tausend Einwohnern. Die Tempelanlagen aus leuchtend rotem Sandstein mit ihren erotischen Steinmetzarbeiten aus dem 11. Jh. sind jedoch weltberühmt und stehen auf der UNESCO-Liste des Weltkulturerbes. Einmal jährlich findet vor der Kulisse der Tempelanlagen ein großes Tanzfestival statt.

Taj Mahal in Agra *(oben links)*
Er hatte die große Liebe gefunden. Doch als seine Lieblingsfrau Mumtaz Mahal im Kindbett starb, ließ der Mogul Shah Jahan aus Trauer ein riesiges Mausoleum aus Marmor und Edelsteinen in Agra errichten – und schuf damit ein weltweites Symbol der Liebe. An dem Grabmal, zu dem vor allem indische Jungvermählte pilgern, arbeiteten zwischen 1632 und 1653 mehr als 20 000 Handwerker.

Varanasi am Ganges *(oben)*
Für die Hindus bildet die Stadt Varanasi (das ehemalige Benares) am Ganges das Zentrum des Universums. Auf der Suche nach Erlösung strömen die Pilger in diese heilige Stadt, deren Gründung vereinzelt auf das dritte vorchristliche Jahrtausend angesiedelt wird und seither als die älteste Stadt der Welt gilt. Den Reiz der Stadt machen die vielen Ghats, die Badetreppen am Ganges aus, an dem die Hindus ihre religiösen Waschungen verüben.

Rotes Fort, Agra *(unten)*
In Sichtweite zum berühmten Taj Mahal liegt in Agra in der nordindischen Provinz Uttar Pradesh eine weitere Sehenswürdigkeit, die wegen der Bedeutung des Taj Mahal meist wenig beachtet wird – zu Unrecht. Der Bau des Roten Forts wurde während der Herrschaft von Kaiser Akbar im 16. Jh. begonnen, und in den 21 m hohen doppelten Sandsteinmauern standen einst 500 Gebäude.

Brahmaputra *(links)*
Die nördlichsten Ausläufer des Himalaja, die sich quer durch Kaschmir und tief in das benachbarte Tibet hineinziehen, sind das Quellgebiete des großen Flusses Brahmaputra, der weiter nach Südwesten fließt und sich kurz vor dem Golf von Bengalen mit dem Ganges vereinigt. Wie auch am Ganges begehen Gläubige im Brahmaputra rituelle, von Gebeten begleitete Waschungen.

Stupa von Sanchi *(links oben)*
Eine der ältesten und bemerkenswertesten Stupa-Anlagen findet sich in Sanchi in der zentralindischen Provinz Madhya Pradesh. Die altindischen halbkugelförmigen Begräbnishügel, in denen später buddhistische Reliquien aufbewahrt wurden, sind von reich mit Skulpturen verzierten Torbögen umgeben, die den Lebensweg Buddhas zeigen. Von dem Hügel hat man zudem einen zauberhaften Ausblick.

Himalaya-Bahn *(links unten)*
Gemächlich geht es über Serpentinen und scharfe Z-Kehren bergauf und bergab, durch Wiesen und Hügel und vorbei an den Gipfeln des Kanchenjunga im Himalaya. Auf der 88 km langen Strecke von New Jalpaiguri nach Darjeeling erreicht die nostalgische Himalaya-Bahn, ein UNESCO-Weltkulturerbe, eine Höchstgeschwindigkeit von 10 km/h und benötigt deshalb noch nicht einmal eine Bremse.

Kaziranga Nationalpark *(oben)*
In der nordostindischen Teeregion Assam liegt der 430 km² große Kaziranga Nationalpark mit seiner einzigartigen Pflanzenvielfalt. Neben Elefanten, Tigern, Bären und Büffeln lebt hier eine vom Aussterben bedrohte Nashornart. Da die Einheimischen glauben, das pulverisierte Horn des schweren Tieres würde die Manneskraft stärken, geht die Bedrohung der Nashörner vor allem von Wilderern aus.

Goa (links oben)
Nach Goa im Südwesten Indiens verschlägt es jährlich rund 250000 Touristen: Seit Ende der 1960er-Jahre ist es das Traumziel der Hippie-Bewegung – vor allem wegen der fantastischen Strände und der Palmenhaine. Lange Zeit war die Region portugiesische Kolonie, und so stehen vor allem in der einstigen Großstadt Alt-Goa katholische Barockkirchen einträchtig neben Hindu-Tempeln.

Kalkutta (links Mitte)
Den Fremden trifft in Kalkutta, im Golf von Bengalen am Gangesdelta gelegen, zunächst ein Kulturschock, wenn er das Menschengewimmel und das Verkehrschaos der 20-Mio-Metropole zum ersten Mal sieht. Doch ist der erst mal überwunden, lassen sich unermessliche Schätze entdecken. Wahrzeichen der Stadt ist die Howrah-Brücke, an deren Fuß gläubige Hindus ihre rituellen Waschungen zelebrieren.

Bombay (links unten)
Bombay, die am Arabischen Meer gelegene Hauptstadt von Maharashtra, ist eine fast westliche Metropole. Englische Kolonialbauten wechseln mit modernen Wolkenkratzern, westliche Kleidung statt traditionell indischer bestimmt das Stadtbild, und hier tragen auch die Frauen manchmal kurz geschnittene Haare. Wahrzeichen der Stadt ist der Gateway of India, wo einst Passagierschiffe anlegten.

Halebid, Karnataka (rechts)
Die Provinz Karnataka im Südwesten des Subkontinents stand lange unter dem Einfluss der großen indischen Herrscherdynastien, bis es zwischen dem 14. und 18. Jh. unter islamische Herrschaft kam. Es wundert daher nicht, dass die Schätze der Provinz überreich sind. Der Hoysaleshwara-Tempel von Halebid sollte der größte und prächtigste Tempel des Reichs werden, wurde aber nie vollendet.

Backwaters, Kerala (unten)
Kerala, was soviel bedeutet wie Kokosnussland, ist der südwestlichste Bundesstaat Indiens direkt am Indischen Ozean. In erster Linie ist er mit dem reichen Wildtierbestand und der fruchtbaren Vegetation eine Attraktion für Naturfreunde. Kilometerlange, Blumen bewachsene Wasserstraßen, die so genannten Backwaters, durchziehen die Region, von Touristen in luxuriösen Hausbooten befahren.

Mahabalipuram, Tamil Nadu *(oben)*

Als die Wiege der südindischen Tempelbaukunst gilt der in der südöstlichsten Landesprovinz liegende Badeort Mahabalipuram. Vor allem die fünf Rathas, monolithische Tempel, die in Form von Prunkwagen erbaut wurden, zählen zu den Kostbarkeiten der kleinen Stadt. Neben den Tempelanlagen haben Bildhauer in einem riesigen Relief die Geschichte von der Geburt des Ganges in Stein gemeißelt.

Kanchipuram *(unten)*

Kanchipuram in der südöstlichsten Provinz Indiens, Tamil Nadu, zählt zu den Sieben Heiligen Städten Indiens. In der „Goldenen Stadt" entstanden seit dem 7. Jh. nahezu 1000 Tempel, von denen heute noch immer 120, meist dem Gott Shiva geweihte Tempel erhalten sind. Der Kailasanath Tempel aus dem 7./8. Jh. ist einer der wenigen, in denen auch Nicht-Hindus Zutritt zum Allerheiligsten haben.

Madurai *(oben)*

Fünf riesige, Skulpturen geschmückte Tortürme, deren höchster mit über 1000 grellbunten Göttern und Fabelwesen verziert ist, umgeben den Meenakshi-Sundareswarar-Tempel in der südindischen Stadt Madurai. Zum Tempelkomplex gehört auch die Tausend-Säulen-Halle: Zwischen den nur 997 Säulen befinden sich auch Musiksäulen, die, wenn man sie anschlägt, je einen Ton der Tonleiter anstimmen.

Malediven *(links)*

Die Inselgruppe der Malediven, die sich unterhalb der südwestlichen Küste Indiens über eine Länge von 760 km erstreckt, umfasst 19 Atolle, rund 2000 Koralleninseln, aber ihre bewohnbare Fläche beträgt nur 300 km². Die Palmen gesäumten schneeweißen Sandstrände mit ihrem türkisblauen Wasser und den vorgelagerten Korallenriffen mit ihren bunten Fischen ziehen Jahr für Jahr Abertausende von Tauchern an.

Sri Lanka

Schon Marco Polo fand, dass die Insel eine der feinsten ihrer Größe sei, und so ist sie mit vielen fantastischen Namen belegt worden: Serendib, Träne Indiens, funkelnde Insel, Eiland des Dharma oder Perle des Orients. Der Hitze des Flachlandes entkommt man an den Stränden oder in den kühlen Bergregionen mit ihren Teeplantagen. Exotische Vögel flattern durch die Luft, Elefanten schreiten gemächlich daher und Leoparden schleichen auf Jagd. Und die unaufdringliche Freundlichkeit der Bewohner wollen wir nicht vergessen.

Bergfestung Sigirija (links)
Die „Himmelsfestung", Residenz des Königs Kassapa I. (477–495), thront auf einem 200 m hohen steil aufragenden Granitplateau und nimmt eine Fläche von über 12 000 m² ein. Fresken zeigen zauberhafte weibliche Figuren, Gewitterprinzessinnen oder Wolkenmädchen, die in durchsichtige Gewänder gehüllt sind und deren Oberkörper aus Wolken aufsteigen. Solch eindrucksvolle Bau- und Bildhauerkunst stellte die UNESCO 1982 unter Schutz.

Heilige Stadt Anuradhapura (unten)
Vom 3. Jh. v. Chr. bis zum 8. Jh. n. Chr. herrschten hier für 1500 Jahre insgesamt 119 singhalesische Könige über Ceylon, das heutige Sri Lanka. Auf dem großen Ruinenareal finden sich buddhistische Tempel und Paläste, deren Reste noch immer erahnen lassen, was für eine prachtvolle Stadt hier einmal gestanden haben muss. Im Almosenhaus gibt es eine riesige Steinwanne, das so genannte Reisboot, in dem immer genügend Reis für rund 6000 hungrige Untertanen gelagert wurde. Gehört seit 1982 zum Weltkulturerbe.

Ruinenstadt Polonnaruva (rechts)

In der zweiten Hauptstadt des Inselreiches, von 1017 bis 1235 sowohl königliches als auch religiöses Zentrum, mit seinen Meisterwerken singhalesischer Bau- und Bildhauerkunst residierten insgesamt 12 Könige im einstmals siebengeschossigen Palast. Umgeben war der Hofsitz vom Thuparama-Schreinhaus (Haus der Buddha-Bildnisse), dem Haus der 60 Reliquien und dem größten Kloster der Stadt Alahana Pirivena, dem Kloster des Verbrennungsplatzes. Seit 1982 gehört all dies zum Weltkulturerbe.

Heilige Stadt Kandy (rechts unten)

Herrmann Hesse machte die Heilige Stadt 1913 in seinem „Tagebuchblatt aus Kandy" in ganz Europa bekannt. Vom 16. bis zum 19. Jh. war der im zentralen Bergland liegende Ort Residenzstadt der von den Kolonialmächten unabhängigen singhalesischen Könige. Der Zahntempel Dalada Maligawa bewahrt einen Zahn Buddhas auf und ist Pilgerort für die vielen Gläubigen, die auch in die Stadt kommen, um in einem der berühmten Kloster meditieren zu lernen. Kandy wurde 1988 zum Weltkulturerbe erhoben.

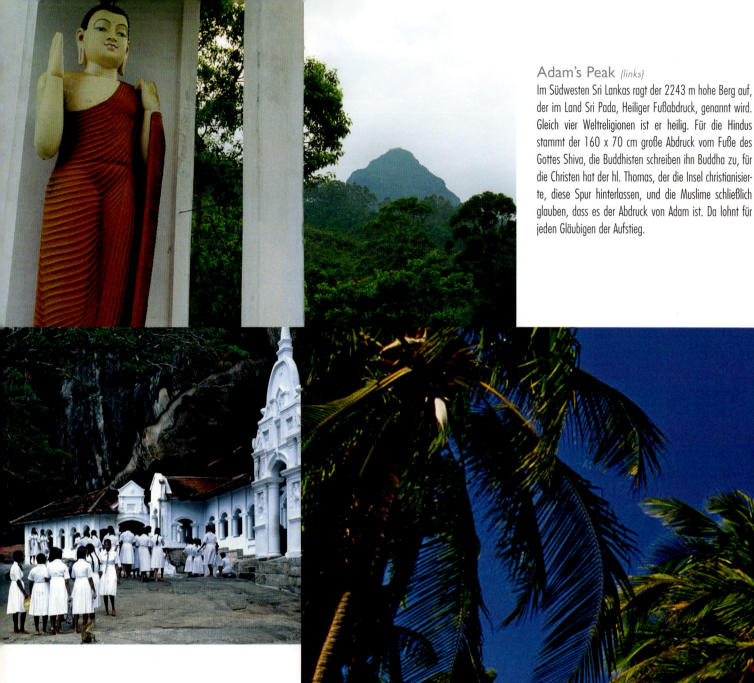

Adam's Peak (links)

Im Südwesten Sri Lankas ragt der 2243 m hohe Berg auf, der im Land Sri Pada, Heiliger Fußabdruck, genannt wird. Gleich vier Weltreligionen ist er heilig. Für die Hindus stammt der 160 x 70 cm große Abdruck vom Fuße des Gottes Shiva, die Buddhisten schreiben ihn Buddha zu, für die Christen hat der hl. Thomas, der die Insel christianisierte, diese Spur hinterlassen, und die Muslime schließlich glauben, dass es der Abdruck von Adam ist. Da lohnt für jeden Gläubigen der Aufstieg.

Goldener Felsentempel von Dambulla (oben)

Im geografischen Zentrum der tropfenförmigen Insel finden sich fünf Felsentempel mit buddhistischen Wandmalereien auf 2326 m² und 157 Buddha-Statuen. Unglaublich schön ist der farbig bemalte, 14 m lange liegende Buddha, der die Götterkönigshöhle vollständig ausfüllt. Der um 100 v. Chr. entstandene, exzellent erhaltene Höhlentempelkomplex war für 2000 Jahre Sri Lankas bedeutendstes Pilgerzentrum und gehört seit 1991 zum Weltkulturerbe.

Strände von Unawatuna und Hikkaduwa (oben)

Unawatuna, nahe der historischen Stadt Galle, besitzt einen Strand von märchenhafter Schönheit. Umgeben von einem dichten Palmenwald erstreckt sich ein perfekt geschwungener Halbmond mit makellosem weißsandigem Strand vor türkisblauem Wasser. Hier kann man baden, schnorchelnd die Riffe erkunden oder versuchen, auf Schildkröten zu reiten. Hikkaduwa ist ein Paradies für Surfer. Nirgendwo kann man besser auf den Wellen surfen.

Nurawa Eliya (rechts)

Die Stadt in den Bergen mit ihrem ganzjährigen frühlingshaften Klima ist geprägt vom Einfluss der englischen Kolonialherrschaft. Viele Gebäude aus jenen Tagen zieren die Straßen. Noch immer gibt es einen All England Golf Club, in dem die britische Etikette das Verhalten diktiert. Rund um die sympathische Stadt finden sich viele Teeplantagen, auf denen die Frauen die feinen Teeblätter pflücken, und natürlich kann man die Teefabriken besichtigen.

Galle (oben)

1505 landeten die Portugiesen an Ceylons Südküste, ihnen folgten die Holländer und Engländer, und so sind die Altstadt und die Festungswerke von Galle ein gutes Beispiel für eine von den Kolonialherren erbauten Stadtanlage, in der sich europäischer und südostasiatischer Baustil vermischen. Noch heute ist Galle von einem 2,5 km langen Schutzwall umschlossen und gehört seit 1988 zum Weltkulturerbe.

323

Die Länder des Goldenen Dreiecks

Die Länder Birma, Kambodscha, Vietnam und Laos, im südostasiatischen Zipfel gelegen, haben bis in die jüngere Geschichte hinein eine gewalttätige Zeit erlebt. Damit ist es nun weitgehend vorbei und der Besucher, der sich trotz aller historischer Reminiszenzen in diese Länder begibt, wird mit einer überaus reichen religiösen Tradition überrascht, die sich in fantastischen Tempelanlagen manifestiert.

Birma/Myanmar

Inle-See (links)
Zu den buddhistischen Riten gehören auch Wasserprozessionen, und so kreuzen zu solchen Anlässen auf dem in 1000 m Höhe gelegenen, südöstlich von Mandalay befindlichen Inle-See reich verzierte, von pagodenförmigen Baldachinen überkrönte Prachtschiffe gemächlich über das Wasser und fahren mit meditierenden Mönchen die heiligen Stätten an den Gestaden ab.

Rangoon (unten)
Rangoon, im Land auch Yangon genannt, liegt am Ostrand des Irawadi-Deltas am Golf von Martaban. Die Stadt wurde um das 6. Jh. gegründet und war lange Zeit ein verschlafenes Fischernest, bis König Alaungapaya es 1753 zur Hauptstadt des Landes machte. Wallfahrtsziel und Wahrzeichen ist die 115 m hohe Shwe-Dagon-Pagode, deren reich verzierter Turm sich einreiht in die Pagoden-Skyline der Metropole.

Tempelbezirk von Pagan (oben)

Am Ufer des Irawandi-Flusses breitet sich in der Provinz Mandalay das Ruinenareal von Pagan aus, der einstigen Hauptstadt des Landes. Im 13. Jh. stürmten die Mongolen die Metropole und richteten beträchtliche Zerstörungen an den mehr als 5000 Tempeln und Pagoden an. Was nach ihnen der Zahn der Zeit übrig gelassen hat, wurde teilweise durch Erdbeben verwüstet. Doch noch immer stehen Hunderte von Sakralbauten, die durch ein Rettungsprogramm der UNESCO gesichert werden konnten.

Mandalay (rechts)

Wahrzeichen der im Zentrum des Landes liegenden Stadt Mandalay ist die weiße, von einer goldenen Kuppel überkrönte Kutho-Daw-Pagode, um die herum sich sage und schreibe 729 weitere kleine spitzgiebelige Sakralbauten gruppieren. Ähnlich präsentiert sich das Ensemble der Maha-Lawka-Pagode, himmelwärts strebt mit ihrem schlanken Turm die Arakan-Pagode, die nach dem gleichnamigen Gebirge benannt ist, und die aus weißem Sandstein erbaute Sandamani-Pagode leuchtet hell im Sonnenlicht.

Laos

Wat Xieng Khouan *(links oben)*
Ungeachtet seines Namens ist Wat Xieng Khouan kein Tempel, sondern ein Skulpturenpark, der ein wenig abseits der laotischen Hauptstadt Vientiane am Mekong liegt. Der Park wurde 1958 eröffnet und zeigt viele ungewöhnliche, riesenhafte Figuren aus der buddhistischen und hinduistischen Götterwelt. Etwas bizarr ist ein Besuch in einem dreistöckigen Model, das die südostasiatische Vorstellung der Hölle zeigt.

Mekong *(links unten)*
Der Mekong entspringt im tibetischen Hochland, bildet die Grenze zwischen Myanmar und Laos, im Unterlauf zwischen Laos und Thailand und mündet, nachdem er Kambodscha und den Süden von Vietnam durchflossen hat, nach 4500 km im Südchinesischen Meer. Aufgrund des starken Gefälles und vieler Stromschnellen ist der Mekong erst im Unterlauf schiffbar, dort aber eine der Hauptverkehrsadern der Region. Der Strom fließt durch eine abwechslungsreiche Landschaft mit weiten Reisfeldern und Mais-, Zuckerrohr- und Tabakplantagen.

Khone-Fälle *(oben)*
Richtig hoch sind sie nicht, aber dafür konkurrenzlos breit: die Khone-Fälle im äußersten Süden von Laos. Auf einer Strecke von fast 11 km rauschen pro Sekunde über 42 000 m^3 Mekong-Wasser donnernd in einen 15–21 m tiefen Abgrund. Da kommt auch nicht das kleinste Boot durch, und so dient die Hauptschlagader Südostasiens hier nur zur Bewässerung der Reisfelder und nicht dem Verkehr.

Kambodscha

Angkor (oben)

Angkor – dieser Name ist zum Begriff für eine der glanzvollsten Kulturen der Menschheit geworden. Angkor bedeutet einfach nur „Stadt", gemeint aber sind die größten Tempelanlagen der Welt, jene märchenhaften Heiligtümer, die von den Khmer-Königen zwischen dem 9. und dem 15. Jh. in Auftrag gegeben wurden. Als der französische Forscher Henri Mouhot in der Mitte des 19. Jh. die vom Urwald überwucherten Tempel wieder entdeckte, schwärmte er: „Größer als alles, was uns die Römer und Griechen hinterließen".

Vietnam

French Quarter, Hanoi (unten)

Durchstreift der Besucher das French Quarter des einst als Paris des Ostens apostrophierten Hanoi, so fühlt er sich wie auf den Spuren von Graham Greene, der vor über 50 Jahren hier Material für seinen Roman „Der stille Amerikaner" sammelte. Vietnams Hauptstadt mit ihren alten Kolonialbauten erscheint dem Betrachter wie eine französische Provinzmetropole aus den 30er-Jahren des vergangen Jahrhunderts.

Hoi An *(rechts)*

Hoi An, in Mittelvietnam am Fuße der Marmorberge gelegen, war vom 16. bis zum 19. Jh. ein geschäftiger Handelshafen, in dem Schiffe aus Japan, China, Indien, Frankreich und Holland anlegten. Und so vermitteln die Straßen von Hoi An mit ihren Kolonialbauten und den chinesisch inspirierten Häusern heute das Bild einer wohlhabenden Stadt aus dem 19. Jh. Seit 1999 gehört sie zum Weltkulturerbe.

Ha Long-Bucht *(unten)*

An der Nordostküste Vietnams befindet sich im Golf von Tongking die Ha Long-Bucht, in der auf einer Fläche von 1500 km² über 3000 Kalksteinfelsen steil aus dem Wasser ragen und eine spektakuläre Meer-Gebirgslandschaft bilden. Der Sage nach stieg einst ein Drache vom Himmel herab und zerstörte zur Abwehr einer mongolischen Invasion die Küstenlandschaft. So entstand die Bucht des herabgestiegenen Drachen, die als Naturdenkmal unter dem Schutz der UNESCO steht.

Mekong-Delta *(links oben)*
In dem riesigen Delta, dem Reiskorb Südvietnams, werden auf 36000 km² Schwemmland Reis, Gemüse, Obst und Zuckerrohr angebaut. Für Gebiete mit Dauerüberflutung wurde eigens der „Schwimmende Reis" gezüchtet, der auf 5 m langen Halmen wächst. Die Vietnamesen nennen den Mekong hier Cuu Long, was neun Drachen bedeutet und auf die neun großen Mündungsarme hinweist.

Nha Trang *(links unten)*
Nha Trang, im Süden Vietnams gelegen, ist eines der führenden Seaside Resorts des Landes, besitzt weiße, 10 km lange Sandstrände und ist ein Paradies für Taucher und Schnorchler. Rund 70 kleine Eilande mit ihren teils felsigen, teils sandigen Ufern sind leicht mit dem Boot erreichbar. Zwischen den Korallenriffen schwimmen die leuchtendbunten Rifffische umher, Wasserschildkröten und viele weitere Meerestiere machen jeden Unterwasserausflug in die blaue Tiefe zu einem Vergnügen.

Hue *(oben)*
Die vietnamesische Kaisermetropole und einstige Kapitale liegt auf halber Strecke zwischen Hanoi und Ho-Chi-Minh-Stadt und erstreckt sich in einer gefälligen Landschaft beiderseits des Huong Gian, des Flusses der Wohlgerüche. Anziehungspunkt für die Besucher ist der im 19. Jh. errichtete imperiale Komplex mit der Zitadelle und der Verbotenen Stadt, in deren Palast der himmlischen Harmonie die Kaiser residierten.

Thailand

Das Königreich Thailand zieht mehr Besucher an als alle anderen südostasiatischen Länder. Das liegt an der unwiderstehlichen Kombination aus landschaftlicher Schönheit, inspirierenden buddhistischen Tempeln, einer unaufdringlichen Gastfreundschaft und den magischen Ruinen untergegangener Reiche. Stupa bestandene Hügel, Inseln in der Andamenen-See, das pulsierende Bangkok oder die Dörfer entlang des Mekong bieten für jeden etwas.

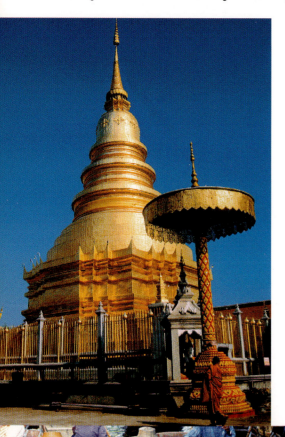

Tempel Wat Phra That (links)

Der Wat Phra That wurde um 660 auf Initiative der Prinzessin Chamedevi erbaut. Die fromme Adlige brachte eine kleine Buddha-Statue aus Lopburi mit, die heute im Tempel von anderen Figuren des Heiligen flankiert wird. In verschiedenen Bauphasen wurde der Chedi auf eine Höhe von 51 m gebracht und mit vergoldeten Kupferplatten verkleidet. Wat Phra That ist eine der ältesten Kultstätten Thailands.

Schwimmende Gärten, Bangkok (unten)

Bangkok, das Venedig Thailands, hat seinen Beinamen zu Recht bekommen, und das erfährt man bei einem Besuch der schwimmenden Gärten oder der Floating Markets. Auf dem Fluss und den Klongs paddeln Aberhunderte von Händlern mit ihren voll beladenen Booten und bieten frische Produkte wie tropische Früchte oder Gemüse an. Wenn der Besucher mit einem eigenen Boot durch das geschäftige Gewusel fährt, bekommt er eine Ahnung davon, wie das Leben hier in früheren Zeiten einmal ausgesehen hat.

Kloster Wat Suthat *(oben)*

Das große, 50000 m² unfassende Areal des Klosters liegt im Herzen von Bangkok und wurde von König Rama I. zu Beginn des 19. Jh. in Auftrag gegeben. Die Arbeiten dauerten 27 Jahre, dann war die reich geschmückte und verzierte Anlage fertig gestellt. Die Türen und Fenster des Hauptheiligtums sind mit feinem Schnitzwerk überzogen, und an der Haupteingangsstür soll König Rama II. höchstselbst das Schnitzmesser angesetzt haben.

Königspalast, Bangkok *(links)*

500 x 400 m misst die riesige Palastanlage, in denen der thailändische König residiert. Das Areal ist von einer zinnengekrönten Mauer geschützt und schließt sich an den Tempel Vat Phra Keo an. Durch das Tor des höchsten Sieges schreitet der Besucher in den hochherrschaftlichen Bezirk und kann dort den Audienzsaal mit dem vergoldeten Thron besichtigen. Das Tor zum Sitz des Sieges, das in den inneren Bereich führt, bleibt ihm aber verschlossen.

Ko Samui (oben)

Thailands Trauminsel Ko Samui, das Eiland der Kokosnuss, ist rund 250 km² groß und bietet dem Besucher eine traumhafte Landschaft mit Wasserfällen, viel tropisches Grün, spektakuläre Felsformationen, buddhistische Heiligtümer, fantastisch geschwungene, von Palmen eingefasste Strände und einen der besten Tauchplätze in Thailand mit einer reichen Unterwasserfauna. Und nach einem aktiven Tag freut man sich des abends, wenn die fangfrischen Meeresfrüchte auf den Teller kommen.

Ko Phi Phi *(links)*

Der schönste Platz auf der kleinen Trauminsel ist das Phi Phi Naturschutzgebiet auf einem unzugänglichen Vorgebirge, das nur mit dem Boot erreicht werden kann. Von hier hat man gute Ausblicke auf die Krabi-Eilande und die türkisblaue Phang Nga Bucht. Die privaten Strände sind ein idealer Platz für Familien mit Kindern. Die Korallenriffe vor den Gestaden und rund um Bambus Island sind eine allererste Taucheradresse.

Phuket *(oben)*

Die mit 540 km² größte Insel des Landes hat mit ihren Stränden und Korallengärten nicht nur ein für den Wassersportler geeignetes Umfeld. Wer nicht mehr faul am Meeresgestade liegen möchte, der kann sich auf dem Nachtmarkt von Old Phuket im Feilschen üben, oder eine Reihe von buddhistischen Tempeln besuchen. Im Norden des Eilandes findet sich ein ausgedehnter, unter Naturschutz stehender tropischer Regenwald, durch den ein 8 km langer Treck führt, der mit der Flora und Fauna bekannt macht.

Sukhothai (unten)

Das historische Zentrum der alten siamesischen Königsstadt und die Wiege der Thai-Architektur zeigt 37 im Stile Angkors erbaute Tempelanlagen mit großen, aufrecht stehenden Buddha-Figuren und 185 Chedis (Reliquienschreine). Die Buddha-Plastik des Wat Phra Pai Luang gleicht dem Antlitz des Königs Jayavarman VII. (1181–ca. 1220). Seit 1991 steht Sukhotai als Kulturdenkmal unter dem Schutz der UNESCO.

Ayutthaya (rechts)

Die einst königliche Residenzstadt am Chao Praya nördlich von Bangkok gelegen, diente einmal 33 siamesischen Herrschern als Regierungssitz, und entsprechend eindrucksvoll präsentieren sich die Ruinen mit ihren Kloster-, Palast- und Tempelanlagen. Der Wat Si Sanphet, der Privattempel der königlichen Familie, ist das größte Heiligtum auf dem Areal. Das Juwel buddhistischer Baukunst gehört seit 1991 zum Weltkulturerbe.

Chiang Mai *(links)*

Chiang Mai ist das religiöse und kulturelle Zentrum im Norden Thailands und wird wegen seiner Tempel und vor allem wegen der Atem beraubenden Landschaft besucht, in die es eingebettet ist. In den von Dschungel bedeckten Gebirgszügen siedeln noch sechs Bergstämme und leben dort ihren traditionellen Alltag. Nicht auslassen sollte man einen Besuch des Nachtmarktes, der täglich von 18 bis 23 Uhr stattfindet. Die Stadt wurde 1296 von König Mengrai als Hauptstadt seines Königreiches Lanna gegründet.

Taiwan

Drachentempel in Taipeh *(rechts)*

Der zu den bedeutendsten Heiligtümern des Landes zählende Lungshan-Tempel wurde zwischen 1738 und 1741 errichtet und ist den Göttinnen Matsu (Göttin der Seefahrer) und Kuan-Yin (Göttin der Gnade) geweiht. Alte Bronzefiguren, reiche Holzschnitzarbeiten und auf dem Dach tobende Drachen zieren das Gotteshaus. Vor allem in den Abendstunden verrichten viele Gläubige hier ihre Andacht oder befragen das Orakel durch Werfen der Stäbe.

Philippinen

Von den 7107 philippinischen Inseln sind weniger als ein Drittel bewohnt, und mehr als 2500 haben nicht einmal einen Namen. Der Archipel liegt im südostasiatischen Feuergürtel und besitzt 37 Vulkane, von denen 18 aktiv sind und 19 ruhen. Wegen seiner perfekten Kegelform wird der Mount Mayon auf der Insel Luzon auch als schönster Vulkan der Welt apostrophiert. Der Pinatubo ist der derzeit gefährlichste Feuerberg. Die Philippinen sind das einzige christianisierte Land Asiens.

Boracay *(links unten)*

Die nur 7 km lange und an der schmalsten Stelle 1 km breite Insel hat mit dem langen und Palmen bestandenen White Beach einen der schönsten Strände des Pazifiks. Da das Wasser sanft anbrandet, kommen hier auch die Kleinsten auf ihre Kosten. Im Hinterland finden sich unzählige Unterkünfte, Restaurants, die fangfrische Meerestiere servieren, und Tauchschulen, bei denen man Tauchgänge in die blaue Tiefe zu den farbenfrohen Korallenfischen buchen kann.

Reisterrassen *(oben)*

Die Reisterrassen im Bergland von Ifugao im Norden der Insel Luzon sind eine Jahrtausende alte Kulturlandschaft von besonderer Schönheit und erstrecken sich über 250 km^2 bis in eine Höhe von 1500 m. Die so genannten Himmelstreppen werden von bis zu 10 m hohen Stützmauern abgesichert und dank eines herausragenden Irrigationssystem optimal bewässert. Seit 1995 gehören sie als Naturdenkmal zum Weltkulturerbe.

Taal-See *(unten)*

Einer der schönsten Plätze der Philippinen ist der Taal-See. Dieser malerisch in eine wellige Hügellandschaft eingebettete See war vor 300 Jahren noch eine Meeresbucht an der Küste der Insel Luzon. Durch einen Vulkanausbruch wurde sie vom Meer abgeschnitten. In der Mitte des Taal-Sees ragt eine Insel auf, die den kleinsten aktiven Feuerberg des Landes beherbergt.

Schokoladenhügel auf Bohol *(oben)*
Die Tränen eines Riesen sollten es gewesen sein, die die Schokoladenhügel auf der Insel Bohol geschaffen haben. Insgesamt erheben sich auf 100 km² sage und schreibe 1268 Gras bewachsene kegelförmige Hügel, die zwischen 40 und 120 m hoch sind. Das Naturwunder sieht aus, als hätte man gigantische Pralinen in die Ebene gesetzt. Die Region ist menschenleer, nur zwei Hügel sind mit einer Jugendherberge und einer Aussichtsplattform bebaut. Der Ausblick von dort oben auf die umgebende Natur ist fantastisch.

Singapur *(rechts)*
Noch weitgehend unversehrt erhalten ist das ab 1860 errichtete koloniale Herz der Stadt mit dem prächtigen Verwaltungsbau, dem Padang, und den großen Grünflächen, „dem besten englischen Grün östlich von Suez". Der Stadtstaat auf einer Insel vor der Südspitze Malaysias hatte nie Probleme mit seiner kolonialen Vergangenheit und präsentiert sich heute selbstbewusst mit seiner modernen Skyline, in deren Straßenschluchten Malayen, Chinesen und Hindus im Alltagsleben noch immer in ihrer Tradition wurzeln.

Palawan *(oben)*

Wegen seiner schwer zugänglichen natürlichen Schönheiten wird Palawan auch als „the last frontier" der Philippinen bezeichnet. Das über 460 km von Nord nach Süd verlaufende schmale Eiland besitzt noch riesige Tropenwälder und ist das größte intakte Naturgebiet des Landes. Palawan ist darüber hinaus ein Tauchparadies mit reichen Korallengärten und vielen, mittlerweile von Meeresflora überwucherten Wracks, die in gut erreichbaren Tiefen liegen.

Malaysia

„Asien hat viele Gesichter", und in Malaysia erlebt man diese Facetten hautnah. Die unterschiedlichen Volksgruppen und die kontrastreichen Landschaften der Malakka-Halbinsel sowie der Regionen Sarawak und Sabah im Norden der Insel Borneo bescheren dem Besucher täglich neue und fremde Bilder. Unberührte Strände, Mangrovensümpfe wechseln sich ab mit modernen Metropolen oder tropischen Regenwäldern, an deren Flüssen die Stämme der Dayaks noch immer gemeinschaftlich in Langhäusern leben.

Melaka (oben)

Melaka ist die älteste Stadt Malaysias und erzählt mit ihren alten Geschäftshäusern im Kolonialstil, jener Mischung aus europäischen und chinesischen Architekturelementen, sowie dem stilrein erhaltenen chinesischen Viertel und den Kampongs an der Peripherie der Metropole von der 600 Jahre zählenden Historie. Die wirtschaftliche Bedeutung ist längst geschwunden und der Hafen versandet, doch kaufmännische Betriebsamkeit herrscht noch immer – dafür sorgen schon die geschäftstüchtigen Chinesen.

Insel Langkawi (rechts oben)

99 Inseln umfasst der vor der Nordwestküste liegende Archipel, und auch sie dienten einmal Piraten als Operationsbasis. Damit ist es lange vorbei, heute ist Pulau Langkawi, das größte dieser Eilande, eines der exklusivsten Seaside Resorts in Südostasien. Lange, Palmen gesäumte Sandstrände, tropische Wälder, Kautschukplantagen, Fischerdörfer und der fast 1000 m hohe Gunong Ray bestimmen das überwältigende Landschaftsbild. Mit Booten kann man die zahlreichen kleinen und weitgehend unbewohnten Insel erkunden.

Insel Penang (rechts unten)

Die 285 km² große „Insel der Betelnusspalme" vor der Nordwestküste von Malaysia war lange Zeit ein Piratennest, bis 1786 ein Handelskapitän der East India Company, Francis Light, sie für die britische Krone in Besitz nahm. Seit 1985 verbindet ein 8,5 km langer Straßendamm Pulau Pinang mit dem Festland und führt direkt auf das geschäftige Georgetown zu, die Hauptstadt der Insel, in der die koloniale Vergangenheit architektonisch noch höchst lebendig ist.

Taman Negara Nationalpark *(oben)*
Der Regenwald West-Malaysias gehört zu den ältesten der Welt. Seit 150 Mio. Jahren vollzieht sich hier ein empfindlicher ökologischer Zyklus, den Eingriffe des Menschen leicht zerstören können. Der 2481 km² große Taman Negara ist ein Stück dieser urtümlichen Welt, kein Biotop der Erde besitzt so viele Pflanzenarten wie der südostasiatische Regenwald. Um hier einen Tapir, vielleicht sogar einen Tiger oder das vom Aussterben bedrohte Sumatra-Nashorn zu Gesicht zu bekommen, benötigt man allerdings sehr viel Glück.

Cameron Highlands *(rechts oben)*
Cameron Highlands – das heißt Aufenthalt in warmer, frischer Bergluft, lange Wanderungen durch tropischen Regenwald mit einer reichen Flora, zu rauschenden Wasserfällen und Teeplantagen und mit weiten Ausblicken vom 2200 m hohen Gunong Brinchan. 1885 entdeckte William Cameron, ein Landvermesser der Kolonialregierung, das 1524 m hoch gelegene Plateau.

Sarawak *(rechts unten)*
Sarawak – das Land des Nashornvogels – im Nordwesten der Insel Borneo gelegen, ist von dichtem tropischem Regenwald bestanden. Und in diesem finden sich 60 % aller Pflanzen und 80 % aller Insektenarten, die unsere Welt zu bieten hat. Nur wenige der geschätzten 1,7 Mio. Spezies sind bisher überhaupt erforscht. Dieser Artenreichtum gilt den Forschungslaboren als genetische Reserve für die Entwicklung neuer Medikamente.

Indonesien

Mit über 2 Mio. km² Landfläche und mehr als 3,3 Mio. km² Territorialgewässern ist Indonesien der größte Archipel der Welt, erstreckt sich über eine Länge von 5100 km und ist wahrlich ein Land der Superlative und Extreme. Auch als „Kontinent der 13 000 Inseln" apostrophiert, ist diese äußerst kontrastreiche Inselkette sowohl in landschaftlicher als auch in sozialer und wirtschaftlicher Hinsicht von großer und damit faszinierender Vielseitigkeit.

Leuser Nationalpark, Sumatra (unten)

In dem 830 km² großen Leuser Nationalpark im Norden Sumatras wurde mit Unterstützung des World Wildlife Fund (WWF) ein Orang-Utan-Rehabilitationszentrum geschaffen. Hier wird den bedrohten Menschenaffen, die einmal gefangen und als Haustiere gehalten wurden, ihr natürliches, zum Überleben in der Wildnis notwendiges Verhalten wieder antrainiert.

Prambanan (rechts)

Als steinernes Monument der hinduistischen Mataram-Dynastie für den Sieg über die Shailendra und als shivaitisches Gegenstück zum buddhistischen Borobudur, entstand in der zweiten Hälfte des 9. Jh. das insgesamt 232 Bauten umfassende Heiligtum. Der 47 m hohe Haupttempel ist Gott Shiva geweiht, ihn flankieren zwei kleinere sakrale Bauten für Brahma und Vishnu. Der größte heilige Komplex Indonesiens gehört seit 1991 zum Weltkulturerbe.

Java, Borobudur *(links)*

Um das Jahr 780 ließen die buddhistischen Shailendra-Herrscher mit dem Bau einer gewaltigen Tempelanlage beginnen, an der Fronarbeiter 80 Jahre lang schufteten. Dann hatten sie 2 Mio. kunstvoll behauene und verzierte Steinquader mit einem Volumen von fast 57000 m³ himmelwärts aufgetürmt. Hunderte von Buddha-Figuren zieren den 123 m langen und 34 m hohen terrassierten Tempel. Mit Geldern der UNESCO wurde er 1973 saniert und ist seit 1991 Weltkulturerbe.

Yogyakarta (oben)

Yogyakarta, „die blühende Macht", ist das geistige und kulturelle Zentrum Javas und bekannt für seine Batikmanufakturen, seine Silberschmiede, für seine Tanz- und Theaterkunst, in der Motive der alten hinduistischen Epen immer wieder neu aufgenommen werden. Auch das Schattenspiel (Wayang), die Musik der Gamelan-Orchester, Kunst und Kunsthandwerk sowie farbenprächtige Prozessionen des Sultans samt Hofstaat vom Palast zur großen Moschee haben in der Stadt Tradition.

Krakatau (oben rechts)

In der Enge der Sunda-Straße liegt zwischen Java und Sumatra die 33 km² große Vulkaninsel Krakatau. Im August 1883 explodierte der Berg unter dem Druck der heraus schießenden Magmamassen. Noch in 5000 km Entfernung hörte man mit vierstündiger Verspätung den Explosionsknall. 36 000 Menschen kamen bei dem Jahrtausendausbruch ums Leben. Vom westjavanischen Fischerdorf Carita aus kann man Boote für eine Fahrt nach Krakatau mieten.

Mount Bromo Nationalpark (rechts)

Der 2302 m hohe Vulkan Bromo in Ostjava ist noch immer aktiv. Um den Feuer speienden Berg herum ist der Boden mit feinen vulkanischen Sanden bedeckt, und es gilt erst dieses Sandmeer zu durchqueren, dann ein riesiges Feld erkalteter Lava-Ströme, bis man auf einem Pfad bis zum Gipfel gelangt, von wo man einen überwältigenden Blick in die Caldera werfen kann, aus deren zahllosen Solfataren beißende Schwefeldämpfe aufsteigen.

Toraja, Sulawesi (unten)

Neben den aufwändigen Bestattungsriten sind die kühn geschwungenen Hausdächer der im Süden Sulawesis siedelnden Toraja ein charakteristisches Merkmal der Kultur dieses Volkes. Das überaus mächtige, nach vorne vorspringende Tongkonan-Dach ist ganz auf die prachtvolle Giebelfront hin orientiert und wird von einem massiven, mit Schnitzereien verzierten Mittelpfosten gestützt. An ihm finden sich als Zeichen des Wohlstandes der Familie die Gehörne der geopferten Wasserbüffel.

Tempel Pura Besakih, Bali (rechts)

Im Osten Balis liegt auf 950 m Höhe an der Südwestflanke des heiligen Berges Gunung Agung, der als Sitz der Götter angesehen wird, Balis wichtigste Sakralanlage. Als Muttertempel der heiligen Stätten Balis wird Pura Besakih von allen Anhängern der Hindu-Dharma Religion verehrt. Jedes der alten Fürstengeschlechter und alle balinesischen Dorfgemeinschaften haben hier einen Einzelkomplex oder Schreine und Altäre, mit denen die Verbindung zu den Göttern aufrechterhalten wird.

Komodo-Nationalpark *(links)*

Eine Gruppe kleiner Sunda-Inseln sowie Teile von Flores umfasst der 2200 km² große Komodo-Nationalpark, in dem der nirgends sonst auf der Welt vorkommende Komodo-Waran, eine riesige, bis zu 3 m lange räuberische Echse lebt. Erst 1912 wurde diese seit 60 Mio. Jahren lebende Art aufgespürt. Mit seinem körperlangem Schwanz, der eine gefährliche Waffe darstellt, und seinem lang gestreckten Kopf mit der tief gespaltenen Zunge gleicht der Räuber einem urzeitlichen Drachen. Seit 1991 gehört der Nationalpark zum Weltkulturerbe.

Ubud, Bali *(rechts)*

Die in der Mitte Balis liegende Stadt Ubud ist der Künstlerort der Insel, seit sich in den 30er-Jahren des vergangenen Jahrhunderts die europäischen Maler Walter Spies und Rudolf Bonnet hier niedergelassen haben. Mit Unterstützung des Aristokraten Cokorde Sukawati gründeten die beiden die Vereinigung Pitha Maha, eine Gesellschaft zur Förderung junger balinesischer Künstler. Die lange Hauptstraße des Ortes ist gesäumt von Galerien, überdies vergeht kaum eine Woche, in der nicht eine farbenprächtige Tempelzeremonie stattfindet.

Traumstrände von Bali (rechts oben)
Pulau Dewa, „Insel der Götter" – so nennen die Bewohner Balis ihr kleines Eiland im Indischen Ozean. Und göttlich erscheinen nicht nur die berühmten Tempelanlagen: An den endlosen Stränden im Norden und Süden von Bali liegen kleine Boote im Sand und erzeugen ein farbenprächtiges Bild, das sich unter Wasser in Gestalt wunderschöner Korallenriffe fortsetzt.

Pura Tanah Lot (rechts Mitte)
Das Heiligtum im Südwesten Balis liegt auf einem bei Flut von der Brandung umspülten Riff und ist den Göttern geweiht, die mit dem Meer in Verbindung stehen. Als einer der neun Reichstempel ist Tanah Lot Ziel der gläubigen Hindus aus ganz Bali, die mit Opfergaben die Dämonen der See gnädig zu stimmen suchen. In den von den Wellen ausgewaschenen Höhlen leben viele Seeschlagen, die als heilige Tiere verehrt werden. Spektakulär hebt sich der Tempel beim Sonnenuntergang gegen den roten Abendhimmel ab.

Kalimantan (rechts unten)
Die indonesische Provinz Kalimantan umfasst den größten Teil der Insel Borneo, und die Region ist noch von geschlossenen Primärwaldbeständen bedeckt, die Heimat für viele exotische Tiere sind: Orang Utan, Flugdrache und Rhinozerosvogel sowie als eine der Kuriositäten Borneos der Nasenaffe, mit seiner gurkenartigen, über das Maul gezogenen roten Nase. Das Volk der Dayak siedelt an den mächtigen Strömen im Innern der Insel, und die Mitglieder eines jeden Stammes leben noch gemeinsam in den großen Langhäusern.

Papua-Neuguinea

Der Westen der Insel Neuguinea gehört zu Indonesien, der östliche Teil umfasst zusammen mit rund 600 vorgelagerten Inseln Papua-Neuguinea, eines der ursprünglichsten und bis heute abenteuerlichsten Reiseziele der Welt. Bis vor wenigen Jahrzehnten haben einige der nahezu 700 Stämme des Landes in steinzeitähnlichen Verhältnissen gelebt. Heute versucht sich das Land in westlicher Demokratie.

Hochland (oben)
Das raue Hochland Papua-Neuguineas auf Neuguinea ist auch heute noch bestimmt von der wilden Natur, der Abgeschiedenheit der Dörfer und der überlieferten Lebensweise seiner Bewohner. Diese wird am deutlichsten beim „Sing Sing", dem Tanz-, Schlacht- und Friedensfest mehrerer Dörfer, bei dem traditionell auch festlich geschmückte, junge Mädchen zum Heiraten feilgeboten werden.

Sepik-Flussgebiet (links)
Eines der Zentren für Kunst und Brauchtum in Papua-Neuguinea ist das Gebiet entlang des Sepik-Flusses, der sich durch den Norden der Hauptinsel Neuguinea windet. Die Ufer des Flusses und seiner Nebenarme säumen kleine Dörfer, in denen das Kunsthandwerk farbenprächtige Masken, modellierte Ahnenschädel und Totems, deren Ursprung in der Mythologie des Landes zu finden sind, hervorbringt.

Afrika

Der Maghreb

Die Maghreb-Staaten im nördlichen Afrika bieten dem Besucher reiche islamische Traditionen gepaart mit historischen Stadtkernen, alten Moscheen, heiligen Stätten und quirligen Basaren, in denen man sich nach orientalischer Sitte im Feilschen üben kann. Aber auch Ausflüge in die Sahara, hin zu Oasen und last but not least ein entspanntes Strandleben an der Mittelmeer- und Atlantikküste machen die Region zu einem bevorzugten Ziel.

Marokko

Tanger (oben)
Tanger, das Tor zu Afrika, ist an einen Berghang gebaut und zieht sich von dort hinunter zum Meer und zu den weißen Stränden. Rund um die Kasbah erstreckt sich die quirlige Medina mit ihren steilen Treppengassen, die sich zwischen den weißen Mauern der Häuser dahinwinden. Am Rande der Medina findet sich der Grand Socco, der große Markt mit seinen vielen Geschäften und Teestuben, in denen einst die Schmuggler ihren Geschäften nachgingen.

Rabat (unten)
Die Hauptstadt des Landes liegt an der Bou-Regreg-Mündung, die schon Phönizier und Karthager als geschützten Ankerplatz schätzten. Die Medina wurde im 17. Jh. durch maurische Andalusienflüchtlinge erbaut. In den labyrinthisch verschlungenen Gassen scheint die Zeit stehengeblieben zu sein. Hier findet sich auch der Place Souq el Ghezel, das frühere Handelszentrum mit dem ehemaligen Sklavenmarkt.

357

Casablanca (oben)
Casablanca, das weiße Haus oder Der al Beda, wie der arabische Name lautet, ist das wichtigste Handelszentrum Marokkos und einer der größten Häfen Nordafrikas. Die Metropole zeigt sich als moderne Großstadt, die mit ihren breiten Boulevards und den französisch inspirierten Stadthäusern aus den 30er- und 40er-Jahren des vergangenen Jahrhunderts bis heute vom französischen Kolonialismus geprägt ist.

Fez (rechts oben)
Fez ist die älteste der vier marokkanischen Königsstädte und wegen der Karaouyine, einer der ältesten islamischen Universitäten, das geistige Zentrum des Landes. Fez al Bali, die aus dem 9. Jh. datierende Altstadt, ist wahrlich ein faszinierendes Gassenlabyrinth in dem der Besucher einen Führer benötigt, will er auch wieder hinausfinden. Hier gibt es nicht nur die Basare, sondern auch die kulturellen Sehenswürdigkeiten der Stadt.

Meknes *(rechts unten)*
Meknes ist eine der vier marokkanischen Königsstädte und liegt auf einer fruchtbaren Hochebene rund 550 m über dem Meer. Am zentralen Platz El Hekim findet sich das bekannteste und schönste Stadttor Marokkos, das Bab el Mansur, das 1732 errichtet wurde. An diesem Ort wurden früher Gerichtsverhandlungen abgehalten und die Köpfe der Hingerichteten als Mahnung zur Schau gestellt.

Agadir *(unten)*

Die Hauptstadt des Südens besitzt einen über 6 km langen feinsandigen Strand, an dem an mehr als 300 Tagen die Sonne vom wolkenlosen Himmel brennt. Und wer nach dem Baden und Schwimmen noch nach kultureller Abwechslung verlangt, der findet sie in der Medina Polizzi, eine Anlage, wie ein Freilichtmuseum, mit weiß getünchten Gebäuden aus Naturstein in unterschiedlichen Stilformen und schmalen Gassen. Hier arbeiten Kunsthandwerker, hier finden sich Geschäfte aller Art, Restaurants und Cafés.

Essaouira *(ganz unten)*

Das Windsurferparadies erstreckt sich an einer weiten Bucht des Atlantik, an der die Wellen hoch anlaufen. Die Provinzhauptstadt besitzt eine vollständig erhaltene Medina und zählt zu den schönsten und einladendsten Badeorten an der südlichen Küste Marokkos. Immer geschäftig geht es am Fischerhafen zu, in dessen lebhafter Arbeitsatmosphäre Grillfischstände und Restaurants fangfrischen Fisch anbieten. In den kleinen Werften werden die Kutter immer noch von Hand aus Holz erbaut.

Marrakesch (oben)

Auf dem Djemaa el Fna, dem Platz der Geköpften, in der Altstadt von Marrakesch, der Perle des Südens, spiegelt sich wie in einem Brennglas die ganze Vielfalt des orientalischen Lebens. Hier finden sich am späten Nachmittag Akrobaten, Tänzer, Schlangenbeschwörer, Märchenerzähler und Heilkundige ein, und abends wandelt sich der Platz zum großen Freiluftrestaurant.

Hoher Atlas (rechts)

Das Hochgebirge im nordwestlichen Afrika – das sich vor rund 70 Mio. Jahren auffaltete – ist die einzige Bergkette des Kontinents mit alpinem Charakter. Den höchsten Punkt markiert der Djebel Toubqal mit 4165 m. Mit seinen schneebedeckten Gipfeln, den schroffen Berghängen und den einsamen, unzugänglichen Tälern ist der Atlas ein reizvoller landschaftlicher Kontrast zur Sahara.

Tunesien

Strände La Marsa und Gammarth (oben)

Nahe bei der Kapitale Tunis, der Ruinenstätte Karthago und dem Künstlerdorf Sidi Bou Said befinden sich die kilometerlangen feinsandigen Strände der beliebten Villen- und Badeorte von La Marsa und Gammarth, die inmitten einer grünen fruchtbaren Landschaft liegen und deren Meeresgestade zu den schönsten des Mittelmeeres zählen.

Altstadt von Sousse (rechts)

Die malerische Altstadt des einstigen Handelshafens umschließt eine im 9. Jh. errichtete, 2,5 km lange Stadtmauer, in deren Umgürtung sich die 40 m hoch gelegene Kasbah befindet. Von dort ziehen sich die labyrinthisch verschlungenen Gassen mit den Basaren zur Klosterburg Ksar ar Ribat und zur Großen Moschee. In den römischen Katakomben wurden zwischen dem 2. und 4. Jh. über 15000 Verstorbene beigesetzt.

Sidi Bou Said *(oben)*

Anfang des 20. Jh. kamen die Künstler Paul Klee, August Macke und Louis Moillet auf ihrer Tunesien-Reise in den kleinen Ort Sidi Bou Said an der Bucht von Tunis und malten hier ihre berühmt gewordenen Bilder der Tunis-Reise. Das sympathische Dorf mit seinen kubischen weißen Häusern liegt auf einem fast 100 m senkrecht in die Höhe ragenden Felsen. Das Café des Nattes, verewigt von August Macke in seinem Gemälde „Blick auf eine Moschee", gibt es noch immer.

Medina von Tunis (unten)

Die ab 732 errichtete Altstadt von Tunis – eine der Perlen des Orients – mit ihren über 700 historischen Gebäuden, den Moscheen, Medresen, Palästen, Mausoleen, Cafés, Basaren und öffentlichen Bauten beschrieb August Macke in seinem Tagebuch als „Leibhaftigkeit des Märchens". Ein wahrer Augenschmaus ist das hoch über dem Häusermeer aufragende, grün gefliese Minarett der Sidi-Youssef-Moschee. Seit 1979 gehört die Medina zum Weltkulturerbe.

Karthago (rechts)

Wie kaum eine andere antike Großmacht hat Karthago den Römern das Leben schwer gemacht. 146 v. Chr. eroberte und zerstörte der römische Feldherr Scipio die Königin des Mittelmeeres im 3. Punischen Krieg. Die Ruinen nördlich von Tunis lassen erahnen, welch eine glanzvolle Stadt hier einmal gestanden haben muss, auf deren Fundamenten die Römer eine neue Metropole errichteten. Seit 1979 gehört die Ruinenstätte zu den Kulturdenkmälern der UNESCO.

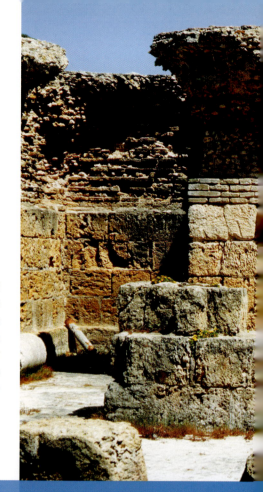

Amphitheater El Djem (unten)
Das größte Amphitheater auf nordafrikanischem Boden in Zentraltunesien dokumentiert als steinernes Zeugnis die Weltmacht der Römer. 35000 Zuschauer erlebten hier einst Brot und Spiele, 148 m lang und 122 m breit, 36 m hoch und mit 68 Arkaden ausgestattet, war es nach Rom und Neapel das bedeutenste Theater des römischen Reiches. Seit 1979 steht es unter dem Schutz der UNESCO.

Sahara *(unten)*

Bahr bela me, Meer ohne Wasser, nennen die Karawanenführer die Sahara. Mit einer West-Ost-Ausdehnung von rund 6000 km und einer Nord-Süd-Weite von 2000 km nimmt der größte Wüstengürtel der Welt fast zwei Drittel des afrikanischen Kontinents ein. Doch die Sahara besteht nicht nur aus Sand und Dünen. Durch die schroffen, teilweise verkarsteten Hochgebirge ziehen sich trockene Wadis, Salzwüsten wechseln sich ab mit palmenbestandenen Oasen.

Kairouan *(rechts)*

Rainer Maria Rilke beschrieb die zentraltunesische Stadt 1910 als „Vision mit rundzinnigen Wällen", und August Macke fühlte sich vier Jahre später zu einer Reihe von Aquarellen inspiriert. Für die gläubigen Muslime ist sie neben Mekka, Medina und Jerusalem eine der heiligsten Städte des Islam, wovon vor allem die siebzehnschiffige Große Moschee kündet, deren Gewölbesaal ein traumhafter Märchenwald ziert. Seit 1988 gehört Kairouan zum Weltkulturerbe.

Libyen

Leptis Magna *(oben)*
Die altrömische Ruinenstadt Leptis Magna – Geburtsort des Kaisers Septimus Severus – östlich von Tripolis ist mit dem Triumphbogen des Herrschers, den Thermen des Hadrian, dem 450 x 100 m großem Circus, den Resten des Alten und Neuen Forums sowie einer Prachtstraße, gesäumt von 250 Marmorsäulen, eine der schönsten und besterhaltenen Ausgrabungsstätten Nordafrikas. Seit 1982 gehört Leptis Magna zum Weltkulturerbe.

Ägypten

Aufgereiht wie an einer Perlenkette ziehen sich die Denkmäler aus pharaonischer Zeit den Nil entlang. Hier finden sich Tempelanlagen für die vielen Götter und Grabstätten von Pharaonen, hohen Beamten und einfachen Arbeitern, die von den Jenseitsvorstellungen der alten Ägypter künden. Und hat man sich an den Monumentalbauten satt gesehen, dann locken die Küsten des Roten Meeres mit ihren Korallenriffen und der reichen Flora und Fauna.

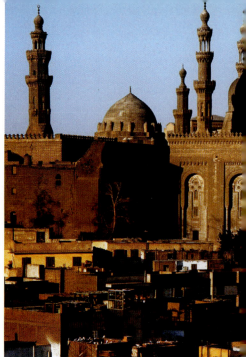

Ibn Tulun-Moschee, Kairo *(oben)*
Sultan Ibn Tulun ließ zwischen 876 und 879 die große Hofhallenmoschee erbauen, die von einer äußeren und einer inneren zinnengekrönten Mauer umgeben ist. Der dazwischenliegende Umgang diente den Gläubigen als eine Art Reinigungsschleuse, in der man die Profanitäten des Alltags abstreifen konnte. Hier befindet sich auch das 40 m hohe spiralförmig erbaute Minarett. Das Zentrum des großen Hofes markiert der überkuppelte Reinigungsbrunnen.

Sultan-Hassan-Moschee *(ganz oben)*
Gegenüber der Zitadelle ließ Sultan Hassan ab 1356 die nach ihm benannte Moschee errichten, die zu den architektonisch prachtvollsten von Kairo zählt. Das südliche der beiden Minarette ist mit 81 m das höchste von Kairo. Um den Innenhof des Gotteshauses herumgruppiert sind die Räumlichkeiten der vier Rechtsschulen des sunnitischen Islam, in denen einst islamisches Recht, Koranexegese, Medizin und Literatur gelehrt wurden.

Katharinenkloster *(rechts)*
Das Katharinenkloster – das Tor des Himmels – liegt im geographischen Zentrum des Sinai am Fuße des Mosesberges auf 1800 m Höhe und wurde im 6. Jh. auf Anordnung von Kaiser Justinian erbaut. Hinter seinen wuchtigen Mauern bewahrt es unersetzliche Schätze, wie Hunderte von Ikonen, Abertausende von gebundenen Manuskripten und pergamentenen Schriftrollen aus der Geschichte der koptischen Kirche.

Gizeh *(oben links)*
Die Pyramiden von Gizeh sind das einzig noch verbliebene der ehemals sieben antiken Weltwunder. Kein anderes Bauwerk der Erde nimmt dem Besucher derart den Atem. Die Grabgebirge des Cheops (146 m), die des Chephren (136 m) und des Mykerinos (62 m) werden von der Sphinx bewacht, jener 73 m langen und 20 m hohen riesigen Löwen-Mensch-Figur, deren Gesicht nach dem Ebenbild des Pharao Chephren gearbeitet wurde.

Zitadelle *(oben rechts)*
Die mächtige Zitadelle von Kairo ließ Sultan Saladin ab 1176 errichten. Markanter Blickfang ist die 1824 im typisch osmanisch-imperialen Stil erbaute Moschee von Muhammad Ali mit ihren 80 m hohen Bleistiftminaretten. Im Innern ruht auf vier quadratischen Pfeilern eine goldverzierte Kuppel mit einem Durchmesser von 21 m. Die reiche Alabasterverkleidung der Wände hat dem Gotteshaus auch den Namen Alabastermoschee eingetragen.

Saqqara *(oben)*
Die 60 m hohe Stufenpyramide von Saqqara südlich von Gizeh war der erste monumentale Steinbau der Menschheit und wurde für Pharao Djoser (um 2609–2580 v. Chr.) von dessen genialem Baumeister Imhotep errichtet. Rund um das einst mauerumgürtete, 545 x 280 m große Areal finden sich viele Mastabas (Bankgräber) mit den Grabstätten von hohen Beamten. Die teilweise noch farbigen Reliefs gehören zu den schönsten Arbeiten aus dem Alten Reich.

Al Azhar-Moschee *(links)*
Kurz nach der Eroberung Ägyptens durch die nordwestafrikanischen Fatimiden begannen die neuen Herrscher 970 mit dem Bau der Al Azhar-Moschee und gliederten dem Gotteshaus eine Medrese, eine Religionsschule an. Daraus entwickelte sich die Religionsuniversität, die heute als die bedeutendste Institution der gesamten islamischen Welt gilt und in allen Fragen des Glaubens verbindliche Regeln erlässt.

Basar Khan al Khalili *(rechts)*
Kairos lebendiger Basar geht auf einen großen Handelskomplex zurück, der 1383 vom Marshall des Sultans Barquq gegründet wurde. Schon von Beginn an gingen hier auch viele Fremde – Juden, Christen, Armenier, Perser – ihren Geschäften nach. Heute ist der Basar Tummelplatz der vielen Besucher, hier kann man sich im Feilschen üben. Ausgenommen vom trickreichen Verkaufsgespräch sind lediglich Gold- und Silberwaren, die nach Gewicht berechnet werden.

Tal der Könige *(oben)*

In Theben-West, auf der Luxor gegenüberliegenden Nilseite, befindet sich das verborgene, glutheiße Tal der Könige, in dem die Herrscher des neuen Reiches zur letzten Ruhe gebettet wurden. Die Dimensionen und die prachtvolle Ausgestaltung der Gräber sprengen jede Vorstellungskraft. Hier befindet sich auch die letzte Ruhestätte des Tut-anch-Amun, das einzige Grab eines Pharao, das nicht geplündert wurde. 1922 wurde es mit einer Fülle von unvorstellbaren Schätzen gefunden und ausgegraben.

Luxor-Tempel *(links)*
An keinem anderen Ort des Nil-Landes konzentrieren sich die pharaonischen Denkmäler mehr als in Luxor, das unter dem Namen Weset die Hauptstadt des Neuen Reiches (1551–1070 v. Chr.) war. Im Stadtgebiet ragen die Reste des Luxor-Tempels auf, dessen Bau Amenophis III. (1402–1364 v. Chr.) für die Göttertriade Amun, Mut und Chons initiierte und in dessen Erweiterungen sich Generationen von Herrschern verewigten, bis der Tempel schließlich auf eine Länge von 260 m angewachsen war.

Karnak-Tempel *(rechts oben)*
Am Stadtrand von Luxor findet sich das gewaltige Tempelareal von Karnak mit seinem fantastischen Säulensaal, in dem auf 5408 m² in 16 Reihen 134 monumentale, reichverzierte Säulen aufragen. Geweiht war Karnak dem thebanischen Reichsgott Amun. Das einstige Heiligtum ist die mit Abstand größte Tempelanlage Ägyptens und diente über die Jahrhunderte als die zentrale sakrale Stätte des Pharaonenreiches. Jeder Herrscher sah es als seine göttliche Pflicht an, an dem Komplex weiterzubauen.

Ramesseum *(rechts unten)*
Am Ramesseum, dem Totentempel des zweiten Ramses (1290–1224 v. Chr.), hat der Zahn der Zeit ordentlich genagt, die erhaltenen Baureste sind aber noch immer äußerst eindrucksvoll. Dem Heiligtum war einmal eine Schreiberschule angegliedert, in der die künftigen Beamten des Staates ihre Ausbildung erhielten. Die von den Archäologen gefundenen Ostraka, beschriftete Tontäfelchen, enthielten viele wertvolle Hinweise auf die Regierungszeit des Herrschers.

Der al Bahri (links oben)
Die eindrucksvollste sakrale Anlage in Theben-West ist ganz zweifellos der Totentempel der Königin Hatshepsut (1490–1468 v. Chr.). Das dreistufige Heiligtum liegt am Fuße eines 300 m steil aufragenden, rostroten Bergmassivs und wurde von Senenmut, einem Günstling der Königin geplant. Die Szenenfolgen auf der mittleren Terrasse zeigen eine Expedition ins sagenumwobene Land Punt, das sich einmal an der somalischen Küste befand und mit dem die Ägypter eifrig Handel trieben.

Alexandria (links Mitte)
Alexandria wurde 332 v. Chr. von Alexander dem Großen gegründet. Heute ist die uralte Stadt eine kosmopolitische Metropole und wird als Perle des Mittelmeeres bezeichnet. In Erinnerung an die legendäre Bibliothek, die beim Einmarsch Cäsars 48 v. Chr. in Flammen aufging, wurde vor wenigen Jahren eine neue prachtvolle Bücherei erbaut, die wieder das Wissen der Welt speichern soll.

Memnonskolosse (links unten)
Die beiden gigantischen, 18 m hoch aufragenden Memnonskolosse sind von den altägyptischen Handwerkern aus jeweils einem gewaltigen Sandsteinblock geschlagen worden und letzter Rest des Totentempels von Amenophis III. (1402–1364 v. Chr.). In der Antike galten sie als Weltwunder; keiner der römischen Kaiser, die Ägypten besuchten, versäumte, sie zu besichtigen.

Medinat Hau (rechts)
Medinat Habu, der Totentempel von Ramses III. (1184–1153 v. Chr.), ist eine der besterhaltenen Anlagen in Theben West. Er diente aber nicht nur der Verehrung der Götter und des Pharao, sondern fungierte auch als wichtiges Verwaltungszentrum des Reiches; so fand hier beispielsweise auch ein spektakulärer Grabräuberprozess statt, über den erhaltene Papyri berichten. Vom Tempelhof führen Tore in den angrenzenden Palast, in dem sich der Herrscher gerne aufhielt.

Assuan, Insel Philae (unten)

Nahe der oberägyptischen Stadt Assuan liegt im Nil die zauberhafte kleine Insel Philae mit ihren um 370 v. Chr. errichteten Tempelanlagen. Durch den Bau des neuen Hochdamms wären die heiligen Stätten vollständig im Wasser versunken, und so zersägte man das komplette Ensemble und baute es auf einer höhergelegenen Insel wieder zusammen. Neben dem Tempel steht am Ufer der grazile, eine schwebende Leichtigkeit ausstrahlende Trajan-Kiosk, der von dem römischen Kaiser in Auftrag gegeben wurde.

Tauchparadies Rotes Meer (ganz unten)

Vor Hurghada, an der Ostküste Ägptens, sowie vor Sharm al Sheikh an der Spitze des Sinai liegen in klarem Wasser ausgedehnte Korallenriffe, die zu den schönsten und fischreichsten der Welt zählen. Allmorgendlich läuft von beiden Häfen eine Armada von Booten zu den Riffen aus, und hier kann man stundenlang auf dem Wasser liegend schnorcheln oder gleich mit einem Atemgerät in die blaue Tiefe abtauchen und die bunte Fischwelt bestaunen. Wasser- und Lufttemperaturen lassen das ganze Jahr über Tauchgänge zu.

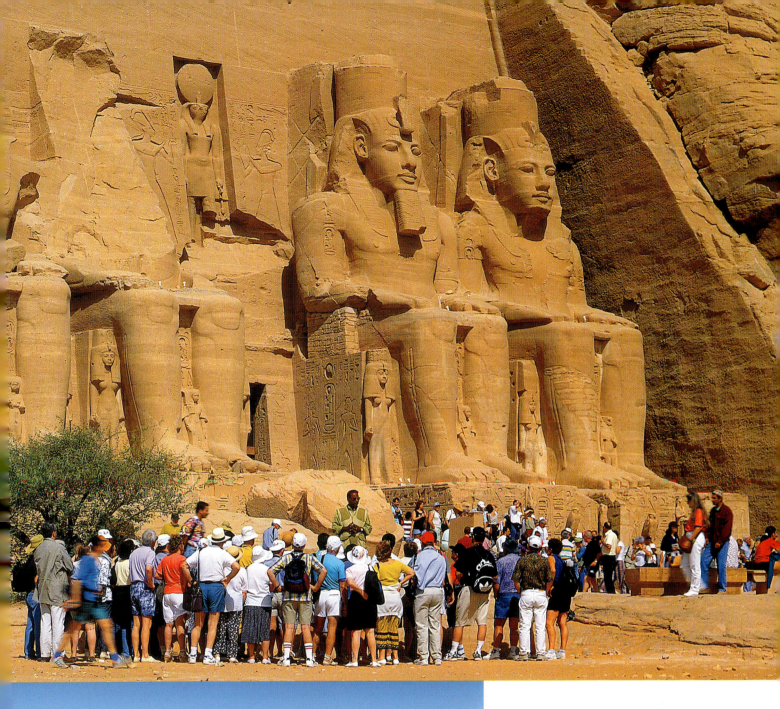

Abu Simbel (oben)

Es war Ramses II. (1290–1224 v. Chr.), der in Nubien den monumentalen Felsentempel mit den vier 20 m hohen Statuen aus dem Stein hauen ließ. Mit dem Bau des Assuan-Staudammes wäre dieses Meisterwerk in den Fluten des künstlichen Sees versunken. Dank internationaler Kooperation gelang die Rettung, indem man den Tempel in Aberhunderte von Blöcken zersägte und 60 m höher wieder zusammenfügte.

Nil (links)

„Ägypten – ein Geschenk des Nil", so hat Herodot die Besonderheit des Landes trefflich auf den Punkt gebracht. Nur dank der alljährlich wiederkehrenden Überschwemmungen war die lebensfeindliche Region besiedelbar und hat vor 5000 Jahren eine der ersten Hochkulturen erst möglich gemacht. Ägyptens Lebensader ist mit 6671 km der längste Fluss der Erde.

Westafrika

Mali, eines der ärmsten Staaten Afrikas, kann das Geld des Besuchers gut brauchen, und wenn der das Land besucht, dann ist das geheimnisvolle Timbuktu erstes Ziel. Von der senegalesischen Insel Gorée wurden für annähernd 200 Jahre Sklaven verschifft und vor der Küste liegen die Eilande des Wassersportparadieses der Kapverden.

Mali

Timbuktu *(links oben)*

Timbuktu – der Hafen der Wüste – war im 15./16. Jh. der wichtigste Handelsplatz der Transsahararoute und profitierte von der Nahtstelle zwischen Schwarz- und Weißafrika. Von dieser Bedeutung zeugen heute noch die drei Moscheen, vor allem Djinger-Ber, die aus Lehm erbaute, 80 x 30 m messende Große Moschee. Jedes Jahr wird sie in gemeinsamer Arbeit neu verputzt, damit das Gotteshaus für die Regenzeit geschützt ist. Seit 1988 gehört Timbuktu zum Weltkulturerbe.

Senegal

Lac Retba *(links unten)*

Der Salzsee, 40 km nordöstlich von Dakar gelegen, wird wegen seiner rosa Farbe auch als Lac Rose bezeichnet. Die Färbung entsteht durch Mikroorganismen. Der See liegt in einer Salzpfanne und ist nur durch einen Dünengürtel vom Meer getrennt. Sein Wasser enthält 380 g Salz pro Liter. Tag und Nacht bauen hunderte von Männern, bis zur Hüfte im Wasser stehend, das Salz ab und beladen damit die Pirogen, deren Ladung dann von den Frauen ans Ufer gefahren wird.

Insel Gorée *(rechts oben)*

Die „Palmeninsel" vor der Hauptstadt Dakar wurde 1444 von den Portugiesen besetzt und diente dann als Ankerplatz für Entdecker wie Vasco da Gama oder Christoph Kolumbus. 1677 eroberten die Franzosen das Eiland und begannen von hier aus mit der Sklavenverschiffung. 1778 war der Bau des heute noch zu besichtigenden Sklavenhauses fertig gestellt. Bis zum Verbot der menschenverachtenden Zwangsarbeit 1848 wurden von Gorée aus mehr als 10 Mio. Sklaven verschifft. Weltkulturerbe seit 1978.

Kapverdische Inseln
(rechts unten)

450 km westlich vor der Küste Senegals liegt der Archipel der Kapverden, der neun Inseln sowie acht Eilande vereinigt und eine Fläche von 4033 km² umfasst. Hier strahlt das ganze Jahr über die Sonne; die Temperaturen werden aber durch den Passatwind gemildert. Das warme Wasser mit seiner reichen Meeresfauna kühlt sich nie unter 20 °C ab. Die Kapverden sind ein Paradies für alle Arten von Wassersport.

Zentralafrika

Das Zentrum Afrikas ist zu einem großen Teil noch immer von dichtem Regenwald bestanden. Im Kongo finden wir gleich zwei Tierschutzgebiete, einmal für die selten geworden Okapis und dann für die ebenfalls vom Aussterben bedrohten Berggorillas. Aber auch die scheinbar so feindlichen Wüstenzonen bilden den Lebensraum für zahlreiche Tier- und Pflanzenarten.

Niger

Air- und Ténéré-Naturschutzgebiet *(rechts oben)*

Das mit 77 360 km² größte Naturschutzgebiet Afrikas in der Sahara-Sahel-Zone umfasst das Air-Bergland und den restlichen Teil der Wüste Ténéré und ist ein riesiges Stein- und Sandwüstenareal, in dem bisher rund 300 Pflanzenarten und 40 unterschiedliche Säugetiere gezählt wurden. Den Tuareg, den blauen Herrschern der Wüste, ist die Region Heimat und Lebensraum. Seit 1991 gehört sie zum Weltkulturerbe.

Kongo

Virunga-Nationalpark *(rechts Mitte)*

Im Grenzgebiet zu Uganda und Ruanda liegt bis in eine Höhe von 5100 m an den Hängen des Ruwenzori-Gebirges der 7900 km² große Virunga Nationalpark, der Schutzgebiet für die seltenen Berggorillas ist. Die Region besteht aus tropischem Regenwald, Steppen und Heiden mit Akazien und Steineiben. Elefantenherden, Kaffernbüffel und viele Löwen durchstreifen das Gebiet, das 1979 von der UNESCO zum Naturdenkmal erklärt wurde.

Okapi-Tierschutzgebiet *(rechts unten)*

Schon 1952 entstand im Nordosten des Kongo eine Wildschutzstation zur Aufzucht von Okapis, die 40 Jahre später zur Einrichtung des mehr als 13 700 km² großen Schutzgebietes führte. Zu den 52 Säugetierarten gehören das endemische Okapi, Elefanten, Flusspferde, Leoparden und Stachelschweine, und durch die Lüfte fliegen weit über 300 unterschiedliche Vogelarten. Seit 1996 steht es unter dem Schutz der UNESCO.

Ostafrika

Das Afrika, das uns Tania Blixen oder Ernest Hemingway in ihren Büchern vorgestellt haben, in das Filme wie Hatari uns geführt haben, das ist der Osten des Kontinentes mit seinen wandernden Herden von Gnus, Zebras und Giraffen, mit den so genannten Big Five, den Löwen, Leoparden, Nashörnern, Büffeln und Elefanten. Hier gehen wir heute nur noch auf Foto-Safari und bestaunen einen Artenreichtum, wie es ihn kaum irgendwo anders gibt. Und schließlich liegt hier auch noch die Wiege des Menschen.

Äthiopien

Fasil Ghebbi (links)

In der Region Gondar nordwestlich von Addis Abbeba liegt die ehemalige Residenzstadt Fasil Ghebbi des Kaisers Fasilidas und seiner Nachfolger. Mit ihren Palästen, Kirchen und Klöstern im afrikanisch-arabischen Baustil und umgeben von einer 900 m langen, hohen Festungsmauer ist sie ein bedeutendes architektonisches Zeugnis Nordostafrikas aus dem 17. und 18. Jh. Seit 1979 gehört der imposante Komplex zum Weltkulturerbe.

Kenia

Mount Kenya (unten)

Mit 5199 m ist der Mount Kenya, der aus den erloschenen Vulkangipfeln Batian und Nelion entstand, der zweithöchste Berg des Kontinentes und Namensgeber des Landes. Seit 1949 ist das Massiv mit seinen seltenen alpinen und subalpinen Pflanzen, seinen vielen Säugetieren und Vögeln ein Naturschutzgebiet und seit 1997 ein Naturdenkmal der UNESCO.

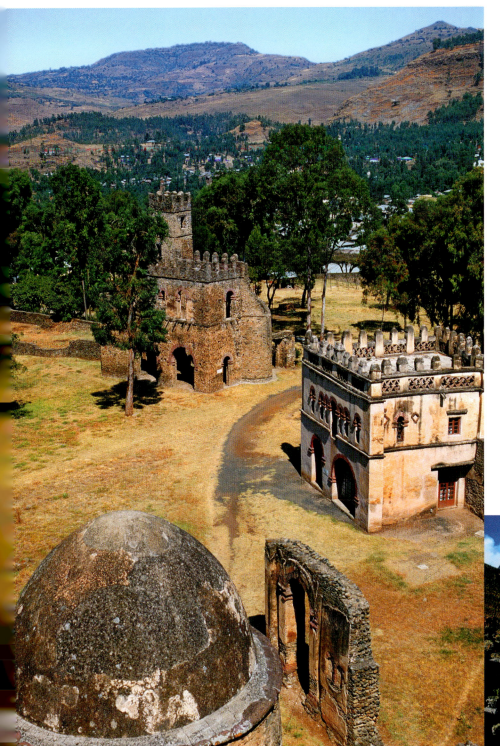

Tansania

Naturschutzgebiet Ngorongoro *(oben)*
Das 8 288 km² große Naturschutzgebiet im „Hochland der Riesenkrater" liegt im Nordosten Tansanias und besitzt einen besonderen Reichtum an afrikanischen Wildtieren. In dem Grasland mit seinen Akazienwäldern leben Elefanten, Löwen, Büffel, Steppenzebras, Gnus und Gazellen sowie die vom Aussterben bedrohten Spitzmaulnashörner. Seit 1979 steht Ngorongoro unter dem Schutz der UNESCO.

Nationalpark Serengeti *(rechts)*
Die Serengeti besteht aus fast 15 000 km² Grasland und Savanne und besitzt den größten Wildtierbestand Afrikas. Riesige Herden können hier vom Menschen ungestört ihre ausgedehnten Wanderungen unternehmen. Über 1 Mio. Gnus streifen über die Steppe und werden von Löwen, Leoparden und Geparden gejagt, große Elefantenherden ziehen zu den Wasserlöchern, 100 000 Zebras galoppieren über die Savanne und 300 Vogelarten zwitschern durch die Lüfte.

Momella Game Lodge (unten)

1961 wurde mit Hardy Krüger am Fuße des Kilimandscharo in der Momella Game Lodge der Paramount Pictures-Klassiker „Hatari" gedreht. Der Schauspieler kaufte nach den Dreharbeiten das Anwesen. Seit Anfang 2004 steht die Lodge mit den einstigen Privaträumen unter dem Namen Hatari wieder für Gäste in einer der schönsten und wildtierreichsten Landschaften Afrikas zur Verfügung.

Kilimandscharo (ganz unten)

Der Kilimandscharo ist ein vulkanisches Massiv, das ein Areal von 3 885 km^2 umfasst und aus den drei erloschenen Vulkanen Kibo (5 895 m), Mawenzi (5 149 m) und Shira (3 962 m) besteht. Der Berg ist nicht nur der höchste Afrikas, sondern besitzt auf seinem so genannten „Sattel" auch das größte Hochflächentundragebiet des Kontinentes. Dank der zweimaligen Regenzeit umgibt ein dichter Bergwald die Hänge, der vielen Tieren Schutz bietet.

Sansibar *(links oben)*

Die Inselgruppe Sansibar besteht aus dem Haupteiland gleichen Namens sowie dem nördlich gelegenen Pemba und erstreckt sich vor der Ostküste Afrikas. Hauptstadt, ökonomisches und kulturelles Zentrum ist Sansibar City mit der Altstadt Stone Town, die zum Weltkulturerbe gehört. Auf den Stränden der Inseln werden noch die traditionellen Dhaus, die Frachtensegler in präziser Handarbeit ohne Vorlagen oder Pläne gebaut. Seit Jahrhunderten verkehren sie von Sansibar aus auf alten Handelsrouten.

Seychellen *(links unten)*

Vor Ostafrika gelegen, bilden die Seychellen mit dem 34 km langen Aldabara-Atoll den letzten Rückzugsraum für die pazifischen Riesenschildkröten. Und im Naturpark Mai Tal wachsen die berühmten, bis zu 40 m hohen Coco de Mer, die nur hier vorkommenden Seychellennusspalmen, mit den größten Samen im gesamten Pflanzenreich. Beide Naturdenkmäler wurden 1982 und 1983 von der UNESCO unter Schutz gestellt.

Sambia

Victoriafälle *(rechts oben)*

Eines der eindrucksvollsten Naturschauspiele Afrikas sind die Victoriafälle 300 km westlich von Harare. Hier stürzt der Sambesi auf einer Breite von 1700 m 110 m tief in eine nur 50 m breite Schlucht. Der dabei entstehende Sprühnebel steigt bis zu einem halben Kilometer in die Luft und sorgt in der Region für eine üppige Vegetation. Die Bewohner der Umgebung nennen die Fälle daher Mosi-oa-Tunya, was soviel wie „Rauch, der tönt" bedeutet.

Malawi

Malawi-See *(rechts unten)*

Das auch heute noch als Njassa-See benannte Gewässer bedeutet in der Sprache der Yao „großes Wasser", und mit einer Nord-Süd-Ausdehnung von 600 km, einer Breite von 80 km und einer Tiefe von über 700 m ist das eine treffende Bezeichnung. Die größte Besonderheit des Sees sind die Buntbarsche, von denen mittlerweile über 600 Arten bekannt sind. Bis auf ganz wenige Ausnahmen kommen sie nur im Malawi-See vor, sind hier also endemisch.

Südliches Afrika

Buschmänner in der Namib und Kalahari, eine reiche Tierwelt in den Okawango-Sümpfen, viele Nationalparks, Naturdenkmäler der UNESCO, ruhige, atmosphärereiche Städte wie Lüderitz, quirlige Metropolen wie Johannesburg oder Port Elizabeth, Weinanbaugebiete, Strände entlang der Garden Route, vor denen Wale kalben – all das bietet das südliche Afrika.

Namibia

Windhuk *(links oben)*

In der namibischen Hauptstadt mit ihren 200 000 Einwohnern erinnert nicht mehr viel an die blutige deutsche Kolonialherrschaft, die von 1890 bis 1919 dauerte. Das Zentrum der Stadt markiert aber noch immer das Reiterstandbild für die kaiserdeutsche Schutztruppe, überragt von der um die Jahrhundertwende erbauten Christuskirche mit ihren farbigen Klinkern, den Bogenfenstern und den Jugendstilelementen.

Lüderitz *(links unten)*

Lüderitz, die farbenprächtige Gründungshauptstadt von Deutsch-Südwest-Afrika, dem heutigen Namibia, wurde von dem gleichnamigen deutschen Kaufmann gegründet und kam Ende des 19. Jh. unter den Schutz des Kaiserreiches. Die 20 000 Einwohner leben am Rande der Namib-Wüste inmitten zahlreicher gut erhaltener und gepflegter Kolonialbauten im Jugend- und wilhelminischen Stil.

Waterberg Plateau *(rechts oben)*

Das 20 x 50 km große sandsteinrote Tafelberg-Massiv erhebt sich abrupt 200 m aus der Ebene und steht seit 1972 unter Naturschutz. Wegen der weitgehend unzugänglichen Lage wurden in dem 400 km² großen Gebiet bedrohte Tierarten wie Breit- und Spitzmaulnashörner, Antilopen und Gnus angesiedelt. Aufgrund ausreichender Feuchtigkeit entstand eine üppige und artenreiche Vegetation; hier leben mehr als 200 Vogelarten.

Etosha-Pfanne *(rechts Mitte)*

Die Etosha-Pfanne wurde 1907 zum Nationalpark erklärt und umfasst ein Areal von 22 270 km², in dem 114 Säugetierarten – darunter die Big Five: Elefanten, Löwen, Leoparden, Rhinozerosse, Büffel –, 340 Vogelarten, 110 unterschiedliche Reptilien, 16 Amphibien und – aufgrund der großen Trockenheit – nur eine Fischart leben. Etosha, der „Große weiße Platz", ist eine mineralische Pfanne, die Teil der Kalahari ist und vor 100 Mio. Jahren gebildet wurde.

Namib-Wüste

Die extrem trockene Namib liegt an der Westküste Afrikas, verläuft von Norden nach Süden über 2 000 km und reicht rund 160 km ins Landesinnere hinein. Bekannt ist sie vor allem wegen ihrer Sanddünen, die je nach Sonnenstand ihre Farben ändern. Die sogenannte Düne 7 ist die größte Sanddüne der Welt. Die wenigen dort lebenden Pflanzen und Tiere sind faszinierend an die Trockenheit angepasst.

Botswana

Kalahari *(links oben)*
Die Kalahari ist Teil eines riesigen Sandbeckens, das vom Orange River bis in den Westen von Namibia und den Osten Zimbabwes reicht und durch Erosion der weichen Steinformationen entstand. Neben den phantastisch an die karge Natur angepassten Buschmännern sind vor allem die Webervögel von Interesse, die in den Akazien riesige Gemeinschaftsnester von bis zu 2 m Durchmesser bauen und dort ihre aufgeregt herumflatternde Brut aufziehen.

Okawango-Delta *(links unten)*
Der Grenzfluss zwischen Namibia und Angola strömt aus den Höhen des Biha Gebirges über fast 2000 km in die trockene Kalahari, teilt sich dort in ein deltaförmiges Netzwerk auf und versandet in der Wüste Botswanas. Das gesamte Binnendelta ist ein einziger Sumpfraum, der unzähligen Tieren und Pflanzen Schutz vor dem Menschen bietet, da ein Fortkommen in der morastigen Region schnell an Grenzen stößt.

Chobe-Nationalpark *(oben)*
Botswanas erster Nationalpark umfasst 10600 km² und wurde ursprünglich 1932 unter Schutz gestellt. Hier lebt die größte Elefanten-Population der Welt; man schätzt die Zahl der Tiere auf rund 120 000. Diese Herden wurden über die letzten 100 Jahre stetig geschützt und gehegt, so dass aus wenigen tausend Tieren wieder eine überlebensfähige Gemeinschaft wurde. Doch unter vielen anderen Tieren haben auch die Nilpferde hier ihr Refugium gefunden.

Südafrika

Tafelberg (rechts)
Wenn den frühen Seefahrern nach Indien der 1082 m hohe Tafelberg in Sicht kam, dann war das wahrlich Anlass zur Erleichterung. Zwar hatten die Schiffe noch nicht den südlichsten Punkt des Kontinentes erreicht, der liegt am Kap Agulhas, aber das markante Plateau war ein sicheres Zeichen für den navigatorischen und seglerischen Erfolg. Bis heute hat man von dort oben einen atemberaubenden Ausblick über die weite Bucht und Kapstadt.

Kap der Guten Hoffnung (unten)
Und nach dem hohen Tafelberg kam dann das Kap der Guten Hoffnung in Sicht und das machte wahrlich Hoffnung auf einen guten Abschluss der gefährlichen Reise. Kein Wunder, dass die Namensgebung nahe lag. Heute führt eine Straße rund um das Vorgebirge, und von den vielen Aussichtsstellen kann man Blicke auf die an die schroffen Felsen anbrandende See genießen.

The Boulders *(links)*
Schwimmen mit den Pinguinen – so könnte das Motto am Boulders Beach lauten, der sich mitten in der historischen Stadt Simonstown (südlich von Kapstadt) erstreckt. Nirgendwo sonst kommt man den flugunfähigen Vögeln so nahe wie hier, und die Tiere sind an den Menschen gewöhnt und zeigen nur wenig Scheu. Vor allem am Abend, wenn die Pinguine von ihren Fischausflügen in das unter Naturschutz gestellte Areal zurückkehren, kommt Freud bei Groß und Klein auf, wenn die lustigen Tierchen zu Hunderten aus dem Wasser und auf den Strand watscheln.

Port Elizabeth (oben)

Port Elizabeth – in Südafrika nur kurz PE genannt – erstreckt sich über 16 km an der Algoa Bay und bildet den östlichen Abschluss der Garden Route. Die Engländer gründeten die Stadt 1799 mit dem Bau des Fort Frederick, und heute ist sie das wirtschaftliche Zentrum der Provinz Ostkap. Ihren Namen hat sie von der Frau des britischen Gouverneurs bekommen. Viele historische Gebäude zieren Südafrikas viertgrößte Stadt, und die langen Pazifikstrände vor der Skyline der Metropole locken zu allen Arten von Wassersport.

Johannesburg (rechts oben)

„We are living in an urban forest", sagen die Johannesburger, wenn sie von ihrer Stadt sprechen. Die alten Viertel, eingebettet in die Hügel, haben baumgesäumte Straßen, Naturreservate und grüne Parks voller Bäume. Und so nennt man die Stadt den größten künstlichen Dschungel der Welt. 1,2 Mio. Bäume wachsen alleine entlang der Straßen, hinzu kommen noch einmal all die ungezählten Exemplare in den Parkanlagen und um die Seen herum. Johannesburg hat mehr Bäume als Einwohner.

Wein-Route (rechts unten)

Stellenbosch, die Weinhauptstadt Südafrikas, liegt an der Wein-Route inmitten der Boland Berge mit ihren fruchtbaren Tälern, in denen 15 % der Weine des Landes angebaut werden. Hier keltern die Winzer tanninreiche, kräftige Rotweine, darunter Cabernet Sauvignon, Merlot, Pinot Noir oder die derzeitige Moderebe Shiraz, die der Genießer auch unter dem Namen Syrah kennt.

Drakensberg Park *(oben)*

Der über 3000 m hohe Gebirgszug – das Dach Südafrikas in Natal – ist von herausragender Naturschönheit. Inmitten dieser spektakulären Landschaft findet man unzählige Felszeichnungen der San, die hier über einen Zeitraum von 4000 Jahren lebten. Die hervorragend erhaltenen Zeichnungen zeigen eindringlich das spirituelle Leben des nicht mehr existierenden Volkes. Der Park gehört zum Weltkulturerbe.

Garden Route *(rechts oben)*

Die Garden Route verläuft parallel entlang der südöstlichen Pazifikküste, ist eingebettet zwischen Heidelberg und dem Storms River und bietet dem Besucher weite Buchten mit sandigen Traumstränden, hohen Bergen und Wäldern, Täler mit Blumenmeeren, dahinplätschernde Bäche und Flüsse, deren Murmeln die Seele wattiert und an deren Ufern eine üppige Vegetation blüht.

Sun City *(rechts unten)*

Der Ferien- und Vergnügungsort Sun City liegt 170 km nördlich von Johannesburg in den Pilanesbergen. Und hier ist das Palace of the lost city mit seinen palastgleichen Türmchen, Säulen und Kuppeln eines der luxuriösesten Herbergen der Welt. Neben den Casinos und Shows finden sich in Sun City viele Sportmöglichkeiten, so ein Golfplatz, dessen 13. Loch berühmt ist. Wenn jemand seinen Ball daneben schlägt, dann landet der neben dem Grün in einem Alligator-See. Es wird dringend abgeraten, danach zu suchen.

Réunion (links)
Auf Réunion kann man mit dem Euro zahlen, denn die Insel ist, 9200 km von Paris entfernt, das südlichste Department Frankreichs. Entdeckt wurde das unbewohnte Eiland 1513 von den Portugiesen. Ab dem 17. Jh. wanderten Franzosen, Afrikaner, Inder, Malayen und Chinesen auf Réunion ein, und dieses außerordentliche Völkergemisch spiegelt sich in allen Facetten des Alltagslebens wider. Der 2 630 m hohe aktive Vulkan Piton de la Fournaise steht unter ständiger Überwachung eines Observatoriums, das alle Bewegungen der Erde registriert.

Komoren (oben)
Die Inselgruppe liegt an der Nordspitze von Madagaskar, und drei der vier Eilande bilden einen unabhängigen Staat, nur Mayotte ist nach wie vor in französischem Besitz. Tropischer Regenwald findet sich nur noch in weitgehend unzugänglichen höheren Lagen. Berühmt sind die Komoren für ihren Quastenflosser. Lange Zeit galt der urzeitliche Fisch als ausgestorben, doch lebt er in den Gewässern vor der Küste noch in einer Tiefe von 150 bis 400 m.

Krüger Nationalpark (unten)
Der Krüger Nationalpark gehört zu den wildreichsten Regionen Afrikas, wurde schon 1898 eingerichtet und umfasst ein Gebiet von annähernd 20 000 km². Das Flaggschiff unter den Nationalparks Südafrikas ist die Heimat von unzähligen Pflanzen- und Tierspezies. Darüber hinaus finden sich viele Felszeichnungen von Buschmännern und eine Reihe von bedeutenden archäologischen Stätten.

Madagaskar

(oben)

Die viertgrößte Insel der Welt liegt 800 km vor der afrikanischen Ostküste. Wer hierher kommt, wird einer überwältigenden Flora und Fauna begegnen. Z.B. in einem der vielen Nationalparks, die zum Teil noch aus Primärwald bestehen. Mindestens 80 % der Natur auf Madagaskar ist endemisch, kommt also nur dort vor. Diese Einzigartigkeit ist noch lange nicht vollständig erforscht. Darüber hinaus ist die Insel ein Pardies für Badeurlauber und Taucher.

Mauritius

Ile aux Cerfs *(rechts)*

„Es drängt sich einem der Gedanke auf, dass zuerst Mauritius und dann der Himmel erschaffen wurde. Und dass der Himmel eine Nachahmung von Mauritius ist", schrieb Mark Twain 1897. Und wenn man auf der Ile aux Cerfs ist – einem kleinen Eiland vor der Ostküste –, dann fühlt man sich in der Tat wie in einer Vorstufe vom Paradies. Lange, weiße, feinsandige Strände – umgeben von Palmenwäldern – und klares warmes Wasser hat die kleine Insel zu bieten. Alle Arten von Wassersport sind möglich, und abends isst man fangfrischen Fisch unter Palmenblättern.

Nordamerika

Kanada

Kanada, das klingt nach Weite und Wildnis, und genau das finden Besucher jenseits der sympathischen Metropolen Québec, Montréal, Toronto und Vancouver. Das fast menschenleere Yukon Territory weckt Erinnerungen an Goldgräberzeiten, die Nationalparks in den Rocky Mountains mit Gletschern, Bergseen und Wäldern ziehen Wanderer und Naturfreunde an, und auf den kleinen Atlantikinseln ermöglichen die Panoramastraßen entlang der zerklüfteten Küsten hinter jeder Kurve neue Blicke auf raue Landschaften und kleine Fischerdörfer.

Cape Breton Highlands National Park, Nova Scotia *(links)*

Zum Cape Breton Highlands Nationalpark hoch im Norden der kleinen Atlantikinsel Nova Scotia gelangt man über den 298 km langen Cabot Trail. Nachdem die Panoramaroute dem dramatischen Küstenverlauf gefolgt ist, können Besucher auf Wanderwegen die Tundra- und Heidelandschaft des Naturschutzgebiets erkunden und dabei Schwarzbären, Weißwedelhirsche und Elche beobachten.

Prince Edward Island *(unten)*

Die kleinste der kanadischen Provinzen, deren Bewohner vom Fischfang und Fremdenverkehr leben, wird kurz P.E.I. genannt. Drei Panoramastraßen – der Blue Heron Drive, der Kings Byway Drive und der Lady Slipper Drive – erschließen die Insel. Ungewöhnlich für die kanadische Atlantikküste sind sanft abfallende Sandstrände, die sich dank des warmen Stroms des St. Lawrence bestens zum Baden eignen.

Fundy National Park,
New Brunswick (oben)
Der Fundy National Park in New Brunswick mit zerklüfteten Küsten und dichten Wäldern bietet ein einzigartiges Naturphänomen. Während sich andernorts der Wechsel von Ebbe und Flut kaum merkbar über Stunden erstreckt, beträgt der Tidenhub in der Fundy Bay weltrekordverdächtige 15 m. Wenn die Flut einsetzt, kann man beobachten, wie das Wasser Minute für Minute steigt.

Québec City, Québec (rechts oben)
Québec bereitet sich schon jetzt auf ein rauschendes Fest vor, denn 2008 feiert die Stadt den 400. Jahrestag ihrer Gründung. Wenn Montréal das mondäne Zentrum des französischsprachigen Kanada ist, dann ist Québec das historische. Eine gut 4 km lange Stadtmauer, die einzige in Nordamerika, umfasst die Altstadt, die hoch über dem St. Lawrence River thront.

Place d'Armes, Montréal *(rechts unten)*
Zentrum der Altstadt von Montréal ist die Place d'Armes. Nach der Niederlage gegen die Briten 1760 gaben dort französische Soldaten ihre Waffen ab. Heute rahmen mehrere historische Gebäuden das geschichtsträchtige Areal ein, allen voran die 1829 errichtete, neogotische Basilique Notre Dame, deren prachtvolle Innenausstattung bei Besuchern einen prägenden Eindruck hinterlässt.

CN Tower, Toronto, Ontario *(oben links)*

Wie eine Nadel ragt der 1976 errichtete, 553 m hohe CN Tower, das Wahrzeichen von Toronto, aus der Wolkenkratzer-Silhouette der Stadt. Das höchste frei stehende Gebäude der Welt besitzt gleich vier Aussichtspunkte: in 342 m, 346 m, 360 m, und 447 m Höhe. Wer schwindelfrei ist, kann bei klarer Sicht von dort oben einen spektakulären Weitblick bis zu den Niagara-Fällen genießen.

Toronto *(oben rechts)*

Toronto, die 3,5 Mio. Einwohner zählende Hauptstadt von Ontario, schaut auf den Lake Ontario. Und wie es sich für eine Hafenstadt gehört, ist die Harbour Front mit Galerien, Läden, Restaurants und einem Yachthafen ein beliebter Treffpunkt. Von dort bietet sich vor allem abends ein faszinierender Blick auf die Wolkenkratzer, aus denen der 553 m hohe CN Tower herausragt.

SkyDome *(links)*

Neben dem 553 m hohen CN Tower wirkt der SkyDome von Toronto wie ein kleines Schneckenhaus, doch auch das 1989 eröffnete Multifunktionsstadion hält sich gut auf der Liste der Superlative. Unter dem größten ausfahrbaren Dach der Welt finden Sportveranstaltungen, Konzerte und Messen statt, bei denen bis zu 60 000 Zuschauer die Ränge dieses beeindruckenden Gebäudes füllen.

Athabasca-Gletscher und Athabasca Falls, Alberta *(unten)*

Die Columbia Icefields in Alberta, eines der größten nichtpolaren Eisfelder in Nordamerika, umfassen auf 325 km² acht Gletscher. Mit einem Snow Coach, einem eigens für die Fahrt auf dem Eis gebauten Bus, geht es über den Athabasca-Gletscher. Das Schmelzwasser des Gletschers speist den gleichnamigen Fluss, der bei den Athabasca Falls in die Tiefe stürzt.

Banff National Park *(rechts)*

Als erster kanadischer Nationalpark wurde 1885 Banff inmitten der Rocky Mountains gegründet, um die heißen, schwefelhaltigen Quellen des Sulphur Mountain zu schützen. Die Kulisse der Gipfel, glitzernde Gletscher und sattgrüne Bergwiesen machen Banff zum meistbesuchten Nationalpark des Landes. Wer mit der Seilbahn den Sulphur Mountain hinauffährt, kann das Panorama aus der Vogelperspektive genießen.

Jasper National Park *(links)*

Zerklüftete Berggipfel, tiefe Schluchten, tosende Wasserfälle, heiße Mineralquellen, dichte Tannenwälder — kein Wunder, dass der Jasper National Park in der UNESCO-Liste des Weltkulturerbes verzeichnet ist. Der Malign Lake, der größte See der kanadischen Rocky Mountains, ist nur einer der zahlreichen kristallklaren, von Gletschern gespeisten Seen im Park.

Icefields Parkway *(rechts)*

Zwischen dem Lake Louise und Jasper in Alberta passiert die 230 km lange Panoramastraße einige der spektakulärsten Sehenswürdigkeiten der kanadischen Rocky Mountains. Fast hinter jeder Kurve des Icefields Parkway öffnet sich der Blick auf einen Gletscher. Wer sich an einem der vielen Aussichtspunkte ein wenig Zeit nimmt, kann Grizzlybären, Karibus und Elche beobachten.

Yukon River, British Columbia, Yukon Territory, Alaska *(oben links)*
Nur vier Brücken überspannen den 3285 km langen Yukon River von der Quelle in British Columbia bis zum Mündungsdelta in Alaska. Kanuten, die auf der Suche nach dem Abenteuer Wildnis den Fluss erkunden, folgen den Spuren der Goldsucher des 19. Jh. Windschiefe Blockhütten an den Ufern des Yukon erinnern an die Zeit, als sich Zehntausende auf den Weg zu den Goldfeldern am Klondike machten.

Kluane National Park, Yukon Territory *(oben Mitte)*
An der südlichen Grenze zwischen Alaska und dem kanadischen Yukon Territory liegt der Kluane National Park, dessen Gletscher sich während der Eiszeit vor 3 Mio. Jahren bildeten. Haines Junction am Alaska Highway ist das Tor zum Park, in den nur wenige Straßen führen. Im Mai und Juni ist der abgelegene Mount Logan, mit 5959 m Kanadas höchster Gipfel, Ziel von Bergsteigern.

Lake Louise, Alberta *(oben rechts)*
Wenn der Banff National Park als Star unter den kanadischen Nationalparks gilt, dann ist der Lake Louise der Star des Stars. Vor der Kulisse des 3464 m hohen, schneebedeckten Mount Victoria schimmert der blaugrüne See. Im Sommer genießen vor allem Kanuten dieses atemberaubende Panorama. Im Winter ist die Region um den Lake Louise ein beliebtes Skigebiet.

Waterton Lakes National Park *(rechts)*
Der Nationalpark an der Grenze zwischen dem kanadischen Alberta und dem US-amerikanischen Montana liegt zwischen zwei Bergketten. Der Waterton Lake ist mit 150 m der tiefste See in den Rocky Mountains. Ein über 250 km langes Wegenetz führt durch trockene Prärien hinauf zu über 3000 m hohen Gipfeln. Im Winter werden die Wanderwege zu Loipen.

Victoria, British Columbia (links oben)
Anderthalb Stunden dauert die Fahrt mit der Fähre von Vancouver nach Victoria an der Südspitze von Vancouver Island. Hier erinnern nicht nur zahlreiche Parks an die Zeit, als Kanada eine britische Kolonie war. Zum traditionellen High Tea lädt das monumentale Empress Hotel ein, und abends erstrahlt das neogotische Parlamentsgebäude in dramatischem Licht.

Stormwatching, Vancouver Island (links unten)
Den Pazifikstürmen, die im Winter gegen die Küste peitschen und die Wellen zu meterhohen Brandungen auftürmen, ist die Westflanke von Vancouver Island schutzlos ausgeliefert. „Stormwatcher" lassen sich dieses Naturspektakel nicht entgehen. Vom Wickaninnish Inn im Fischerort Tofino können sie auch ohne Regenhaut und Gummistiefel die wilden Stürme beobachten.

Capilano Suspension Bridge, Vancouver (rechts oben)
Einmal tief durchatmen und dann geht es über die mit 140 m längste Hängebrücke für Fußgänger. In 70 m Höhe überquert sie in Vancouvers Queen Elizabeth Park den Capilano River. Dort oben sind Besucher in Augenhöhe mit den Baumriesen. Und wenn sie wieder festen Boden unter den Füßen haben, schauen sie sich die Sammlung von 35 Totempfählen an.

Stubbs Island, Whale watching (rechts Mitte)
Von Juni bis Oktober verlassen zahlreiche Ausflugsboote den Hafen von Telegraph Cove im Nordosten von Vancouver Island und durchkreuzen die geschützte Johnstone Strait auf der Suche nach Meeresriesen, die sich zu dieser Zeit dort einfinden. Und mit ein wenig Glück kann man dann nicht nur Schwertwale, sondern auch Buckel- und Grauwale sowie Seehunde sichten.

Butchart Gardens, Vancouver (rechts unten)
Was macht man aus einem aufgelassenen Steinbruch? Jennie Butchart, die Gattin eines wohlhabenden Zementproduzenten in Vancouver, ließ Anfang des 20. Jh. tonnenweise Muttererde anliefern und legte einen Park an. Heute erfreut die Blumenpracht des Japanischen Gartens, des Rosengartens und des Versunkenen Gartens von Butchart Gardens Besucher aus aller Welt.

Glacier Bay National Park, British Columbia *(links oben)*

Kurz bevor der TransCanada Highway von Westen kommend Banff, den meistbesuchten kanadischen Nationalpark erreicht, stimmt Glacier Bay mit Eisfeldern und Gletschern, hohen Bergen und engen Tälern auf das faszinierende Panorama der Rocky Mountains ein. Ein ausgedehntes Höhlensystem durchzieht den Park, mit knapp 6 km sind die Nakimu Caves die längsten.

Wells Gray Provincial Park *(links unten)*

Im Zentrum von British Columbia lädt der Wells Gray Provincial Park mit erloschenen Vulkanen, zahlreichen Mineralquellen und dichten Wäldern zu Wanderungen ein. Der Murtle Lake ist ein ideales Kanu-Revier, in den Seen Clearwater und Azure kann man Forellen angeln. Highlight des Parks sind die Helmcken Falls. Dort stürzt der Murtle River 137 m in die Tiefe.

Okanagan Valley *(rechts oben)*

Das 250 km lange Okanagan Valley im Einzugsbereich von Vancouver ist nicht nur wegen der 40 Golfplätze beliebt. Dank des milden Klimas finden Besucher hier eine liebliche Landschaft mit Obstplantagen und Weinbergen vor. Mehr als 250 Seen, allen voran der Okanagan Lake, bieten Surfern, Seglern, Kanuten und Anglern ideale Reviere. Im Winter ist das Tal Ziel von Skifahrern.

Kootenay National Park *(rechts unten)*

Gletscher und Kakteen? Die artenreiche Pflanzenwelt des Kootenay National Park in British Columbia bietet beides. Wer die Naturgewalt der Rocky Mountains nicht im Massenansturm genießen möchte, ist hier richtig. Die Wanderung am Marble Canyon führt an einer 60 m tiefen, bewaldeten Klamm entlang. Danach garantiert ein Bad in den heißen Quellen von Radium Hot Springs Entspannung pur.

Vereinigte Staaten von Amerika

Highway One und der Yosemite National Park in Kalifornien, das Monument Valley und die Nationalparks Grand Canyon, Zion, Bryce Canyon und Mesa Verde im Südwesten, Floridas Strände und Vergnügungsparks, die Weite Alaskas oder der Hauch der Südsee auf den Hawaiianischen Inseln – die USA bieten Reiseziele für jede Jahreszeit und jeden Geschmack. Und dann die Metropolen: Washington D.C. oder New York, Los Angeles oder San Francisco, Chicago oder New Orleans – jede mit einem anderen way of life und deshalb so faszinierend.

Panamericana, Alaska – Kanada – Feuerland *(oben)*

Eine einzige Straße verbindet den entlegensten Winkel Nordamerikas mit der Südspitze Südamerikas – die legendäre Panamericana. Reisende beginnen diese kontrastreiche Tour durch zwei Kontinente, insgesamt 14 Länder und eine Unmenge von Klimazonen meist in Alaska, um nach einer mehrwöchigen Reise ans „fin del mundo", an das Ende der Welt auf Feuerland in Argentinien zu gelangen.

Denali National Park, Alaska *(rechts oben)*

Unbestrittenes Highlight des Denali National Park auf halben Weg zwischen Anchorage und Fairbanks ist der Mount McKinley, mit 6194 m Nordamerikas höchster Gipfel. Besucher ohne bergsteigerische Ambitionen erkunden das Gebiet auf einer 148 km langen Panoramaroute, die den Blick auf die wunderschönen schneebedeckten Gipfel und in der Sonne glitzernde Gletscher freigibt.

Mount McKinley *(links)*

Mit 6194 m ist der Mount McKinley im Denali National Park der höchste Berg Nordamerikas. 1913 wurde „Der Große" – so die Bedeutung seines ursprünglichen Namens Denali – erstmals bestiegen. Es gibt technisch anspruchsvollere Sechstausender, aber wegen der extremen klimatischen Bedingungen stellt der McKinley Bergsteiger vor eine ganz besondere Herausforderung.

Acadia National Park, Maine (oben)
Auf der kleinen Atlantikinsel Mount Desert Island hoch oben in Norden von Maine schützt der Acadia National Park die durch eiszeitliche Gletscher geformte, dicht bewaldete Landschaft, aus der kahle Granitkuppeln emporragen. Wind und Wetter schliffen auch die Granitfelsen an der ausgefransten Küste, an der die Brandung des Atlantiks tiefe Höhlen ausgespült hat.

Schlittenhundrennen, Iditarod Trail, Alaska (links)
Alljährlich am ersten Samstag im März machen sich die Musher – so werden die Führer der Schlittengespanne genannt – mit ihren Teams aus 12 bis 16 Hunden auf die 1760 km lange, neun Tage dauernde Fahrt durch die eisigen Weiten Alaskas von Anchorage nach Nome. Sie folgen dem Iditarod Trail, über den im späten 19. Jh. die Camps der Goldsucher mit Lebensmitteln versorgt wurden.

Juneau (rechts oben)
Inmitten der ausgefransten Fjordlandschaft der Inside Passage tief im Südosten des Staates schmiegt sich die 30 000 Einwohner zählende Hauptstadt von Alaska an die Ausläufer hoch aufragender Berge. Nur einen Steinwurf vom Zentrum von Juneau entfernt drängt der gut 2 km breite Hausgletscher Mendenhall 20 km weit in das gleichnamige Tal hinein.

Indian Summer, Neu-England-Staaten (rechts unten)
Im Herbst lauschen sie gebannt den Nachrichten, denn da erfahren die leaf peeper, welche Wälder in Neu-England gerade am strahlendsten leuchten. Foliage oder Indian Summer wird das Naturschauspiel genannt, wenn sich täglich das bunte Blätterkleid der Laubwälder in anderen Farbschattierungen zeigt. Von weither strömen dann Besucher in die neu-englischen Dörfer.

Boston, Massachusetts (links)
Die neu-englische Metropole gibt sich modern und traditionsbewusst zugleich. In Cambridge, jenseits des Boston River, wird an der Harvard University die Elite von morgen ausgebildet; im Schatten der Wolkenkratzer des Stadtzentrums verläuft ein Pfad, der an die historische Rolle beim Unabhängigkeitskampf erinnert. In den Gebäuden entlang des Freedom Trail wurde amerikanische Geschichte geschrieben.

Cape Cod (unten links)
Weite Sandstrände, sattgrünes Marschland und kleine, typisch neu-englische Dörfer: Kein Wunder, dass die Halbinsel in der Nähe von Boston im Sommer eines der beliebtesten Ferienziele an der Ostküste ist und sich schon früh eine Kolonie von Künstlern in Provincetown niederließ. Zwischen April und Oktober starten von Cape Cod Ausflugsboote zur Walbeobachtung.

Nantucket, Massachusetts (unten rechts)
Stattliche Kapitänsvillen erinnern an die Zeit, als die kleine Atlantikinsel Anfang des 19. Jh. eines der bedeutendsten Walfangzentren der USA war. Den Walfängern von Nantucket setzte Herman Melville in „Moby Dick" ein literarisches Denkmal. Heute verbinden Fähren Nantucket mit der größeren Nachbarinsel Martha's Vineyard und der Halbinsel Cape Cod – ideal fürs sommerliche Island Hopping.

Niagara-Fälle, USA/Kanada (rechts)
Die USA und Kanada teilen sich die Niagara-Fälle und damit auch die Millionen von Besuchern, die alljährlich dieses Naturschauspiel bestaunen. Ob von der 160 m hohen Aussichtsplattform des Skylon Tower auf der kanadischen Seite oder bei einer Fahrt mit einem der „Maid of the Mist"-Boote, der Blick auf die bis zu 670 m breiten und an die 60 m hohen Wasserfälle ist grandios.

MoMA, New York City *(rechts)*
Rechtzeitig zur Feier des 75-jährigen Bestehens wird im Winter 2004/2005 der Umbau des MoMa abgeschlossen. Yoshio Taniguchi schuf die Pläne für die Umgestaltung, durch die sich die Ausstellungsfläche für eine der weltweit bedeutendsten Sammlungen Moderner Kunst nahezu verdoppelt. Zu den bekanntesten der über 100 000 Exponate zählen Werke von Picasso und Chagall, Monet und Matisse, Pollock und Warhol.

Guggenheim Museum *(unten)*
So recht begeistern konnten die New Yorker sich zunächst nicht, als 1959 das spiralförmige „Schneckenhaus" von Frank Lloyd Wright an der ansonsten klassizistisch strengen Museumsmeile der Fifth Avenue eröffnet wurde. Die exquisite Sammlung, die in wechselnden Ausstellungen gezeigt wird, umfasst unter anderem Werke von van Gogh, Gauguin, Cézanne, Picasso und Kandinsky.

Chrysler Building *(rechts oben)*
Es war ein ganz besonderer Wettstreit, als die ehemaligen Partner William Van Alen und Craig Severance 1929 Pläne für zwei Hochhäuser entwarfen. Van Alen ging als Sieger hervor, denn er baute mit dem 319 m hohen Chrysler Building nicht nur das damals höchste Gebäude der Stadt. Bis heute gilt der Wolkenkratzer mit der Art-déco-Stahlspitze als der schönste unter den New Yorker Riesen.

Empire State Building *(rechts unten)*
Genau 1576 Stufen laufen alljährlich im Februar die Teilnehmer eines der verrücktesten Rennen der Welt zur Plattform des Empire State Building hinauf. Der Schnellste schafft es in zehn Minuten. Mit dem Fahrstuhl geht es in 45 Sekunden deutlich schneller und bequemer zur Aussichtsplattform im 86. Stock. Vom höchsten Wolkenkratzer New Yorks bietet sich ein atemberaubender Blick auf Manhattan.

Times Square *(ganz links)*

Jahrelang galt die Gegend um den Times Square mit billigen Hotels und geschlossenen Theatern nicht gerade als präsentabel. Doch dann begann Ende der 1980er-Jahre eine radikale Verschönerungskur, die den Platz am Schnittpunkt von 42nd Street, Seventh Avenue und Broadway wieder zum strahlenden Zentrum von Manhattan machte. Hier feiern die New Yorker die größte Silvesterparty des Landes.

Central Park *(links oben)*

Grüne Lunge, Spielwiese der Stadt, Schaubühne für Exzentriker – der 800 m breite und 4 km lange Central Park zwischen der noblen Upper East Side und der trendy Upper West Side hat viele Beinamen. Dabei ist der 1876 nach Plänen der Landschaftsarchitekten Frederick Law Olmsted und Calvert Vaux angelegte Park doch nur eines: der Treffpunkt aller New Yorker.

Chinatown *(links Mitte)*

Hier riecht und hier klingt es anders als in Uptown. Die Schriftzeichen der Läden wirken nur für Besucher befremdlich. Viele Bewohner von Chinatown sprechen kein Englisch, und doch ist diese in sich geschlossene Gesellschaft offen für Neugierige. Die Restaurants bieten mehr als nur Chop Suey, und Kräuterläden mischen auch die kompliziertesten Rezepte der traditionellen chinesischen Medizin.

Fifth Avenue *(links unten)*

Im südlichen Teil der nobelsten Straße New Yorks – zwischen der 40th und 59th Street – herrscht der Kommerz, weiter nördlich auf der Fifth Avenue – an der Museum Mile beim Central Park – die Kunst. Während es bei Tiffany's oder Cartier wohl nur zum Window Shopping reicht, sind die Ausstellungen der Frick Collection, des Metropolitan Museum of Art und des Guggenheim Museums auch für schmale Geldbeutel erschwinglich.

Flatiron Building *(links oben)*

Dort, wo an der 23rd Street der Broadway auf die Fifth Avenue stößt, errichtete Daniel Burnham, der berühmte Architekt aus Chicago, 1902 eines der ersten Hochhäuser der Welt in Stahlskelettbauweise. Das spitz zulaufende Grundstück gab ihm die Bauform vor, die an ein Bügeleisen erinnert. Mit 100 m ist dieser „Wolkenkratzer" bei weitem nicht der höchste, aber einer der bekanntesten in New York.

Broadway *(links unten)*

Wer vom Broadway spricht, meint meist das Theaterviertel der Stadt. Doch die Glitzermeile westlich des Times Square ist nur ein kleiner Abschnitt auf einer der längsten und eigenwilligsten Straßen New Yorks. Der ca. 20 km lange Broadway hält sich nicht an das starre Gitternetz, sondern durchschneidet Manhattan diagonal vom Financial District im Süden bis hoch hinauf nach Harlem.

Statue of Liberty *(oben)*
Lady Liberty, die 46 m hohe und 225 t schwere alte Dame, die seit 1886 alle New York-Besucher im Hafen von Manhattan begrüßt, hat schon einige Schönheitsoperationen hinter sich. Doch noch immer gilt sie als Wahrzeichen der Stadt. Die Inschrift am Sockel versprach unzähligen Einwanderern eine bessere Zukunft: „Gib mir deine müden, deine armen, deine niedergedrückten Massen, die sich danach sehnen, frei zu atmen".

SoHo *(rechts oben)*
Es ist schon Jahrzehnte her, dass junge Künstler in den damals leer stehenden Fabriken des Viertels South of Houston Street ihre Ateliers einrichteten. Heute könnten sie sich die Mieten nicht mehr leisten, denn in die denkmalgeschützen Gebäude mit den charakteristischen Feuerleitern sind inzwischen große Galerien, exklusive Geschäfte und edle Restaurants eingezogen.

Rockefeller Center *(rechts unten)*
Als Stadt in der Stadt wird das Rockefeller Center zwischen 47th und 52nd Street oft bezeichnet, denn es besteht aus 19 Wolkenkratzern, die durch unterirdische Passagen miteinander verbunden sind. Im Winter wird die Lower Plaza zur Eisbahn, im Sommer lädt dort ein Café zur Pause ein. Der 6 m große, bronzene Prometheus ist zu jeder Jahreszeit ein beliebtes Fotomotiv.

Brooklyn Bridge (rechts)

Neben der Freiheitsstatue gilt die Brooklyn Bridge als eines der Wahrzeichen von New York. Seit 1883 verbindet die 1,8 km lange Brücke die Südspitze des hektischen Manhattan mit dem Stadtteil Brooklyn, in dem der Lebensrhythmus etwas gemächlicher ist. Ein Traum für Fotografen, denn das Panorama der Wolkenkratzer-Silhouette von New York ist atemberaubend.

Greenwich Village (unten links)

Zu Recht nennen die Bewohner ihr Viertel schlicht Village, denn die kleinen Gassen und begrünten Straßen wirken geradezu dörflich. Das Village war schon immer die Adresse von Schriftstellern, auch wenn es heute ein wenig bürgerlicher zugeht. Legendär sind die Trinkgelage von Dylan Thomas oder Jack Kerouac in den Kneipen rund um den Washington Square.

Coney Island und Long Island (unten rechts)

Im Sommer, wenn es schwül und heiß ist in Manhattan, wird der Strand von Coney Island im Süden von Brooklyn zum kühlen Wohnzimmer vieler New Yorker. Wer es zu Ruhm und Reichtum gebracht hat, fährt weiter hinaus nach Long Island, zur Sommerresidenz in den Hamptons, wo die Grundstückspreise zu den höchsten in den USA zählen. Vergnügunsparks geben auch weniger Betuchten die Möglichkeit, den Tag dort angenehm zu verbringen.

Williamsburg, Virginia *(unten)*
Mit Yorktown und Jamestown bildet Williamsburg das historische Dreieck im Osten von Virginia. In der ehemaligen Hauptstadt der britischen Kolonie zeigen Handwerker in zeitgenössischen Kostümen, wie die Menschen im frühen 18. Jh. lebten und arbeiteten. Knapp 100 Häuser, Läden und Werkstätten wurden hier originalgetreu restauriert.

Ellis Island, New York City *(rechts)*
Zwischen 1892 und 1954 wurden über 12 Mio. Einwanderer durch Ellis Island vor der Südspitze von Manhattan geschleust, ehe sie nach eingehenden medizinischen Untersuchungen das amerikanische Festland betreten durften. Im Museum erzählen Dokumentarfilme, Briefe und Gepäck mit den „Schätzen aus der Heimat" von den Hoffnungen und Träumen der Immigranten.

Charleston, South Carolina *(unten)*
So richtig prachtvoll wirken die schmalen Fronten der Häuser im Historic District von Charleston nicht, die im 18. Jh. als Sommersitze von Plantagenbesitzern aus South Carolina errichtet wurden. Hier sind die Seiten mit aufwändig gestalteten Portalen der Blickfang – ein Trick der wohlhabenden Besitzer, um die von den englischen Kolonialherren erhobene Besteuerung niedrig zu halten.

Savannah, Georgia (oben)
Die Altstadt von Savannah besteht aus vielen kleinen Zentren, denn die herrschaftlichen Häuser aus dem 18. und 19. Jh. gruppieren sich um über 20 begrünte Plätze. In den Parks hängt Spanish Moss von den hohen Eichen, in den Gärten blühen Magnolien und Kamelien. Hier scheint die quirlige Riverfront, das touristische Zentrum der Stadt mit Kneipen, Restaurants und Läden, unendlich weit entfernt.

Great Smoky Mountains National Park, Tennessee, North Carolina *(links)*

Nicht nur wegen seiner artenreichen Pflanzenwelt ist dies einer der meist besuchten Nationalparks der USA. Im Sommer, wenn es in tieferen Lagen heiß und schwül wird, bieten die bis zu 1800 m hohen Berge und die kleinen Flüsse der Smoky Mountains im Grenzland von Tennessee und North Carolina eine willkommene Abkühlung. Im Herbst leuchten die dichten Laubwälder in bunten Farben.

Shenandoah National Park, Virginia *(oben)*

Die 160 km lange Panoramastraße, die von Nord nach Süd durch den Nationalpark führt, heißt zu Recht Skyline Drive, denn sie verläuft auf dem Kamm der bläulich schimmernden Blue Ridge Mountains. Aus 1000 m Höhe ist der Blick frei auf Wälder, Wasserfälle und Seen. Wanderer begegnen auf dem Netz der Pfade, zu denen auch ein Teilstück des Appalachian Trail gehört, Waschbären und Rehen.

Walt Disney World, Orlando (links oben)

In Orlando fällt die Wahl schwer, denn neben Sea World und den Universal Studios lädt Walt Disney World zu einer märchenhaften Weltreise durch Kontinente und Zeiten ein: Das Epcot Center zeigt die Welt von morgen, die Disney-MGM Studios bieten einen Blick hinter Filmkulissen und Typhoon Lagoon ist ein riesiger Plantschpark. Irgendwann treffen sich dann alle Besucher im Magic Kingdom, der beliebtesten Attraktion des Vergnügungsparks.

John F. Kennedy Space Center, Cape Canaveral, Florida (links unten)

Mehrere Führungen und atemberaubende Filme im IMAX-Kino des John F. Kennedy Space Center gewähren einen Blick hinter die Kulissen des Weltraumbahnhofs, von dem am 16. Juli 1969 Neil Armstrong mit der Apollo 11 zum Mond reiste. Im Rocket Garden ist die riesige Saturn V neben vielen Trägerraketen späterer Missionen ausgestellt. Winzig erscheinen dagegen die Mercury-, Gemini- und Apollo-Kapseln der Astronauten.

Miami Beach, Florida (rechts oben)

Kaum vorstellbar, dass viele der über 500, in den 1930er-Jahren im Art-déco-Stil errichteten Häuser von Miami Beach einmal kurz vor dem Abriss standen. Doch dann wurde das Viertel unter Denkmalschutz gestellt. In allen Pastelltönen leuchten die mit verspieltem Dekor geschmückten Fassaden und bilden die Kulisse für das quirlige Nachtleben von Miami Beach.

Everglades (rechts unten)

Die Everglades erscheinen wie ein riesiges Sumpfgebiet, das gesprenkelt ist mit kleinen Erhebungen, so genannten hammocks, auf denen Würgefeigen, Palmen und Kiefern wachsen. Doch tatsächlich strebt hier ein Fluss unendlich langsam dem Golf von Mexiko entgegen. Plankenwege und Pfade führen zu Aussichtspunkten, von denen man Schlangenhalsvögel, Pelikane und Kormorane beobachten kann.

Nashville, Tennessee (oben links)
Wer hier in einer der Bars sitzt, wippt unwillkürlich mit dem Fuß, denn Nashville im Bundesstaat Tennessee ist die Hauptstadt der Country und Western Music. Die Stars der Szene treten in der Grand Ole Opry auf, doch Live Acts gibt es auch in vielen kleinen Musikkneipen. Die Country Music Hall of Fame mit angeschlossenem Museum zählt zu den Besuchermagneten der Stadt.

Sanibel Island, Florida (oben Mitte)
Hier geht es exklusiver zu als an den Atlantikstränden von Florida, und mit strengen Gesetzen sollen auf Sanibel und der kleinen Nachbarinsel Captiva Bausünden vermieden werden. Wer hier Urlaub macht, genießt die Ruhe an den Stränden des Golfes von Mexiko und das exzellente Seafood in den Restaurants. Aufregung herrscht hier nur bei der Muschelsuche, für die sich alle Besucher begeistern.

Memphis, Graceland (oben rechts)
Seit dem Tod des King of Rock 'n' Roll am 16. August 1977 ist Graceland in Memphis eine Pilgerstätte für Elvis-Fans. Beim Rundgang durch das Anwesen kommen Besucher dem Privatleben der Rock-Ikone nahe und können auch die glitzernden Bühnenkostüme bestaunen. Die Besichtigung endet am blumengeschmückten Grab von Elvis Presley, der im Alter von 42 Jahren verstarb.

Florida Keys (links)
Über 40 Brücken quert der knapp 200 km lange Overseas Highway von Key Largo bis Key West und führt dabei über Dutzende kleine und größere Inseln, deren Korallenriffe unter Naturschutz stehen. Palmen säumen die Sandstrände am türkisblauen Meer, in dem abends die Sonne wie ein glühender Feuerball versinkt. Dann drängen sich die Schaulustigen am quirligen Mallory Square in Key West.

French Quarter, New Orleans, Louisiana *(unten)*

Franzosen gründeten 1718 die Stadt am Mississippi, deren Einwohner das Leben schon immer etwas leichter nahmen – Big Easy nennt sich New Orleans auch. Hier wurde der Jazz geboren und hier findet beim Mardi Gras die größte Karnevalsparty der USA statt. Auf den Balkonen im French Quarter sitzen die Zuschauer dann in der ersten Reihe. Die schmiedeeisernen Kunstwerke wurden zum Wahrzeichen von New Orleans.

Antebellum-Häuser in Natchez, Mississippi *(rechts)*

Einige der schönsten Plantagenvillen in Natchez sind als Museen oder noble Bed&Breakfast-Unterkünfte ganzjährig zugänglich. Zu den Pilgrimage Tours im Frühjahr und Herbst öffnen auch all jene vor dem Bürgerkrieg (antebellum) errichteten Anwesen ihre Türen, die noch privat bewohnt werden. Dann können Besucher auch dort einen Blick auf die Pracht hinter den mächtigen Säulenfronten werfen.

Sleeping Bear Dunes
National Lakesshore *(links)*
Den Ablagerungen eiszeitlicher Gletscher sind die Dünen am Ostufer des Lake Michigan zu verdanken. Durch den über 60 km langen, sandigen Küstenstreifen führen Wanderwege und eine Panoramastraße. Einer Indianer-Legende zufolge ruhte sich hier eine Bärenmutter auf der Flucht vor einem Feuer aus. Ihre beiden Jungen ertranken jedoch und wurden zu den Manitou Islands.

Mackinac Island, Michigan *(rechts)*
Dort, wo der Lake Michigan und der Lake Huron zusammentreffen, bauten die Engländer Ende des 18. Jh. ein Fort. Seither wird das koloniale Erbe auf Mackinac Island gepflegt. Im Sommer ist die kleine, autofreie Insel, auf der auch der Gouverneur von Michigan seinen Feriensitz hat, ein beliebtes Urlaubsziel. Vom Hafen unterhalb des Fort Mackinac starten gemütliche Kutschfahrten.

Route 66 (links)
Zehntausende zogen über die gut 3500 km lange Route 66 Richtung Westen. Als mehrspurige Highways gebaut wurden, verlor die viel besungene Straße an Bedeutung und der Mythos verblasste. Mittlerweile haben nicht nur Nostalgiker die Route 66 wiederentdeckt, die über Illinois, Missouri, Oklahoma, Texas, New Mexico, Arizona und Kalifornien durch das Kernland der USA verläuft.

Chicago, Illinois (oben)
Nach einem verheerenden Großfeuer, bei dem 1871 über 20 000 Häuser zerstört wurden, musste die Metropole am Lake Michigan neu aufgebaut werden. Das war die Stunde der Architekten, die Chicago eine moderne Skyline verliehen. Heute gelten die Ende des 19. Jh. errichteten Wolkenkratzer von Louis Sullivan, Dankmar Adler und Daniel Burnham als wegweisend für die moderne Architektur.

Frank Lloyd Wright Häuser (rechts)
Während seine Kollegen von der Chicago School mit Wolkenkratzern architektonische Maßstäbe setzten, errichtete Frank Lloyd Wright Anfang des 20. Jh. im Vorort Oak Park so genannte Präriehäuser, die sich ihrer natürlichen Umgebung anpassten. Bei Wrights flachen Wohnhäusern bilden Innen und Außen eine schlichte, harmonische Einheit.

Buckingham Fountain (unten)
Von April bis November schießt jeweils zur vollen Stunde 20 Minuten lang die riesige Fontäne der Buckingham Fountain im Grant Park in die Höhe. Vor allem abends, wenn nicht nur die Wasserspiele erleuchtet sind, sondern auch in den dahinter aufragenden Wolkenkratzern die Lichter angehen, ist der Blick auf die Skyline von Chicago spektakulär.

Mount Rushmore, South Dakota

(oben)

Im Jahre 1927 begann Gutzon Borglum, ein Schüler von Auguste Rodin, die Köpfe vier der bekanntesten US-Präsidenten in den Granitfels des Mount Rushmore unweit von Rapid City zu meißeln. Knapp 20 m hoch wurden die Gesichter von George Washington, Thomas Jefferson, Abraham Lincoln und Theodore Roosevelt und stellen seitdem eines der beliebtesten Fotomotive der USA dar.

Adler Planetarium *(links)*
Auf einer durch Aufschüttung entstandenen Insel im Lake Michigan ist seit 1930 eine der weltweit größten Sammlungen astronomischer Instrumente zu sehen. Die Exponate des Adler Planetarium dokumentieren die Geschichte der Astronomie vom 12. bis zum 21. Jh. Große und kleine Sternengucker können hier die Geheimnisse des Himmels erforschen.

Big Sky, Montana *(rechts oben)*
Wie jeder US-Bundesstaat hat auch Montana einen Beinamen, und da der Himmel hier so unendlich weit erscheint, lautet er in diesem Fall Big Sky Country. Im Winter ist der gleichnamige Ort an den Hängen der Rocky Mountains ein beliebtes Ziel für Skifahrer. Im Sommer gilt der Gallatin River als einer der besten Flüsse zum Fliegenfischen, dem traditionellen amerikanischen Vater-und-Sohn-Sport.

Sears Tower, Chicago *(rechts unten)*
Nur Taipeh 101 auf Taiwan und die Petronas Towers in Kuala Lumpur sind höher als der Sears Tower. 1974 wurde der mit 443 m damals höchste Wolkenkratzer der Welt errichtet, der seither das Wahrzeichen von Chicago ist. Vom Skydeck, der Aussichtsplattform im 103. Stockwerk des schwarzen Riesen, reicht der Blick weit über die Großen Seen.

Glacier National Park, Montana *(rechts oben)*

Nach elf Jahren war 1932 eine der schönsten Hochgebirgsstraßen der USA, die Panoramaroute Going-to-the-Sun, vollendet, die den Nationalpark durchzieht und dabei den 2200 m hohen Logan Pass überquert. Im gleichen Jahr wurde der Glacier National Park mit seinem kanadischen Nachbarn, dem Waterton Lakes National Park, zum „Friedenspark" ernannt.

Yellowstone National Park, Wyoming *(rechts Mitte)*

Ob bei den Sinterterrassen von Mammoth Hot Springs, bei den Fumarolen im Norris Basin oder bei den Geysiren und Schlammtümpeln am West Thumb — überall um den Yellowstone Lake herum dampft, brodelt oder blubbert es. Der bekannteste Geysir, Old Faithful, erhielt seinen Namen, weil seine Fontäne so zuverlässig alle 30–90 Minuten bis zu 40 m in die Höhe schießt.

Sun Valley, Idaho *(rechts unten)*

Sun Valley und Ketchum verdanken ihren Ruhm Ernest Hemingway, denn seit 1939 kehrte er immer wieder dorthin zurück, und in Ketchum wurde er 1961 begraben. Im Sonnental an den Ausläufern der Boulder Mountains fand der Schriftsteller Inspiration für seine Romane, und auch Hollywood-Stars wie Clark Gable und Gary Cooper entdeckten die Ferienregion für sich.

Grand Teton National Park *(ganz rechts)*

Südlich des Yellowstone National Park erstreckt sich die 65 km lange Teton Range, deren höchster Berg, der Grand Teton, 4198 m misst. Anspruchsvolle Wanderer finden in der wilden Gebirgslandschaft mehrere Gipfel über 3600 m, am Fuß der Teton Range laden Seen wie der Jackson Lake oder der Jenny Lake zu längeren Spaziergängen vor der wunderschönen Bergkulisse ein.

Mesa Verde National Park, Colorado *(oben links)*

Erst 1888 entdeckten Cowboys auf der Suche nach entlaufenem Vieh die Klippenwohnungen im Südwesten von Colorado. Unter dem Schutz steiler Felsen hatten die Anasazi dort zwischen 1100 und 1300 ihre Wohnanlagen errichtet. Eine 24 Jahre anhaltende Dürre zwang sie, Ende des 12. Jh. Mesa Verde zu verlassen. Ruinen wie der Cliff Palace geben Einblick in die Lebensform der frühen indianischen Siedler.

Vail *(oben rechts)*

Etwa 160 km westlich von Denver erstreckt sich rund um Vail das größte Skigebiet der USA an den Hängen des Beaver Creek Mountain. Dorthin, wo 1999 die Ski-Weltmeisterschaften ausgetragen wurden, zieht es vor allem Freunde von Tiefschnee-Abfahrten. Denn in Höhenlagen von 2200 m bis knapp 4000 m ist der Pulverschnee besonders trocken.

Aspen *(links)*

Der kleine, 2400 m hoch gelegene Ski-Ort gut 320 km südwestlich von Denver in den Rocky Mountains kommt im Winter groß heraus. Denn Aspen gilt als trendy, nicht nur bei Hollywood-Stars. Und so ist das Après-Ski hier ein wenig bunter als andernorts. Allein vom Aspen Mountain gibt es 70 präparierte Pisten jeglichen Schwierigkeitsgrads, und auch Snowboarder und Tiefschneefahrer finden ideale Reviere.

Salt Lake City, Utah *(links)*

„This is the place", beschloss der Mormonenführer Brigham Young, als er 1847 mit knapp 150 Anhängern einen Ort suchte, an dem ihre Religionsgemeinschaft nicht verfolgt wurde. Heute dominiert der riesige Mormonen-Tempel das Zentrum von Salt Lake City. Dort treffen sich auch die Mitglieder des weltberühmten Tabernacle Choir, dessen Konzerte landesweit im Radio übertragen werden.

Canyonlands National Park (oben)
Island in the Sky heißt ein Teil des Nationalparks zu Recht, denn wie von einer Insel im Himmel blickt man dort auf das scheinbar endlose Plateau der zerklüfteten Canyonlandschaft. Felsmalereien im Horseshoe Canyon, einem schwer zugänglichen Abschnitt im Norden des Parks, zeugen von der Anwesenheit der Anasazi-Indianer, die dort bis zum 13. Jh. lebten.

Zion National Park (links)
Weder eiszeitliche Gletscher noch prähistorische Gesteinverwerfungen haben den Zion Canyon geschaffen, sondern der Virgin River, der im Sommer zu einem kleinen Rinnsal wird. Über Jahrmillionen schnitt der Fluss die bis zu 900 m tiefe Spalte in den Kalkstein. Ein Naturphänomen ganz anderer Art ist die Checkerboard Mesa, die ihren Namen schachbrettartig verlaufenden Erosionsmustern verdankt.

Arches National Park (rechts oben)
Von den 90 Steinbogen im Arches National Park, die über Jahrmillionen im Wechselspiel zwischen unterschiedlich starken Gesteinsablagerungen und der Erosion durch Wind und Wetter entstanden, ist der Landscape Arch mit über 100 m Spannweite der größte. Zu den zerbrechlich wirkenden Toren im rötlichen Fels führen Panoramastraßen und mehrere Wanderwege.

Bryce Canyon National Park (rechts unten)
Auf dem Weg zum Bryce Canyon stimmt der Dixie National Forest Besucher schon auf das fantastische Farbspiel ein, das sie erwartet, denn auch dort leuchtet das Gestein je nach Tageslicht in allen erdenklichen Rottönen. Unübertroffen ist dann der Blick auf das hufeisenförmige Amphitheater mit den hoodoos genannten Felsnadeln, welche die Erosionskräfte der Natur in über 60 Mio. Jahren schufen.

Hoover Staudamm, Nevada *(oben)*
Von 1931 bis 1935 wurde der 220 m hohe Hoover Dam errichtet, der an der Grenze zwischen Nevada und Arizona den Colorado River staut. Die Generatoren versorgen das glitzernde Spielerparadies Las Vegas und weite Teile von Süd-Kalifornien mit Strom. Hinter der mächtigen Staumauer öffnet sich der Lake Mead, ein beliebtes Ziel von Wassersportlern.

Las Vegas *(rechts oben)*
Roulette und Black Jack, glamouröse Shows und liberale Ehegesetze ziehen Glücksspieler, Nachtschwärmer sowie Heirats- und Scheidungswillige nach Las Vegas. Doch selbst das glitzerndste Paradies braucht immer neue Attraktionen und daher können Besucher dort heute auch den Eiffelturm besteigen und ägyptische Pyramiden bestaunen – so künstlich wie alles in dieser Wüstenstadt.

Austin, Texas *(rechts unten)*
Mit endlosen Viehweiden und großen Ölfeldern präsentiert sich Texas für Besucher aus Europa nicht ganz so spektakulär wie etwa der Südwesten. Austin jedoch, die 600 000 Einwohner zählende Hauptstadt des nach Alaska zweitgrößten US-Bundesstaates, gilt als Stadt mit besonderer Lebensqualität. Das malerische Hill Country lädt zu Outdoor-Aktivitäten ein und die lebendige Musikszene sorgt für ein quirliges Nachtleben.

London Bridge, Lake Havasu City, Arizona (oben)
Besucher des Städtchens am Colorado River im Grenzgebiet von Kalifornien und Arizona staunen nicht wenig, denn vor der Kulisse eines englischen Dorfes im Tudor-Stil verbindet seit 1971 die London Bridge die Stadt mit einer kleinen Insel im Lake Havasu. Da die über 140 Jahre alte Brücke an ihrem ehemaligen Standort immer weiter in der Themse zu versinken drohte, wurde sie kurzerhand in die USA verkauft.

Taos Pueblo, New Mexico (unten)
Die ältesten Gebäude des terrassenartig ansteigenden Taos Pueblo, das auf der UNESCO-Liste des Weltkulturerbes verzeichnet ist, wurden zwischen 1000 und 1450 im traditionellen Adobe-Stil errichtet. Mit einer dicken Lehmschicht sind die über 1 m dicken Mauern verputzt, für die sonnengetrocknete Ziegel aus einem Lehm- und Strohgemisch verwendet wurden.

Antelope Canyon, Arizona *(oben)*

Platzangst darf man hier nicht haben, denn der Canyon ist schmal und ragt so steil hinauf, dass das Tageslicht von Minute zu Minute ein anderes Detail der wellenförmigen Gesteinsformation in Szene setzt. Doch gerade das macht den Reiz des Antelope Canyon für Fotografen aus. Im Wechselspiel der Farben sieht jeder etwas anderes – riesige Augen und Ohren oder ganze Gesichter.

Grand Canyon, North Rim, Arizona *(rechts)*

Reisende, die auch den Nordrand des Grand Canyon kennen lernen wollen, müssen vom South Rim eine knapp 350 km lange Schleife fahren. Doch der lange Anweg lohnt sich, denn auch dort bieten sich faszinierende Blicke in die tiefe Schlucht. Und da der North Rim bei weitem nicht so viel besucht ist wie der Südrand, herrscht an den Aussichtspunkten auch weniger Gedränge.

Lake Powell *(unten links)*

Im Grenzgebiet von Arizona und Utah staut der Glen Canyon Dam den Colorado. Seither ist der Lake Powell, einer der größten künstlichen Seen der USA, ein Urlaubsparadies nicht nur für Wassersportler. Bootstouren auf dem See, der von einer imposanten Felskulisse eingefasst wird, führen zur Rainbow Bridge. Die natürliche Felsbrücke hat bei einer Höhe von knapp 90 m eine Spannweite von 85 m.

Santa Fe, New Mexico *(unten rechts)*

Als leicht versnobt gelten die Bewohner der Hauptstadt von New Mexico. Kein Wunder, denn Santa Fe, die Stadt der Künstler, hat besonderes Flair. Das Zentrum präsentiert sich als architektonisches Gesamtkunstwerk ganz im Stil der traditionellen Adobe-Architektur der Pueblo-Indianer. Je nach Tageslicht leuchten die harmonisch gegliederten Bauten sandfarben oder tiefrot.

Petrified Forest National Park, Arizona (links)

Nahe der Grenze zu New Mexico inmitten einer fast vegetationslosen Wüstenlandschaft beweist der „Wald" aus über 200 Mio. Jahre alten, versteinerten Bäumen, dass dieser Landstrich einmal sehr fruchtbar war. Zum Petrified Forest National Park gehört auch die Painted Desert, deren Gesteinsformationen früh morgens und spät abends in wechselnden Rottönen leuchten.

Grand Canyon, South Rim *(links)*

Der Grand Canyon, die 450 km lange, zwischen 1400 m und 1750 m tiefe und bis zu 30 km breite Schlucht, die der Colorado River in Jahrmillionen in den Fels gefräst hat, ist der meistbesuchte Nationalpark in den USA. Von Dutzenden von Aussichtspunkten bietet sich ein faszinierender Blick auf dieses Wunder der Natur, das sich je nach Tageslicht in unterschiedlich leuchtenden Farbtönen präsentiert.

Canyon de Chelly *(unten)*

Abgelegen im Nordosten von Arizona erstreckt sich der Canyon de Chelly auf dem Land der Navajo. Die Erosionskräfte von Jahrmillionen schnitten ein Labyrinth aus bis zu 300 m tiefen Canyons in den roten Sandstein. An die Anasazi, die hier bis zum 13. Jh. lebten, erinnern die Ruinen des White House, das tief unter dem Schutz einer massiven Felswand errichtet wurde.

Monument Valley *(oben links)*

Die Bilder kennt jeder, denn das Monument Valley dient seit Jahren als Kulisse für unzählige Werbespots und Western. Und doch wird erst bei einer Fahrt durch das Navajo-Land im Nordosten von Arizona deutlich, was die Faszination dieser Landschaft ausmacht. Wie urzeitliche Wächter ragen monumentale Felsen aus der rötlichen Ebene empor.

Rafting im Grand Canyon *(oben)*

Mit dem Hubschrauber, auf dem Rücken eines Maultiers oder zu Fuß hinunter zur Phantom Ranch – es gibt viele Möglichkeiten, sich dem Grand Canyon zu nähern. Doch am abenteuerlichsten ist ein mehrtägiger Rafting-Trip auf dem Colorado, bei dem die Schlauchboote um die Felsen im gischtenden Fluss navigieren.

Kapitol, Washington D.C. (ganz links)
Das Kapitol, das leicht erhöht über der Mall thront, ist Sitz des amerikanischen Senats und des Repräsentantenhauses. Immer wieder musste der 1793 begonnene Bau erweitert werden, denn die junge Nation wuchs und damit auch die Zahl der Parlamentarier. Alle vier Jahre legt der neu gewählte amerikanische Präsident vor den Stufen der Westterrasse den Amtseid ab.

White House (links oben)
Gern postieren sich Fernsehjournalisten vor dem Zaun des Weißen Hauses, um ihren Berichten die Autorität zu verleihen, die der Amtssitz des amerikanischen Präsidenten ausstrahlt. George Washington legte 1792 den Grundstein für den Bau, den seither fast jeder Präsident ein wenig veränderte. Doch noch immer laufen im Oval Office die Fäden der Macht zusammen.

Vietnam Veterans Memorial (links Mitte)
Als eine Jury 1980 den Entwurf der 21-jährigen Architekturstudentin Maya Ying Lin auswählte, galt das als Sensation. In die schlichte schwarze Granitwand sind die Namen der 58 235 Soldaten gemeißelt, die zwischen 1959 und 1975 im Vietnam-Krieg gefallen waren oder vermisst werden. Hunderttausende besuchen die Gedenkstätte, die zu einem Mahnmal gegen den Krieg wurde.

Lincoln Memorial (links unten)
Von einem 4 m hohen steinernen Sitz blickt Abraham Lincoln seit 1922 über den Reflecting Pool und die spitze Nadel des Washington Monument bis hinauf zum Kapitol, dem anderen Ende der Mall – eine perfekte Sichtachse. Vor den Stufen der im Stil eines klassischen griechischen Tempels errichteten Gedenkstätte hielt Martin Luther King 1963 seine Rede „I had a dream".

Portland, Oregon *(oben)*
Im 19. Jh. profitierte Portland am Zusammenfluss von Columbia River und Willamette hoch oben im Norden von Oregon vom Goldrausch in Alaska. Über den Hafen wurden die Goldsucher mit Nahrungsmitteln versorgt. Die freundliche, grüne Stadt ist heute vor allem wegen ihrer lebendigen Musikszene und der zahlreichen microbreweries bekannt, die würziges Bier brauen.

Seattle, Washington *(rechts oben)*
Vor den rauen Winden des Pazifischen Ozeans durch die Olympic Peninsula geschützt, erstreckt sich Seattle an der Meerenge des Puget Sound – ein Paradies für Segler. Wahrzeichen der Metropole ist die anlässlich der Weltausstellung von 1962 errichtete, 185 m hohe Space Needle, von deren Aussichtsterrasse der Blick weit über die sieben Hügel von Seattle reicht.

Weinbaugebiete südlich von Portland *(rechts unten)*
Den pazifischen Nordwesten der USA würde wohl kaum jemand zu den klassischen Weinbauregionen zählen. Doch seit Mitte der 1960er-Jahre wird im schmalen Willamette-Tal südlich von Portland Wein angebaut. Die kleinen Kellereien erweisen sich als experimentierfreudig und ambitioniert. Der Spätburgunder aus Oregon überraschte schon so manchen Weinkenner.

Chinatown, San Francisco *(links oben)*
Als Arbeiter beim Eisenbahnbau kamen die ersten Chinesen in die USA, und nachdem die kontinentale Verbindung vollendet war, kehrten viele dorthin zurück, wo sie zum ersten Mal amerikanischen Boden betreten hatten. Die enge Chinatown von San Francisco ist heute ein beliebtes Shopping- und Restaurantviertel. Zum Chinese New Year herrscht hier noch dichteres Gedränge als sonst.

Redwood National Park, Kalifornien *(links Mitte)*
Der Redwood National Park nördlich von Eureka, durch den der Highway One verläuft, schützt mehrere Wälder vor dem Zugriff der Holzindustrie. Auch weiter südlich an der Pazifikküste wachsen die Riesenbäume, die 100 m hoch und bis zu 3500 Jahre alt werden können. Ihre stämmigeren Brüder, die Sequoias, findet man nur zwischen 1200 m und 2500 m Höhe an den westlichen Ausläufern der Sierra Nevada.

Napa Valley *(links unten)*
Lange wurden die Winzer im Napa und Sonoma Valley von ihren europäischen Kollegen belächelt, und es dauerte Jahrzehnte, bis sich in den USA eine Weinkultur entwickelte. Heute ziehen die über 500 Kellereien nördlich von San Francisco, deren Tropfen auch in Europa prämiert werden, mit Gourmet-Restaurants und gehobener Hotellerie anspruchsvolle Weinkenner nicht nur aus Kalifornien an.

Golden Gate Bridge *(rechts)*
Hier hoffen Fotografen auf Nebel, denn wenn die beiden 227 m hohen Pfeiler der Golden Gate Bridge aus der dichten Zuckerwatte ragen, wirkt das Wahrzeichen von San Francisco noch imposanter als ohnehin schon. Nach nur vier Jahren Bauzeit wurde 1937 die 2,7 km lange und 27,5 m breite Brücke eröffnet, die in 67 m Höhe das Golden Gate überspannt.

Fishermen's Wharf (links oben)
An den alten Fischerhafen erinnert nicht mehr viel. Hier schlägt heute das touristische Herz von San Francisco. In einer ehemaligen Konservenfabrik, der Cannery, reiht sich ein Souvenirladen an den anderen und am Pier 39 herrscht Jahrmarktsstimmung. Zwischendrin gibt es Schnellimbisse, Museen, Galerien, Hotels und Restaurants – für jeden Geschmack etwas und deshalb so beliebt bei allen Besuchern der Stadt.

Museum of Modern Art (links Mitte)
Im Jahre 1995 wurde der Neubau des Museum of Modern Art eröffnet. Dem Schweizer Architekten Mario Botta verdankt der aufstrebende Stadtteil SoMa (South of Market Street), der bis in die 1990er-Jahre zu den weniger attraktiven Gegenden von San Francisco zählte, dieses besondere Highlight. Die reiche Sammlung des Museums zeigt Werke von Künstlern des 20. Jh.

Golden Gate Park (links unten)
Dem 5 km langen und 800 m breiten Golden Gate Park mit riesigen Zedern, Eukalyptusbäumen und Palmen sieht man nicht an, dass er 1868 auf Brachland angelegt wurde. Neben dem Japanese Tea Garden und dem erlesenen Asian Art Museum zieht es Besucher vor allem zum Conservatory, das dem Gewächshaus von Kew Gardens bei London nachempfunden ist.

Wandmalereien (rechts)
Mitte der 1930er-Jahre sorgten die Wandmalereien im Coit Tower für einen Eklat, sie waren den Stadtvätern zu politisch. Heute gelten die mehr oder weniger sozialkritischen, aber immer leuchtend bunten murals, die man vor allem im Mission District findet, als ein Wahrzeichen von San Francisco. Ein immer wiederkehrendes Motiv ist die Golden Gate Bridge.

Alcatraz (oben)
Mit Al Capone, der von 1934 bis 1939 auf Alcatraz einsaß, begann der Mythos der Gefängnisinsel in der Bucht von San Francisco, die als ausbruchsicher galt. Bis 1963 verbüßten dort insgesamt 1545 Gefangene ihre Strafe. Das Schicksal von fünf Flüchtigen blieb ungeklärt – sie ertranken vermutlich in der eiskalten Strömung. Heute ist der Besuch der Insel freiwillig und bei Touristen sehr beliebt.

Alamo Square (rechts)
Am Alamo Square treffen sich die Fotografen, um vor der Kulisse der Stadt sechs viktorianische Häuser abzulichten. Doch die Painted Ladies, wie die in Pastelltönen angestrichenen Häuser genannt werden, findet man auch in anderen Vierteln von San Francisco. Charakteristisch für die zweistöckigen, spitzgieblige Gebäude ist das verspielte Holzdekor an Erkern und Fenstern.

Lombard Street (links)
Die berühmteste aller Straßen von San Francisco, die Lombard Street, ist bei weitem nicht die steilste, aber dafür mit Abstand die krummste. Hier macht es mehr Vergnügen zu fotografieren, als im Schneckentempo zwischen Blumenbeeten auf der schmalen Einbahnstraße den Russian Hill hinabzufahren und dabei passgenau durch die Haarnadelkurven zu navigieren.

Monterey, Kalifornien *(unten)*

Mit seinem Roman „Straße der Ölsardinen" machte John Steinbeck Monterey berühmt. Statt Konservenfabriken säumen jetzt Souvenirläden die Cannery Row. Im Zentrum erinnern zahlreiche Gebäude aus der Mitte des 19. Jh. an die Zeit, als Monterey ein wichtiger Hafen war. Am Pier von Fisherman's Wharf umkreisen Möwen und Pelikane die Fischerboote.

Highway One *(rechts)*

Die schönste Panoramastraße der USA, der legendäre Highway One, führt im knapp 200 km langen Abschnitt zwischen Monterey und Morro Bay an der wild zerklüfteten und windzerzausten Küste hoch über dem Pazifik entlang. Kurz hinter Carmel überspannt die Bixby Creek Bridge in einer Höhe von 90 m einen kleinen Fluss, und dann folgt ein Aussichtspunkt dem nächsten.

Big Sur *(links)*

Ein Hinweisschild sucht man hier vergeblich, denn Big Sur, das Henry Miller weltweit berühmt machte, ist kein Ort, sondern der Küstenabschnitt südlich von Carmel am Highway One. State Parks wie Pfeiffer-Big Sur schützen das Hinterland der Traumstraße hoch über dem Pazifik und laden zu Wanderungen durch dichte Kiefern- und Redwood-Wälder ein.

Beverly Hills, Los Angeles *(links)*
Besucher, die mit einer der überall angebotenen Adressenlisten durch den noblen Stadtteil fahren, werden enttäuscht. Die Stars ziehen nicht nur ständig um, sie verbergen sich auch auf ihren Anwesen. Viel mehr als einen Blick auf traumhafte Villen bietet der Streifzug nicht. Da ist ein Bummel über die exklusive Shoppingmeile Rodeo Drive interessanter: Hier kaufte Pretty Woman Julia Roberts ihre Outfits.

Sunset Boulevard *(rechts)*
Zwischen Hollywood und Beverly Hills wird der 32 km lange Sunset Boulevard so glamourös, wie sein Name klingt. Dort beginnt der berühmteste Abschnitt: der Sunset Strip mit den besten Rock Clubs der Stadt. Abends glitzern die riesigen Billboards im Neonlicht, an Wochenenden sorgen cruiser, die beim people watching den Strip auf und ab fahren, für Verkehrsstaus.

Hearst Castle *(unten)*
Ländliche Toskana, klassische Antike, dazu ein Hauch Zuckerbäckerstil – Scheu vor einem Stilmix hatte William Randolph Hearst nicht, als er 1919 mit dem Bau seines „Schlosses" Hearst Castle bei San Simeon begann. Der umstrittene Zeitungszar war Vorbild für Orson Welles' „Citizen Kane". Heute bestaunen Besucher vor allem den von Tempelfassaden umrahmten Neptune Pool.

Missionsstationen in Kalifornien (oben)

Der mallorquinische Franziskanermönch Junípero Serra gründete 1769 mit San Diego de Alcalá die erste spanische Missionsstation an der kalifornischen Pazifikküste. Bis 1823 wurden zwanzig weitere im Abstand von je einer Tagesreise errichtet. Zu den schönsten zählt die Mission San Carlos Borromeo in Monterey, wo Serra seine letzte Ruhestätte fand.

Hollywood, Los Angeles (unten)

An die Zeit, als Hollywood das Zentrum der Filmindustrie war, erinnert das Chinese Theatre. Dort fanden seit Ende der 1920er-Jahre legendäre Filmpremieren mit riesigem Staraufgebot statt. Vor dem berühmten Kino beginnt der in aller Welt bekannte Walk of Fame. Wer hier seinen Hand- oder Fußabdruck hinterlassen darf, zählt zu den wirklichen Celebrities.

Getty Center (rechts oben)

Auf einem Hügel im Stadtteil Brentwood hoch über Los Angeles wurde 1998 das Getty Center eröffnet, für das Richard Meier die Pläne entworfen hatte. Die Villa in Malibu war zu klein geworden für die wertvolle Sammlung von Skulpturen, Möbeln und Gemälden. Zu den Highlights der Exponate zählen Werke von Cézanne, Degas und Renoir. Angelenos genießen hier auch gern ein Lunch in traumhafter Lage.

Palos Verdes (links)
Lange war die felsige Küste der Halbinsel Palos Verdes, die im Süden von Los Angeles weit in den Pazifik hineinragt, bei Seefahrern gefürchtet. Seit 1926 weist ihnen der Leuchtturm Point Vicente den Weg. Mittlerweile hat moderne Radartechnik den Leuchtturmwärter ersetzt, doch noch immer ist Point Vicente ein beliebtes Motiv für Fotografen und Maler.

Griffith Park (unten links)
Weltweit berühmt wurde das Griffith Observatory, von dessen Terrasse abends der Blick weit über das endlose Lichtermeer von Los Angeles reicht, durch James Dean und den Film „Denn sie wissen nicht, was sie tun". Dieser Werbung hätte es kaum bedurft, denn der riesige Griffith Park mit dem Los Angeles Zoo hoch über Hollywood war schon vorher ein beliebtes Ausflugsziel.

Santa Monica (unten Mitte)
Das mit breiten Stränden am Pazifik gesegnete Santa Monica besitzt eine ganz besondere Flaniermeile. Knapp 300 m ragt der 1909 erbaute Santa Monica Pier in den Ozean hinein. Restaurants, eine Achterbahn, ein Riesenrad und ein altes Karussell, das neben Paul Newman in „Der Clou" eine Nebenrolle spielte, sorgen dafür, dass hier ganzjährig Jahrmarktstimmung herrscht.

Venice Beach (unten rechts)
Venice Beach ist Muscle Beach — hier präsentieren Inlineskater, Jogger und Bodybuilder unter strahlendem Himmel und Sonnenschein am Pazifikstrand stolz, was intensiver Körperkult und das Geschick von Schönheits-Chirurgen bewirken können. Bei so vielen lebendigen Sehenswürdigkeiten werden die Wandmalereien des kalifornischen Venedig leicht übersehen.

Death Valley (links)
Den ersten Pionieren erschien diese Wüstenlandschaft, in der es im Sommer über 55 °C heiß werden kann, so menschenfeindlich, dass sie es Tal des Todes nannten. Viel Wasser und genügend Benzin sind wichtig für eine Fahrt durch das Death Valley, und dann wird das kleine Wüstenabenteuer mit atemberaubenden Panoramen nicht nur vom Zabriskie Point belohnt.

Yoshua Tree National Park (rechts)
Der Yoshua Tree National Park bei Palm Springs hat zwei Gesichter: Im nördlichen, über 900 m hoch gelegenen Abschnitt, der Teil der Mojave-Wüste ist, wachsen die bis zu 9 m hohen Yoshua-Bäume. Der tiefer gelegene südliche Teil gehört zur Sonora-Wüste. Ein Paradies für Kletterer sind die steilen Granitfelsen, die zum Teil senkrecht in die Höhe hinaufragen.

Yosemite National Park (rechts oben)
Half Dome oder El Capitán – millionenfach wurden die majestätischen Felsen von Yosemite fotografiert. Hier stürzen die mit 739 m höchsten Wasserfälle Nordamerikas, die Yosemite Falls, in die Tiefe. Im Sommer herrscht dichtes Gedränge im engen Tal, die grandiose Landschaft lässt sich dann am besten auf den Wanderwegen im Innern des Nationalparks erkunden.

Sea World, San Diego (rechts Mitte)
Shamu, der Star des 1964 eröffneten Unterhaltungsparks, ist so beliebt, dass er sogar eine eigene Website und einen Fan-Klub hat. Die Killerwal-Familie gehört zu den besonderen Attraktionen von Sea World. Bedenken, die Tierschützer zur Dressur von Walen und Delphinen äußern, versucht man hier durch vielerlei Informationen über Haltung und Pflege entgegenzutreten.

Balboa Park (rechts unten)
Für die Pacific-California-Ausstellung 1935 wurden in dem Stadtpark mehrere Gebäude errichtet, die für die Baustile der Region von der Architektur der Maya und Azteken über die indianische Pueblo-Tradition bis zum spanischen Kolonialstil beispielhaft sein sollten. 15 Museen, die in diesen Gebäuden ihre Sammlungen zeigen, machen den Balboa Park auch zum kulturellen Zentrum von San Diego.

Maui, Lahaina (unten)

Anfang des 19. Jh. war Lahaina die Hauptstadt des Königreiches Hawaii und ein bedeutender Hafen für Walfänger. Über die Veranda des Pioneer Inn am Bootsanleger weht nicht nur eine leichte Brise des Pazifik, sondern auch der Hauch der Geschichte: Von dort blickt man auf einen Zweimastschoner, das historische Gerichtsgebäude und einen mächtigen Banyan-Baum.

Waikiki, Oahu (rechts)

Weithin sichtbar thront der 209 m hohe Diamond Head, das Wahrzeichen von Oahu, über Waikiki Beach. Am sanft geschwungenen Hausstrand von Honolulu reiht sich ein Hotelturm an den anderen, in deren Schatten das traditionsreiche, pinkfarbene Royal Hawaiian Hotel fast verschwindet. Hier herrscht Trubel am Wasser – Surfer bevorzugen allerdings die Wellen vor Maui.

Maui (oben)
Die Wellen vor Maui sind das Paradies der Wellenreiter. Wo dem Zuschauer schon beim Hingucken der Atem stockt, gleiten die Mutigen scheinbar mühelos auf und unter den Wellen zum Strand. Für Naturfreunde ist der landschaftliche Höhpunkt der Insel hingegen eine Wanderung auf den 3055 m hohen Vulkan Haleakala. Botaniker halten Ausschau nach dem Silberschwert, einer nur auf dem Haleakala wachsenden Pflanze, die nur ein einziges Mal blüht.

Kauai (rechts)
Im Westen der „Garteninsel" Kauai fällt die zerfurchte, mit dichtem Tropengrün bewachsene Na-Pali-Küste spektakulär zum Pazifik ab – dieser atemberaubende Anblick lässt sich am besten bei einer Bootstour genießen. Leichter erreichbar ist der Waimea Canyon, der „Grand Canyon des Pazifiks", mit Wasserfällen und über 800 m tiefen Schluchten, durch den mehrere Wanderwege führen.

Hawaii Volcanoes National Park, (unten)
In der Mythologie der Hawaiianer gilt der Halemaumau als Wohnsitz von Pele, der ebenso gefürchteten wie verehrten Göttin der Vulkane. Spektakulärer als der von Dampfschwaden umhüllte Krater ist der Kilauea. Um den aktivsten Vulkan der Welt führt eine knapp 20 km lange Panoramastraße. Auf dem Weg zum 4169 m hohen Mauna Loa geht es dann durch eine von Lavaströmen durchzogene Mondlandschaft.

Mittel- und Südamerika

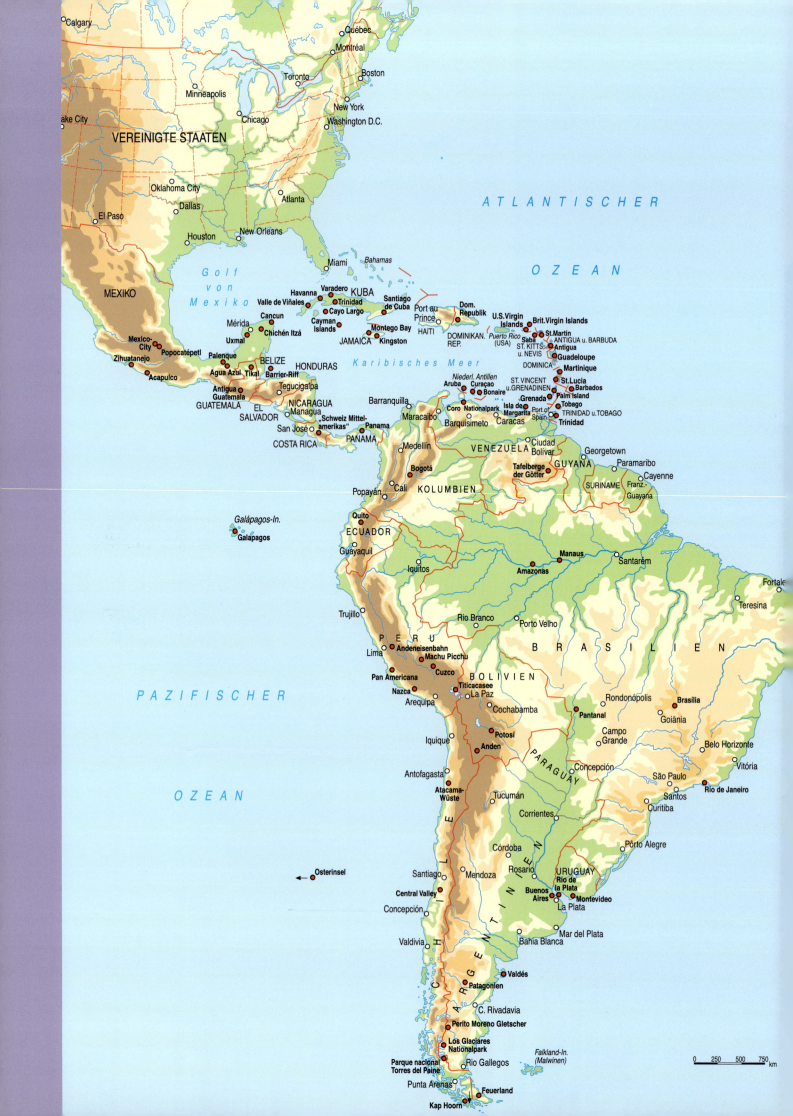

Karibik

Von der Küste Floridas bis hin zu den Gestaden Venezuelas ziehen sich die karibischen Inseln wie ein gigantischer Wellenbrecher dahin, als wollten sie Mittelamerika vor den Meereswogen schützen. Kuba, Hispaniola und Jamaica sind die größten Eilande, aber Hunderte von weiteren Steinbrocken zählt diese atlantische Region. Ihnen allen ist gemeinsam, dass sie ganzjährig ein Urlaubsparadies sind und das bieten, wonach wir uns am meisten sehnen – palmenbestandene Strände vor türkisblauem Wasser.

Bahamas

North und South Bimini *(links oben)*
Die beiden winzigen Eilande sind nur durch eine seichte Meeresstraße voneinander getrennt. Kommerzielles Zentrum ist Alice Town, an dessen Hauptstraße King's Highway sich Geschäfte, ein halbes Dutzend Bars und ebenso viele Restaurants entlang ziehen. Hier geht es ruhig zu, aber nicht, wenn auf Bimini die Wettkämpfe im Hochseeangeln veranstaltet werden, dann brummt der gesamte Ort. Die Inselchen inspirierten Ernest Hemingway zu seinem Roman „Inseln im Strom".

Paradise Island, Nassau *(links Mitte)*
Seit den Tagen der Piraten und Shipwrecker ist Nassau die quirlige Drehscheibe der Bahamas. Von der Stadt führt eine Brücke zum Paradise Island hinüber, die wie ein langer schmaler Wellenbrecher vor der Ostküste Nassaus liegt. Jahrhundertelang blieb das eigentlich Hog genante Eiland unbeachtet, dann wurde das Inselchen zu einem der glamourösesten Resorts der Karibik ausgebaut mit Luxushotels, Casinos und sämtlichen Vergnügungsstätten, die 24 Stunden am Tag Kurzweil versprechen.

Harbour Island *(links unten)*
Vor der Nordspitze der Insel Eleuthera liegt das charmante Harbour Island – das von seinen Bewohnern Briland genannt wird – mit seiner Kapitale Dunmore Town, die vor über 300 Jahren gegründet wurde und die älteste Siedlung des Archipels ist. Rundherum finden sich rosagefärbte zuckersandige Strände, an denen jung und alt ihre Freude haben, und über dem Hafen öffnet sich das Maul der Titus-Höhle, die einst als Gefängnis diente.

Kuba

Santiago *(links oben)*
Santiago de Cuba gilt als die heimliche Hauptstadt der Insel. Hier pulsiert das Leben und das afrikanische Erbe ist unübersehbar. Ein besonderes Erlebnis ist der Karneval Ende Juli: In den Straßen der Stadt steigt drei Tage lang ein rauschendes Kostümfest voller Lebensfreude zu karibischen Rhythmen. Wer außerhalb dieser Zeit dort ist, kann die prächtigen Kostüme im museo de carnaval bewundern.

Varadero *(links Mitte)*
20 km allerfeinster goldener Sandstrand gesäumt von Palmen erstrecken sich auf der schmalen Halbinsel östlich von Havanna. Vor der Revolution 1959 ließen sich in Kubas erstem elegantem Badeort die Reichen nieder und erbauten ihre Prachtvillen, auch Al Capone und Kubas Diktator Batista gehörten dazu. Heute gehören die Traumstrände wieder allen und aus den Villen sind Hotels geworden.

Trinidad *(links unten)*
Trinidad ist ein lebendiges Museum: Die prachtvollen Kolonialbauten zeugen von einer Zeit, in der der Zuckerrohranbau satte Gewinne abwarf. Die Stadt hinter dem Gebirgszug der Sierra del Escambray war relativ geschützt vor modernen Einflüssen und bewahrte ihre historische Kulisse – heute zählt Trinidad zum Weltkulturerbe der UNESCO und die Kutschen und das alte Kopfsteinpflaster tun ein Übriges, um den Besucher in eine andere Welt zu versetzen.

Cayo Largo *(rechts oben)*
Türkisblaues Meer, Palmen und feinsandige Strände prägen das Bild dieser Urlaubsinsel im Süden von Kuba. Von hier aus starten Tauchexkursionen in die wunderbar farbenprächtige Unterwasserwelt der Karibik, und in den Gewässern vor der Insel tummeln sich Delphine und riesige, aber ungefährliche Walhaie. An den Strände machen, vor allem im Frühjahr, Pelikane und Kormorane Station.

Havanna *(rechts unten)*
La Habana, die Hauptstadt Kubas, ist eine in die Jahre gekommene Schönheit. Die Gassen der Altstadt mit ihren bröckelnden leuchtend bunten, verzierten Fassaden und Balkonen haben einen unvergleichlichen Charme, der den Besucher unweigerlich in seinen Bann zieht. Einmalig ist auch ein Spaziergang am Malécon, der als Treffpunkt sehr beliebten Straße, die direkt am tosenden Meer entlangführt.

Valle de Viñales *(links oben)*
In diesem Tal im Osten Kubas wachsen die besten Tabakpflanzen der Welt, die den kubanischen Zigarren ihr unvergleichliches Aroma verleihen. Einzigartig in diesem fruchtbaren Landstrich sind auch die Orgelberge, mogotes genannt: Inmitten der sattgrünen, ebenen Tabakfelder, zwischen denen Palmen wachsen, erheben sich senkrecht steile, bucklige Karstfelsen – eine sehr eindrucksvolle Landschaft.

Cayman Islands *(rechts)*
Eingebettet in die ruhige, türkisblaue westliche Karibik liegt das britische Überseeterritorium der Cayman Islands. Die drei Inseln umfassen eine Fläche von rund 150 km², und drumherum befinden sich mit 6000 m die tiefsten Stellen dieses subtropischen Meeres. Vor den sonnenverwöhnten Stränden aller drei Inseln liegen vitale Korallengärten, in denen die gesamte Palette der Unterwasserfauna zu finden ist.

Dominikanische Republik *(links)*

Hispaniola nannte Kolumbus die Insel, die sich Haiti und die Dominikanische Republik heute teilen. Sie war die erste Kolonie in der Neuen Welt und Santo Domingo ihre Hauptstadt. Und so bietet die Republik nicht nur Urlaubern ein Ziel, die auf Sonne, Strand und Unterhaltung aus sind, sondern hier kann man die über 500-jährige Kolonialgeschichte an den Gebäuden ablesen. Die historischen Denkmäler in der Kolonialzone der Kapitale sind in der gesamten Karibik einzigartig.

JAMAICA

Montego Bay *(links Mitte)*

Montego Bay, die zweitgrößte Stadt Jamaicas, gilt seit jeher als die Tourismuskapitale der Insel. 1494 segelte Kolumbus als erster Europäer in die Bucht ein und nahm das Eiland in Besitz. Die reiche Unterwasserflora und -fauna vor den langen Puderzuckerstränden mit ihren anderswo selten gewordenen Bewohnern ist ökologisch vollständig intakt, und so ist ein großes Areal als Marine Park unter Naturschutz gestellt worden.

Kingston *(links unten)*

Kingston ist sicher die geschäftigste Stadt der ganzen Karibik, sie ist groß, aufdringlich und ausgelassen. Aus jedem Hauseingang sprudelt das Leben auf die Straße, füllt die Bürgersteige und jeden Zentimeter des vorhandenen Platzes. Ziegen streifen meckernd durchs Menschengewühl, Straßenhändler verkaufen von Karren und Tischen alle Arten von Waren, nie kehrt Ruhe ein. Nicht versäumen darf man einen Besuch im Bob Marley Museum in der Hope Road, das mit vielen Exponaten den Meister des Reggae ehrt.

Guadeloupe

Vulkan La Soufrière (rechts)

Mit 1467 m ist der noch aktive Vulkan La Soufrière die höchste Erhebung von Guadeloupe, und sein Gipfel steckt oft in Wolken. Wenn dem nicht so ist, dann sollte man den Feuerberg unbedingt besteigen. Der mittelschwere Aufstieg dauert rund eineinhalb Stunden, und für die Mühsal wird man reich belohnt. Man darf sich allerdings nicht von dem Odeur des Berges in seinem Gipfelsturm beeinträchtigen lassen, denn aus unzählige Fumarolen strömt der Geruch von Ammoniak und faulen Eiern, doch die Aussicht von dort oben ist atemberaubend.

US Virgin Islands (links)

Die United States Virgin Islands mit den drei Inseln St. Thomas, St. Croix und St. John sind Amerikas Außenposten in der Karibik, und hier findet man neben den abgeschiedenen Stränden eine kulturelle und ethnische Vielfalt der unterschiedlichsten Nationalitäten. Darüber hinaus gibt es natürlich exzellente Möglichkeiten für alle Arten von Wassersport, Nationalparks, ausgedehnte tropische Wälder und eine touristische Infrastruktur, die keine Wünsche offen lässt.

Saba (unten)

Nur rund 1000 Einwohner zählt das 5 km² kleine Eiland, und diese leben in vier Städtchen, die so seltsame Namen wie Hell's Gate, Windwardside oder The Bottom – die Insel-Kapitale – tragen. Für Massentourismus fehlen jegliche Voraussetzungen. Statt dessen gibt es eine paradiesische Natur, in der tropische Früchte wachsen, farbiger Hibiskus, Orchideen und Bougainvilleas erfreuen das Auge, und der artenreiche Saba Marine Park lädt zu Exkursionen in die blaue Tiefe ein.

St. Marteen (rechts)

Kolumbus sichtete das kleine Eiland am 11. November 1493 zum Fest des hl. Martin. Seit 350 Jahren herrscht hier auf dem karibischen Steinbrocken ein politisches Kuriosum. Der Norden gehört zu Frankreich, der Süden zu den Niederlanden, von Anbeginn an lebten beide Volksgruppen in friedlicher Eintracht, und so findet der Besucher hier das Beste aus beiden Kulturen.

Antigua (links)

Antigua, mit rund 160 km² die größte der Leeward Islands, besitzt eine dramatisch zerfurchte Küstenlandschaft, um die sich ein schützender Wall von Korallenriffen windet, wodurch die Insel sichere natürliche Häfen hat. Deshalb machte der legendäre Admiral Nelson 1784 Antigua zu Britanniens größter Marinebasis. Das herausragende Ereignis ist die alljährlich stattfindende Sailing Week, und wer nicht segelt, der erkundet die Korallengärten und die Wracks, die einst an den Riffen zerschellten.

British Virgin Islands (oben)

Die britischen Jungferninseln sind wahrlich noch jungfräulich, da sie bisher noch nicht vom Massentourismus entdeckt worden sind. Von den mehr als 60 Eilanden sind nur 21 bewohnt. In den feuchten fruchtbaren Tälern wachsen tropische Früchte wie Zitrus, Bananen und Mangos, und an den Küsten finden sich Mangrovenwälder. 80 Vogelarten bevölkern die Lüfte und drei unterschiedliche Meeresschildkröten haben hier ihre Brutplätze, darunter die über 2 m lange Lederschildkröte.

St. Lucia (rechts)

„Dies Kleinod in die Silbersee gefasst", so kann man treffend die 40 km lange und 21 km breite Insel beschreiben. Die 600 m hohen Küstenberge sind von dichtem tropischem Regenwald bedeckt, in dem Orchideen und Riesenfarne wachsen und exotische Vögel beheimatet sind. In den fruchtbaren Tälern wachsen Mangos, Papayas, Bananen und Kokosnüsse. Und vor den Gestaden liegen fischreiche Korallenriffe

Martinique (unten)

Kolumbus setzte 1502 seinen Fuß auf das Eiland, das die karibischen Indianer Matinino nannten. Seit 1815 gehört Martinique zu Frankreich. Der Norden ist mit dem 1397 m hohen Vulkan Mont Pelée gebirgig und äußerst fruchtbar. Im Süden finden die Besucher das, weshalb sie hergekommen sind: lange weißsandige Strände, viel Sonnenschein und die gesamte Angebotspalette des Wassersports. Überall wird Zuckerrohr angebaut und in Destillen zu Rum gebrannt.

Aruba (rechts)

Die westlichste der karibischen Inseln ist ganz von den Holländern geprägt, wie Oranjestadt, die Kapitale mit ihren pastellfarbigen, in niederländischer Architektur errichteten Kolonialbauten zeigt. Wer Ruhe sucht findet einsame Strände und Buchten, für Nachtschwärmer stehen Casinos, Diskotheken und Folklore Festivals auf dem Programm, Naturfreunde können Wanderungen durch den Ariko Nationalpark machen und auch Wassersportler müssen auf kein Vergnügen verzichten.

Grenadinen

Palm Island (links oben)

Die winzige, in Privatbesitz befindliche Insel der Grenadinen ist ein karibischer Traum, eingefasst von fünf Sandstränden und umgeben von türkisblauem Meer. Auf dem 50 ha großen Eiland befindet sich ein Hotel der Luxusklasse, dessen 40 Bungalow-Zimmer unter Tausenden von Kokospalmen über das ganze Areal verteilt sind. Hier ist man ganz weit entfernt von der Hast und Eile des Alltags und kann sich ungehindert einem Robinson-Crusoe-Leben auf höchstem Niveau hingeben.

Barbados (links unten)

Annähernd 400 Jahre wurde Barbados von den Briten regiert. Die Insel ist das kleine England der Karibik: Der Besucher stößt hier auf Cricket Matches, samstägliche Pferderennen, alte anglikanische Kirchen, und immer noch hängen Portraits von Queen Elisabeth in den Ämtern. Doch haben die Bajans, wie sich die Bewohner nennen, nur die guten Seiten der Briten abgeschaut: Sie trinken lieber Rum statt bitteres Ale, haben ihrer Küche nicht mit Kidney Pie verseucht und zelebrieren ihr kulturelles Leben im Einklang mit britischer Effizienz.

Bonaire (rechts oben)

Wer nach Bonaire kommt, kommt zum Tauchen. Die Lac Bay wird von erfahrenen und polyglotten Unterwasserausflüglern regelmäßig zum schönsten Tauchparadies der Welt gekürt. Wer lieber im 26 °C warmen Wasser windsurfen möchte, findet einen beständig vom Land her wehenden Wind. Nicht versäumen sollte man auch das Kayakfahren: Im ausgedehnten Mangrovengürtel kann man auf diese Weise das hinter niedrigen Bäumen versteckte Bonaire entdecken.

Curaçao (rechts unten)

Die Altstadt und die Hafenfront von Willemstad sind 1997 von der UNESCO aufgrund ihrer einmaligen niederländischen Architektur in der Karibik zum Weltkulturerbe erklärt worden. Ein Spaziergang durch die Gassen ist wie eine Zeitreise in die koloniale Vergangenheit. An den über 40 Palmen gesäumten Buchten finden sich exzellente Strände, und bei einem Bootsausflug kann man Klein Curaçao kennen lernen, die unbewohnte Schwesterinsel mit ihren Korallengärten.

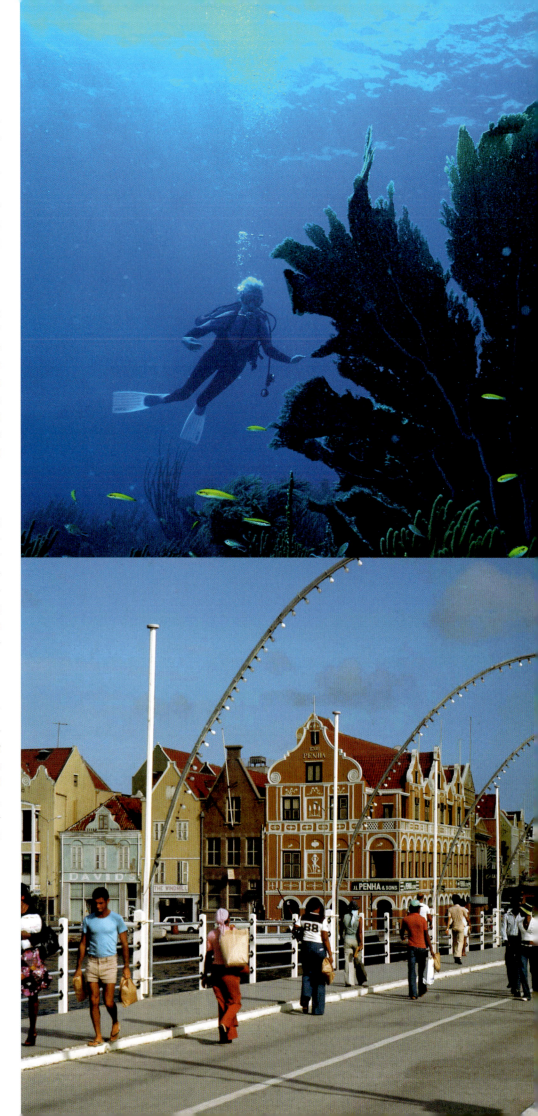

Grenada (oben)

Grenada ist ein gebirgiges Eiland, in dessen Tälern eine tropische Vegetation mit vielen Gewürzpflanzen blüht. Allein 25 % der Welternte für Muskatnuss kommen von der Insel, die darüber hinaus einen dichten tropischen Regenwald und natürlich lange, palmenbestandene Sandstrände mit vorgelagerten Korallenriffen ihr Eigen nennt. Viele lokale Festivals, ein reiches kulturelles Erbe und farbenfrohe Märkte lassen darüber hinaus keine Langeweile aufkommen.

Trinidad (links)

Der Zusammenfluss des kalten Nordatlantiks mit dem warmen Karibischen Meer und den ausströmenden Wassern des Orinoco kreieren vor Trinidad ein Küstengewässer mit einer reichen maritimen Flora und Fauna. Darüber hinaus ist die Insel ein idealer Rastplatz für viele Zugvögel. Sonnenhungrige können sich in den zahlreichen kleinen Buchten dem süßen Nichtstun hingeben oder schnorcheln und tauchen.

Tobago (rechts)

Auf der kleineren Schwesterinsel von Trinidad geht es bedeutend ruhiger zu. Im Süden liegen die Urlaubsparadiese, im Norden finden sich tropischer Regenwald und eine üppige Vegetation, einsame Buchten und kleine Fischerdörfer. Zum Stonehaven und Turtel Beach kommen zwischen April und August die urzeitlichen Meeresschildkröten und legen im Sand ihre Eier ab. Für Besucher ein unvergessliches Naturerlebnis.

Mittelamerika

Mittelamerika bedeutet Farbenpracht und vollendete Schönheit, aktive Vulkane und subtropischer Regelwald, türkis-grünes Wasser und weiße Strände, ausgelassene Lebensfreude und karibische Rhythmen. Mittelamerika in Gestalt von Mexiko oder Guatemala zu erleben, bedeutet auch sprachlose Ehrfurcht angesichts der unschätzbaren Relikte einer versunkenen antiken Hochkultur.

Mexiko

Baja California *(oben)*

In den Buchten und Lagunen von Vizcaíno auf der Baja California paaren und kalben die 10–15 m langen Grauwale in den flachen Gewässern der Region. Alljährlich ziehen die faszinierendsten Meeresbewohner von den arktischen Gewässern des Bering-Meeres und der Tschukten-See an die warme Pazifikküste Mexikos. Das Naturschauspiel kann von Booten aus verfolgt werden.

Mexico City *(rechts)*

1521 zerstörten die Spanier unter Cortèz die Lagunenstadt Tenochtitlan und errichteten auf den Trümmern der Aztekenstadt die Grundlagen des heutigen Mexico City. Das historische Zentrum der Metropole wird von vielen Kirchen aus jenen Tagen sowie dem Bischofssitz und der Residenz des Vizekönigs überragt. Zusammen mit Xochimilco, dem freigelegten Zeugnis der komplexen aztekischen Landwirtschaftskultur, steht die Altstadt seit 1987 unter dem Schutz der UNESCO.

Zihuatanejo *(rechts oben)*

Bis in die frühen 1970er-Jahre war Zihuatanejo ein verschlafenes Fischernest, dann entdeckte die Tourismus-Industrie den Ort, dessen Hauptattraktion die weite geschützte Bucht ist. Vor allem zwischen Oktober und März ankern in der Bay viele Jachten aus aller Welt, deren Hobby-Kapitäne an den weißen Stränden überwintern. Die alte Ortsmitte durchziehen enge, katzenkopfgepflasterte Straßen, in denen die Mariachis, die lokalen Troubadoure, vor den kleinen Restaurants und Bars aufspielen.

Nuestra Señora de los Remedios *(ganz rechts)*

Vor der gigantischen Kulisse des Vulkans Popocatépetl setzten die Bewohner von Teotihuacan eine gewaltige Pyramide, die von den Spaniern zerstört wurde. Auf der Basis dieser Pyramide, die einst eine Fläche von 16 ha umfasste, setzten die Eroberer eine Kirche, deren barocke Schönheit sich vor dem rauchenden Berg unwirklich abhebt.

Acapulco (links oben)

Weiße Sandstrände säumen eine türkisblaue Bucht, hinter der die grünen Berge der Sierra Madre Occidental aufragen. An 350 Tagen brennt die Sonne vom wolkenlosen Himmel, doch die Temperaturen sind durch die Seebrise angenehm. Im Winterhalbjahr ist das exklusivste Seebad Mexikos von US-Amerikanern ausgebucht, die nach einem aktiven Tag mit Fallschirmsegeln und Wassersport entlang der palmengesäumten Boulevards flanieren und das Nachtleben genießen. Eine besondere Attraktion sind die Klippenspringer, die den Sprung vom Quebrada in die Fluten wagen.

Agua Azul (links unten)

Nahe bei Palenque finden sich die Cascadas Agua Azul, Wasserfallkaskaden, die über eine Länge von 7 km in die Tiefe rauschen. Rund um die zauberhafte Flusslandschaft finden sich beiderseits Spazierwege, von denen aus man immer wieder das Naturschauspiel aus einer anderen Perspektive erleben kann. Für das leibliche Wohl ist auch gesorgt: Der Besucher findet Restaurants und Übernachtung-möglichkeiten in Hängematten.

Palenque (rechts oben)

Palenque gehört zu den großartigsten archäologischen Stätten Mexikos. Umgeben von dichtem Urwald finden wir hier gut erhaltene Maya-Anlagen, wie die 21 m hohe Pyramide der Inschriften, in der man 620 Schriftzeichen gefunden hat, oder den auf einer 103 x 73 m großen Plattform ebauten Großen Palast, der sich um vier Innenhöfe gruppiert. Palenque ist ein herausragendes Beispiel der klassischen Maya-Architektur und gehört deshalb seit 1987 zum Weltkulturerbe.

Cancun (rechts unten)

Aus dem einstigen Fischernest an der Nordwestspitze der Halbinsel Yucatan ist innerhalb weniger Jahre ein kosmopolitischer Badeort geworden. Eine 20 km lange und 500 m breite, L-förmig verlaufende Sandbank mit Dünen und Palmen schließt die Nichupte-Lagune ein. Auf dem schmalen Streifen reihen sich prachtvolle Luxushotels aneinander und der Weg zu den wahrhaft schönen Stränden ist nur kurz.

Cichen Itza (unten)
Am Heiligen Brunnen, so die deutsche Übersetzung, umgeben noch immer 600 Säulenstümpfe den Tempel des Kriegers, auf dessen breiter und steiler Freitreppe einmal die Maya-Priester himmelan stiegen. Im Observatorium deuteten sie die Sterne und stellten Berechnungen zum Jahresverlauf an. Weitere eindrucksvolle Ruinen krönen das Areal, das seit 1988 zum Weltkulturerbe gehört.

Uxmal (rechts)
Im nördlichen Teil der Halbinsel Yucatan entstand zwischen dem 7. und 10. Jh. die Metropole Uxmal als Kultzentrum der Mayas. Markant und beeindruckend ist das 38 m hoch steil ansteigende Haus des Zauberers, das auf ovalem Grundriss erbaut wurde. Phantastisch geschmückt mit Ornamenten, Mosaiken und Schlangen sind auch alle weiteren Gebäude der Ruinenstätte. Auf dem Höhepunkt der architektonischen Entwicklung wurde die Stadt verlassen — warum, das wissen wir nicht.

Guatemala
Tikal (rechts)
Inmitten eines riesigen, von tropischem Regenwald bedeckten Areals im Norden Guatemalas liegt Tikal, die prächtigste Maya-Stätte des Landes. Um die Gran Plaza, das kultische Zentrum der einstigen Stadt, gruppieren sich über 40 m hohe Tempel und Pyramiden, die zusammen mit der dichten Vegetation eine betörend schöne Kulisse bilden, die jeden Besucher achtungsvoll verstummen lässt.

Antigua (links)

Antigua ist das Juwel Guatemalas. Eingerahmt von drei imposanten Vulkanen im Süden des Landes, bilden in den Straßen der Stadt Paläste und Herrenhäuser einen prächtigen Blickfang, zeugen ehrwürdige Klöster und Kirchen von der tiefen Religiosität der Bevölkerung und laden wunderschöne Plätze zum Verweilen ein, die während der Semana Santa zum Mittelpunkt imposanter Prozessionen werden.

Panama

Panama-Stadt *(unten links)*
Bei einem Spaziergang durch El Casco Viejo, den historischen Stadtkern von Panama-Stadt, erblickt man anmutige pastellfarbene Häuser mit wunderschönen schmiedeeisernen Balkonen und Fassadendekorationen im Art-nouveau-Stil, während sich das gesellige Leben des Viertels hörbar auf dem Plaza Indepedencia gegenüber der zum Nationaldenkmal erklärten Kathedrale abspielt.

Panamakanal *(unten rechts)*
400 Jahre mussten seit der Entdeckung des Pazifiks im Jahre 1513 vergehen, bis der Traum von einer Wasserbindung zwischen Atlantischem und Pazifischem Ozean erfüllt werden konnte. Innerhalb von zehn Jahren schufen etwa 75 000 Arbeitskräfte die legendäre 81,5 km lange Kanalfahrrinne, die den atlantischen Hafen von Colon mit der am Pazifik liegenden Panama-Stadt verbindet.

Belize

Barrier Reef *(oben links)*
Das Barrier Reef vor der Küste von Belize ist ein wahr gewordener Traum aus Farben und Mustern, kristallklarem Wasser und einer faszinierenden Artenvielfalt. Wer sich mit dem Schnorchel oder einer Tauchausrüstung in das Karibische Meer begibt, entdeckt eine paradiesische Unterwasserwelt mit über 400 verschiedenen farbenprächtigen Fischen und atemberaubend schönen Korallengärten.

Costa Rica *(oben rechts)*
Costa Rica ist ein faszinierender kultureller Schmelztiegel, und seine Bevölkerung und Natur sind in der Welt gleichermaßen für ihre Schönheit und Anmut bekannt. Die seit 1949 bestehende demokratische Verfassung, der hohe Bildungsstand der Bevölkerung sowie der bis zu 3900 m hohe Gebirgszug der Kordilleren haben dem Land den Beinamen „Schweiz Mittelamerikas" eingebracht.

Südamerika

28 700 km Küstenlinie am Pazifischen und Atlantischen Ozean, (sub)tropisches Klima, ein dichtes Flussnetz und bis zu 6950 m hohe Gebirgsketten, zwischen denen sich weite Tiefebenen erstrecken – das sind die geografischen Eckdaten Südamerikas, eines traumhaft schönen Kontinents, mit unermesslichen kulturellen Schätzen und einer Bevölkerung, deren Lebensfreude sprichwörtlich ist.

Kolumbien

Bogota *(oben links)*

2630 m ü. d. M. liegt Kolumbiens Hauptstadt Bogota. Auf der Suche nach dem legendären Goldland „El Dorado" kreuzten sich hier einst die Wege gieriger Konquistadoren. Heute kann man als Besucher in den Straßen der Altstadt in das kolumbianische Alltagsleben eintauchen, abends die Amüsiermeilen aufsuchen oder im Museo del Ora einzigartige Zeugnisse filigraner Goldschmiedekunst bewundern.

Venezuela

Tafelberge der Götter, Gran Sabana *(oben Mitte)*

Nördlich des Länderdreiecks von Venezuela, Guyana und Brasilien befindet in Gestalt der Gran Sabana einer der beeindruckendsten Naturschauplätze der Welt. Hier liegen die Tepuis, die Tafelberge der Götter. Fast senkrecht ragen die schroffen Felsen aus der lieblichen Ebene empor und formen eine mystische Gebirgswelt, die nur schwer zugänglich und bis heute in weiten Teilen unentdeckt ist.

Coro Nationalpark *(oben rechts)*

Wer die Stadtgrenze von Coro im Norden Venezuelas hinter sich lässt und den Damm zur Halbinsel Paraguaná entlangfährt, wird unerwartet in eine Wüstenlandschaft versetzt. Bis zu 20 m hohe Sanddünen, die „Médanos de Coro", säumen die Straße über eine Strecke von 20 km und lassen einen vergessen, dass nicht Sand, sondern Wasser das prägende Element der Gegend ist.

Isla Margarita *(rechts)*

Die nördlich von Cumaná gelegene karibische Isla Margarita ist zum Aushängeschild Venezuelas geworden: Konsumfreudige entdecken die zur Freihandelszone erklärte Insel als Einkaufsparadies, Sonnenanbeter finden unzählige malerische Strände, Kulturinterssierte kommen in den Städten auf ihre Kosten, und kleine Fischerdörfer sind das Ziel all derjenigen, die Ursprünglichkeit suchen.

Ecuador

Galápagos-Inseln *(links oben)*

Die Galápagos-Inseln zu betreten, bedeutet, in eine andere Welt und in eine andere Zeit einzutauchen. Nirgendwo sonst kann man die Evolution im Tierreich anschaulicher nachvollziehen, die unermessliche Kraft und brodelnde Energie im Erdinneren eindrucksvoller sehen und spüren als auf der knapp 1000 km westlich vom ecuadorianischen Festland gelegenen Inselgruppe.

Quito *(links unten)*

Eingerahmt von einer schneebedeckten, atemberaubend schönen Gebirgskulisse gilt Quito als das Juwel Lateinamerikas. Barocke, weiß getünchte Kirchen heben sich eindrucksvoll von der schroffen Vulkanlandschaft ab, auf den Märkten herrscht Farbenpracht und Lebensfreude, und die glänzenden Glasfassaden der Bürokomplexe zeugen von der Modernität der nordecuadorianischen Stadt.

Peru

Anden *(rechts oben)*

Die Anden bestimmen das Panorama im gesamten Westteil Südamerikas. Vom Karibischen Meer in Venezuela bis Feuerland reichend, zeigt das 8000 km lange Gebirgssystem viele Gesichter: Im Hochland findet man riesige Süßwasserseen wie den Titcacasee, Gletscher reichen bis zum Meer hinab, tropischer Regenwald bedeckt die Hänge, und immer wieder finden spektakuläre Vulkanausbrüche statt.

Machu Picchu *(rechts unten)*

Erzählungen über die sagenumwobene Stadt Vilcapampa veranlassten 1911 einige Forscher, die unbekannte Bergwelt der Anden im Gebiet Cuzco zu erkunden. Was sie fanden übertraf alle Erwartungen: Machu Picchu – eine vom Dschungel überwucherte Stadt mit einem Tempelbezirk, Palast- und Wohnviertel. Diese dramatische Kulisse hat bis heute von ihrer Faszination nichts verloren.

Cuzco *(oben links)*
Ruinen des vorkolumbianischen Sonnentempels und spanische Kathedrale, inkaische Königshöfe und christliche Kirchen – Cuzco, 300 km von Lima entfernt, ist ein bedeutender Schauplatz zweier Kulturen. Allerorts finden sich vom Kolonialstil geprägte Barockkirchen, die auf den Ruinen alter Inkastätten erbaut wurden oder Teile dieser Gebäude gar integriert haben.

Nazca *(oben rechts)*
Vor mehr als 2000 Jahren siedelte sich 450 km südlich von Lima ein Volk inmitten des tropischen Wüstengebietes von Nazca an und hinterließ dort ein einzigartiges Relikt: 300 Scharrbilder, die durch gezielte Abtragung von Gesteinsschichten entstanden, verwandeln die endlose Flachwüste in ein mystischen Land, dessen Geheimnisse bis heute nicht entschlüsselt werden konnten.

Andeneisenbahn Callao–Huancayo *(unten)*
Eine der aufregendsten und schönsten Eisenbahnfahrten der Welt beginnt nahe der Hauptstadt Lima im Küstenort Callao auf Höhe des Meeresspiegels. Auf einer Strecke von nur 175 km legt der Zug dann den unglaublichen Höhenunterschied von 4800 m zurück, um in seinem Zielort Huancayo einzufahren. Sie gilt als höchstgelegene Eisenbahnstrecke der Welt. Aus den Fenstern der Zugabteile blickend, kann man eine atemberaubend schöne Landschaft vorbeiziehen sehen.

Brasilien

„Alles ist vehement: die Sonne, das Licht, die Farben" – so charakterisierte der deutsche Schriftsteller Stefan Zweig das fünftgrößte Land der Erde, Brasilien. Es bietet außergewöhnliche Naturerlebnisse wie das Amazonasgebiet, pulsierende Städte wie São Paolo und eine Lebensfreude der Bevölkerung, die sich nicht nur im Karneval und den Sambaschulen Rio de Janeiros niederschlägt.

Rio de Janeiro (oben)
Nicht nur der Schriftsteller Stefan Zweig bezeichnete Rio de Janeiro als die schönste Stadt der Welt. Und in der Tat, betrachtet man die Stadt vom Zuckerhut, dem Wahrzeichen Rios, verschlägt einem der atemberaubende Blick auf das dunkle Blau des Atlantischen Ozeans, die kilometerlangen Sandstrände und die sattgrünen Hügel, an die sich die weißen Häuser der Stadt schmiegen, die Sprache.

Amazonas (links)

Aus der Luft betrachtet, erscheint der Amazonas wie ein langer blaugoldener Streifen inmitten einer üppigen grünen Vegetation. Er ist der erhabenste und wasserreichste Fluss der Erde. Bis zu 100 m tief und in seinem Hauptlauf durchschnittlich 5 km breit, ist er Lebensraum für Meeresbewohner wie Haie, Rochen und Delfine und zugleich unverzichtbarer Verbindungsweg zwischen Städten und Dörfern.

Brasilia (rechts oben)

Nichts Historisches findet sich in der Hauptstadt Brasiliens, Brasilia, die erst in den 1950er-Jahren an den Ufern des Paranoã-Stausees beinahe im Zentrum des Landes erbaut wurde. Die Stadt besteht fast ausschließlich aus hochmodernen Botschaften, Regierungs- und Parlamentsgebäuden und den Wohnungen der Beamten. Doch gerade diese Künstlichkeit macht Brasilia sehenswert.

Manaus (rechts Mitte)

Umgeben von dichtem Urwald ist Manaus ein Ort der kleinen und großen Wunder. 1600 km vom Mündungsdelta des Amazonas entfernt, finden sich hier weiße Sandstrände, von denen aus man Delfine im Fluss beobachten kann, die Umgebung lockt mit geheimnisvollen Höhlen und abenteuerlichen Hängebrücken, und im Zentrum thront das Teatro Amazônico, das pompöseste Opernhaus westlich von Paris.

Pantanal (rechts unten)

700 Vogelarten leben hier, Piranhas und Kaimane lauern in den Gewässern, über denen Heerscharen von Libellen umherfliegen. Aus den Bäumen dringt das Geschrei der Brüllaffen und Wildschweine, Ozelots, Jaguare und unzählige Nagetiere tummeln sich am Boden. Pantanal im Südwesten Brasiliens ist das größte Binnen-Feuchtgebiet der Welt, dass nicht nur Naturliebhabern imponiert.

Ipanema (unten)
Ipanema ist mit seinen modernen Palästen und Einkaufszentren eines der mondänsten Viertel Rio de Janeiros, und am Ipanema-Beach tummeln sich neben Touristen daher vor allem die Schönen und Reichen der Stadt. Und so nimmt es auch nicht Wunder, dass das Herz Rios nicht — wie in anderen Metropolen der Welt — im Stadtzentrum schlägt, sondern im feinen weißen Sand des Strandes von Ipanema.

Copacabana (ganz unten)
Neben dem prunkvollen Karnevalsspektakel zieht vor allem der herrliche Sandstrand der Copacabana die Besucher zu Tausenden nach Rio de Janeiro, weshalb ein Bikini im Reisegepäck auf keinen Fall fehlen darf. Hier an der Atlantikküste wird der Körperkult exzessiv gepflegt, man begutachtet die anderen Badenden, posiert vor ihnen und flirtet mit den Strandschönheiten.

Bolivien
Potosí (rechts)
Potosí ist die Silberstadt Boliviens. Im Süden des Landes gelegen, erstreckt sich der Ort zu Füßen des dachförmigen Cerro Rico, dem legendären Silberberg. 14 000 Schmelzöfen und die gigantische Anzahl von 160 000 Bewohnern bereiteten insbesondere den spanischen Eroberern im 16./17. Jh. unermesslichen Reichtum. Ein Besuch der Silberminen hinterlässt einen unvergesslichen Eindruck.

Titicacasee *(unten)*

Alten Legenden zufolge schickte der Sonnengott der Inka die Geschwister Manco Capac und Mama Ocllo auf die Erde, damit diese bei der Errichtung des Inka-Reiches behilflich sein sollten. Dies geschah auf der Isla del Sol im Titicacasee inmitten des bolivianischen Andenhochlandes. Und auch die heutige Nationalheilige, Jungfrau von Copacabana, hat hier an den Ufern des Sees ihren Wallfahrtsort.

Chile

Kaum ein Land hat so viel Abwechslung zu bieten wie Chile. Auf dem schmalen, 4000 km langen Streifen zwischen der Westküste Südamerikas und den Anden wartet das Land mit Trockenwüsten und tropischen Stränden, unwirtlichen Gebirgen und Gletschern in den Anden und riesigen Eisfeldern in Patagonien auf. Für Kultur ist dagegen in der 6-Mio-Hauptstadt Santiago gesorgt.

Osterinseln (rechts oben)
In der Sprache der Einheimischen wird die zu den polynesischen Inseln gehörende Osterinsel Rapa Nui genannt. Noch immer gibt sie den Menschen das Rätsel auf, wie die gigantischen Moai, bis zu 80 t schwere Steinskulpturen aus schwarzem Tuffstein, zu ihren Standorten gelangten. In langen Reihen stehen die steinernen Kolosse an der Pazifikküste und scheinen die Insel zu bewachen.

Atacama-Wüste (links oben)
Inmitten der chilenischen Anden liegt die trockenste Wüste der Erde, die Atacama-Wüste. Wolken regnen sich an den Westflanken der Anden aus, bevor sie das Zentrum des Ödlandes erreichen könnten. Doch gerade hierin liegt die bizarre Schönheit der Region, die in ihrer Struktur eher an den die faszinierende Oberfläche des Mars denn an eine irdische Landschaft erinnert.

Nationalpark Torres del Paine (links unten)
Zwischen dem Campo de hielo sur, der größten geschlossenen Eisregion außerhalb der Polarkreise, und der Steppe Patagoniens liegt ganz im Süden Chiles der Nationalpark Torres del Paine. Wahrzeichen des zumeist dicht bewaldeten Parks, der von Lamas und Andenkondoren bevölkert wird, sind die drei Torres – schroffe Felstürme, um die die patagonischen Winde stürmen.

Kap Hoorn (rechts unten)
Seefahrer früherer Zeiten fürchteten die Umrundung, und Charles Darwin soll gesagt haben, dass selbst der Teufel hier erfrieren würde. Die meerumbrausten Felsen Kap Hoorns vor der Südspitze Chiles, auf denen Albatrosse und Pinguine brüten, können nur mit Sondergenehmigung in sturmfesten Schlauchbooten besichtigt werden. Und auch bei besten Wetterverhältnissen wird die Anlandung zum Abenteuer.

Colchagua-Valley (unten)
Ein echter Geheimtipp für Weinkenner ist das Colchagua-Valley im Umland der Hauptstadt Santiago. Ein Gottesdienst ohne Wein erschien den europäischen Priestern bei ihrer Missionsarbeit undenkbar, und so brachten sie vor mehr als 400 Jahren erstmals Rebstöcke in das südamerikanische Land, die in dem gemäßigten Klima der hügeligen Landschaft nun prächtig gedeihen.

Argentinien

Argentinien ist das Land des Tangos, Heimat Evitas, und mit den „Müttern von der Plaza de Mayo" zu einem Inbegriff des stolzen, mutigen Aufbegehrens geworden. Argentinien ist auch das Land mit atemberaubenden Naturkulissen – die Anden im Westen, die Atlantikküste im Osten und Feuerland im Süden –, und in seinen Städten ist Argentinien ein Konzentrat aus Vergangenheit und Moderne.

Nationalpark
Halbinsel Valdés *(links oben)*
Die Halbinsel Valdés am San-Matías-Golf ist eine Insel der Tiere. Nur eine begrenzte Anzahl von Menschen darf täglich den Nationalpark besuchen und erlebt dort ein einzigartiges Naturspektakel: An der Nord- und Ostküste tummeln sich Seehunde und -löwen, auf der vorgelagerten Insel nisten 30 000 Seevögel, und von Booten aus kann man aus nächster Nähe Wale beobachten.

Iguazú-Nationalpark *(links unten)*
Um eine der bedeutendsten Naturschönheiten Argentiniens, die ergreifenden schäumenden Wassermassen der Iguazú-Fälle, zu schützen, wurde bereits 1934 der dichte Dschungel an der Grenze zu Brasilien – Heimat von einem Drittel aller argentinischen Vogelarten – zum Iguazú-Nationalpark erklärt. Mittlerweile hat auch die UNESCO den Wert der Region erkannt und in die Liste des Welterbes aufgenommen.

Buenos Aires *(rechts)*
Buenos Aires ist eine facettenreiche und lebendige Stadt. In der Fußgängerzone Florida mit ihren riesigen Einkaufspalästen herrscht quirliges Durcheinander, im neuen Hafen kann man von einem der zahlreichen Cafés aus das Be- und Entladen gigantischer Frachtschiffe beobachten, und unzählige Kirchen, Denkmäler und Museen weisen Buenos Aires als kulturelles Zentrum Argentiniens aus.

Uruguay

Montevideo *(rechts)*
Auf einer Landzunge zwischen der Bucht von Montevideo und dem Rio de la Plata, direkt gegenüber von Buenos Aires liegt die Hauptstadt Uruguays Montevideo. Neben modernen Hochhäusern bestimmen vor allem die prunkvollen Bauten der Kolonialzeit die Skyline der Stadt. Die Calle Emilio Reus wurde 1993 komplett saniert und verzaubert seither wieder mit ihren kräftigen Pastellfarben den Betrachter.

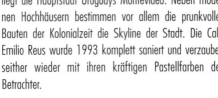

Patagonien (links)

Patagonien – das „Land der Großfüßigen" – bezeichnet die vom Rio Colorado bis zum Feuerlandarchipel reichenden Südregionen Argentiniens und Chiles. Während der Norden durch seine fruchtbaren Kulturlandschaften inmitten einer schönen Seen- und Gebirgslandschaft besticht, dominiert im Süden eine unendlich scheinende Steppe, in der mehrere Millionen Schafe weiden.

Nationalpark Los Glaciares (rechts oben)

In der südlichen Spitze Argentiniens liegt der kleine Ort Calafate – Ausgangspunkt für Touren in den Nationalpark Los Glaciares, der mit 600 000 ha Fläche das zweitgrößte Naturschutzgebiet des Landes bildet. In diesem einzigartigen Areal liegt der Lago Argentino, ein gigantischer See, in den die 13 Gletscher kalben, die den Park zu einem fantastischen Naturschauplatz machen.

Perito Moreno (rechts Mitte)

Der Perito Moreno ist mit Abstand der gewaltigste und imposanteste der insgesamt 13 Gletscher im Los Glaciares Nationalpark. 30 km lang und 5 km breit erhebt er sich 60 m aus dem Wasser. Ein unvergessliches Spektakel ereignet sich oft zur Mittagszeit: Dann brechen angesichts der wärmenden Sonneneinstrahlung gigantische Eisstücke ab und stürzen tosend ins Wasser.

Nationalpark „Tierra del Fuego", Feuerland (rechts unten)

Angesichts immer brennender Feuer der indianischen Urbevölkerung taufte Magellan das der chilenisch-argentinischen Südküste vorgelagerte Inselarchipel „Feuerland". In Ushuaia, der südlichsten Stadt der Welt, in der auch die legendäre Panamericana endet, gehen täglich riesige Kreuzfahrtschiffe vor Anker. Von hier kann man den wunderschönen Nationalpark „Tierra del Fuego" erkunden.

Australien, Ozeanien und Neuseeland

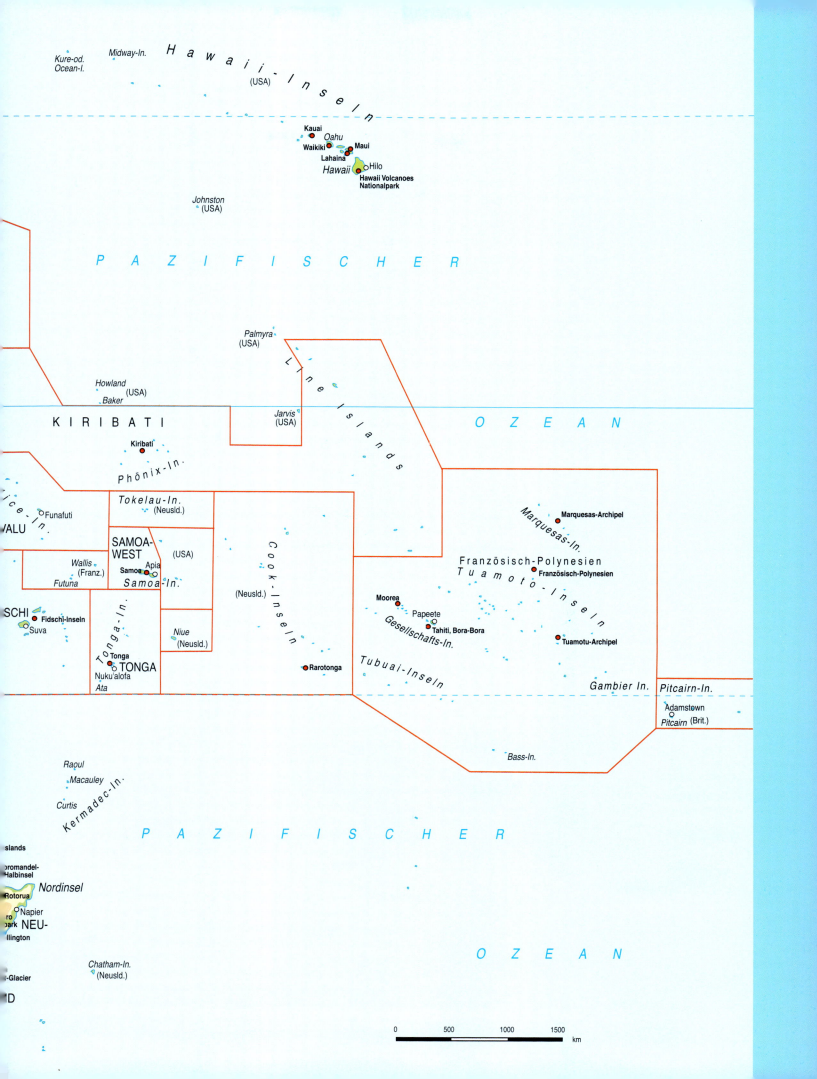

Australien

Der weitläufige fünfte Kontinent mit seinen Gegensätzen aus abenteuerlicher Wüste und Strandparadies, Felsformationen und Regenwald, Outback und Kultur ist eine ausgiebige Reise wert. Zu entdecken sind Tauchparadiese wie das Great Barrier Reef, die Byron Bay mit ihren traumhaften Surfstränden, der weltbekannte Ayers Rock, Sydneys berühmte Oper, die an ein Segelschiff erinnert, und zahllose spektakuläre Nationalparks.

Bungle Bungle National Park (oben links)

Bizarre rundliche Sandsteingebilde in verschiedenen Formen und Höhen, Bienenkörben ähnlich, stehen im Bungle Bungle National Park im Nordwesten Australiens. Die ungewöhnlichen Formen der rotschwarz gestreiften Gebilde entstanden durch Erosion. Die weitläufige, sehr beeindruckende Landschaft kann man auf holprigen Pisten zu Fuß oder mit dem Allrad-Pkw erkunden, oder – ganz komfortabel – beim Rundflug von oben bewundern.

Cairns (unten)

Die tropische Stadt Cairns an der malerischen Trinity Bay im Nordosten Australiens ist eine Drehscheibe für Aktive: Von Bungee-Springen über Wildwasser-Rafting und Geländewagensafaris auf der Great Dividing Range bis hin zu Wanderungen im Atherton Tafelland ist hier alles möglich. Und nicht zuletzt ist Cairns aufgrund seiner Nähe zum Great Barrier Reef ein idealer Ausgangspunkt für Taucher.

Kimberleys (oben rechts)

Das Kimberley-Plateau ist eine der großartigsten Savannen Australiens – Outback pur. In der einmaligen Landschaft liegen riesige Stammesgebiete der Aborigines, durch eine rote Wüste fließen kleine Rinnsale, die bei starken Regenfällen zu reißenden Flüssen werden, und auf den Ebenen wachsen flaschenförmige Baobab-Bäume, denen ihre Fähigkeit, Wasser zu speichern, ein skurriles Aussehen verleiht.

Kakadu National Park (unten rechts)

Der riesige Kakadu National Park östlich von Darwin, eine Leihgabe der Aborigines an den australischen Staat, ist faszinierend: Hier gibt es u.a. Felsmalereien der Ureinwohner, Wasserfälle und eine enorme Vielfalt an Pflanzen und Tieren – darunter auch Krokodile, die man gut auf einer Bootsfahrt auf den Yellow Waters beobachten kann. In diesem Park wurde der Film „Crocodile Dundee" gedreht.

Weiße Dünen, Shelbourne Bay (oben links)

Steht man erst einmal vor ihnen, fühlt man sich in eine Traumlandschaft versetzt. Schneeweiß wie gereinigtes Salz oder wie Schnee ist der Sand der riesigen Dünen der Shelbourne Bay am Cape York in Queensland. Sie sind über einen privaten Track und auch nur mit einem Allradfahrzeug zu erreichen. Aber das Abenteuer lohnt sich allemal, da die nur schwer zugängliche Landschaft wohl kaum von Alltagstouristen überlaufen sein wird.

Devils Marbles (oben Mitte)

Die Devils Marbles „Murmeln des Teufels" — mal runde, mal ovale, teils riesige rötliche Granitbrocken — liegen nördlich von Alice Springs verstreut in der australischen Wüste. Manche sehen aus wie aufrecht stehende Eier, andere liegen übereinander. Wegen der extremen Temperaturschwankungen sehen sie aus wie abgepellt. Besonders sehenswert sind die skurrilen Gebilde im Rot der Abendsonne.

Great Barrier Reef (oben rechts)

Eines der größten Naturwunder der Welt sind die Korallengärten des australischen Great Barrier Reef. Es entstand durch winzige wirbellose Meerestiere, die sich zu Korallenstöcken zusammenballen und mit der Nahrung aufgenommenen Kalk absondern. Je nach Art können Tiere und Kalk unterschiedlichste Farben haben. Gesteigert wird diese Farbenpracht noch durch die bunten Tropenfische — der Traum jeden Tauchers.

Whitsundays (rechts)

Die Whitsunday Islands liegen außerhalb des Great Barrier Reef. Die Inseln sind die Spitzen eines Unterwassergebirges. Den Namen gab ihnen Captain James Cook, der sie 1770 zu Pfingsten (Whitsundays) passierte. Auf den abwechslungsreichen Inseln mit ihren traumhaften Sandstränden und der farbenprächtigen Unterwasserlandschaft lässt sich wunderbar Urlaub machen.

Ayers Rock (links)
Das bekannteste Wahrzeichen Australiens ist der viel fotografierte Ayers Rock, ein majestätischer, 348 m hoher Klotz aus Sandstein. Besonders schön ist er bei Sonnenaufgang und im Abendrot, wenn er im Licht der milden Sonne tiefrot leuchtet. Man kann ihn besteigen, den heiligen Berg Uluru der Aboriginees, sollte es aber aus Rücksicht auf die Ureinwohner lassen und statt dessen darum herum wandern.

Uluru National Park (oben)
Im 1325 km großen Uluru National Park inmitten des australischen Kontinents erheben sich aus der rundum flachen Wüste zwei berühmte, äußerst sehenswerte Sandsteingebilde: Der imposante Ayers Rock und die kuppelartigen Felsen der Olgas. Beide waren früher Inseln in einem inländischen Meer. Das umliegende Gebiet ist seit 1985 wieder im Besitz der Ureinwohner, sie haben es dem Staat verpachtet.

Olgas (unten)
Die 36 kuppelartigen rötlichen Felsen der Olgas, von den Aboriginees Kata Tjuta, „viele Köpfe" genannt, erheben sich westlich des Ayers Rock aus der Wüste. Sie bestehen aus vulkanischem Gestein, und ihre eigentümliche Form entstand im Lauf der Jahrmillionen durch Erosion. Höchste Kuppel ist der Mt. Olga mit 546 m. Zwischen den roten Felsen mit pflanzenreichen Tälern verlaufen schöne Wanderwege.

Byron Bay (oben)
Nahe der paradiesischen Byron Bay mit ihren grandiosen Surfstränden liegt der östlichste Punkt Australiens, Cape Byron. In Byron Bay war früher die Alternativkultur zuhause, noch heute spürbar an vegetarischen Restaurants und Meditationszentren. Seit Paul Hogan, der Star aus „Crocodile Dundee", sich hier niederließ, ist das Publikum deutlich schicker geworden, geblieben sind aber die zahlreichen Surfer.

Shark Bay (unten)
An der Westküste Australiens liegt die zum Weltkulturerbe gehörende fischreiche Shark Bay, an deren wild zerklüfteter Küste im Lauf der Jahrhunderte viele Schiffe gestrandet sind. Zwischen den Klippen liegen herrliche Strände. Der niederländische Seefahrer Dirk Hartog ging hier 1616 als erster Europäer vor Anker – die Tafel mit seinem Ankunftsdatum ist heute in einem Amsterdamer Museum zu sehen.

Alice Springs (rechts oben)
Alice Springs im Herzen Australiens bietet für jeden etwas: Sehenswerte Museen zeigen Ausstellungen über die Aboriginees, traditionelle oder moderne Kunst, die ersten Siedler, die „fliegenden Ärzte" oder das entbehrungsreiche Leben im Outback. Im botanischen Garten sind genügsame Wüstenpflanzen zu sehen. Besonderer Beliebtheit erfreuen sich aber der Reptilienpark und das Kamelreiten.

Fraser-Island *(oben links)*

Fraser-Island ist mit 120 km Länge und bis zu 25 km Breite die mit Abstand größte Sandinsel der Welt. Sie gehört mit ihrer äußerst abwechslungsreichen Landschaft aus Eukalyptus- und Kiefernwäldern, Süßwasserseen und bis zu 250 m hohen Dünen zum Weltnaturerbe der Menschheit. Hier leben Dingos, Wildhunde, und Brumbies, Wildpferde. Mit dem Geländewagen lässt sich das sandige Eiland erkunden.

Coober Pedy *(oben rechts)*

Coober Pedy im südlichen Australien ist die Hauptstadt der Opale: Hier werden die leuchtend bunten seltenen Halbedelsteine, auch Feuersteine genannt, geschürft. Um nach Opalen zu suchen, sollte man sich einer Führung anschließen, da das Gebiet gefährlich zerlöchert ist und man nur so auch die wegen der extremen Außentemperaturen unter Tage liegenden Wohnungen, Geschäfte etc. zu sehen bekommt.

Perth *(rechts)*

Das sonnenverwöhnte Perth ist reich an mineralischen Bodenschätzen. Der Wohlstand drückt sich auch darin aus, dass viel gebaut wird: Viktorianische Bauten stehen zwischen modernen Glaspalästen – ein kontrastreicher Anblick. Neben dem milden Klima bestechen auch die Lage am Swan River und die Nähe zum Meer. Entspanntes Schlendern herrscht vor, besonders beliebt ist ein Bummel durch die Einkaufspassage London Court im Post-Tudor-Stil.

Greater Blue Mountains (links)
Nördlich von Sydney erstreckt sich der Blue Mountains National Park. Das Sandsteinplateau zerfurchen kilometerlange Canyons, Wasserfälle stürzen steile Felsen hinab und kilometerweit wachsen Eukalyptusbäume, die dem Gebiet seinen Namen verliehen: Bei klarem Wetter hängt, verursacht durch die Verdunstung der ätherischen Öle, ein bläulicher Schleier über den Bergen.

Seengebiet von Willandra *(ganz links)*
Das Seengebiet von Willandra im Süden Australiens entstand vor rund 60 000 Jahren, als der Eispanzer über dem Kontinent langsam abtaute und hier, im Murray Becken, eine Seenlandschaft mit üppiger Vegetation erblühte. Nachdem die Schmelzwasserreservoirs verbraucht waren, wurde die Landschaft nach und nach zur Wüste. Diese geologisch wichtige Region erklärte die UNESCO zum Weltnaturerbe der Menschheit.

Flinders Ranges National Park *(oben)*
Die Flinders Ranges sind ein wild anmutender Gebirgszug im Süden Australiens, der besonders für seine üppigen Blütenteppiche im Frühjahr, seine Artenvielfalt sowie für sein intensives Licht berühmt ist. Die Bergkuppen sind nicht sehr hoch, dennoch finden sich hier bizarre Felsformationen, tiefe Schluchten und, bei Wilpena, ein natürliches Amphitheater, geformt durch einen Ring aus Quarzitbergen.

Sydney, Opernhaus *(links Mitte)*
Sydney, eine der schönsten Städte der Welt, liegt im Südosten Australiens auf grünen Hügeln am Meer. Eines der spektakulärsten Bauwerke überhaupt steht auf einer Landzunge im Hafen: Das 1973 eröffnete Opernhaus. Der markante Bau mit seinen zehn weißen, wie geblähte Segel anmutenden Dächern war anfangs heftig umstritten – heute ist die Oper Wahrzeichen Sydneys, Stolz seiner Bewohner und weltberühmt.

Bondi Beach *(links unten)*
Der goldgelbe, lebhafte Bondi Beach im Osten Sydneys mit seinen zerklüfteten Sandsteinklippen ist ein beliebter und berühmter Stadtstrand mit Kultstatus. Wegen der stets tosenden Brandung ist der Strand auch bei Wellenreitern sehr beliebt. Tagsüber herrscht hier Badebetrieb, während sich abends Liebespaare treffen und Jugendliche exzessiv feiern.

Barossa Valley (rechts oben)

Das Barossa Valley bei Adelaide ist das Weinanbaugebiet Australiens. Hier liegen mehr als 40 zum Teil weltberühmte Weingüter, und sie alle legen Wert auf ihre deutsche Tradition: Es waren schlesische Einwanderer lutherischen Glaubens, die 1842 die ersten Reben pflanzten. Und so sind neben den Weingütern auch eine deutsche Bäckerei und ein Museum zur Geschichte des Tals zu besichtigen.

Canberra (rechts Mitte)

Canberra — erst 1913 gegründete Hauptstadt Australiens mit seinem kreisförmigem bzw. geometrischem Grundriss - wurde von dem Amerikaner Walter Burley Griffin entworfen. Das beeindruckende zur 200-Jahr-Feier des Landes eröffnete New Parliament-House ist eine architektonische Sensation: Hier können etwa die Bürger auf dem Rasendach des Parlaments über den Köpfen der Politiker spazieren.

Murray River (rechts unten)

Der Murray River, Australiens größter Strom, fließt durch den Südosten des Landes. Seit 1835 befuhren Schaufelraddampfer den 2600 km langen Fluss. Bauern aus dem fruchtbaren Umland brachten auf ihm ihre Ernte zu den Märkten; Holz für Europa aus den Sägewerken traten auf ihm ihre Reise an. Heute kann man sich auf historischen Raddampfern in die Vergangenheit hinein fantasieren.

Adelaide (ganz rechts)

Adelaide, die schöne Millionenstadt, liegt im Süden Australiens am Meer. Es waren britische Siedler, die sie 1836 gründeten. Im Norden der Stadt ließ der Adel prächtige Villen bauen. Adelaide gilt als gemütlich und trägt doch den Beinamen Festival City, weil hier zweimal jährlich das größte Kultur-Festival des asiatisch-pazifischen Raumes stattfindet. Zunehmend haben auch Künstler Adelaide für sich entdeckt.

Melbourne (oben)
Riesige Goldfunde im Umland bescherten Melbourne plötzlichen Reichtum – sofort begann die Konkurrenz mit dem älteren Sydney. Heute sind in der viktorianisch geprägten zweitgrößten Stadt des Kontinents mit ihren großzügigen Parkanlagen viele Banken und Versicherungen ansässig. Aber auch die Kunst ist hier zuhause, zahllose Galerien und Museen, eine lebendige Theaterszene und einladende Restaurants.

Great Ocean Road (links)
Ein einmaliges Erlebnis ist die Fahrt entlang der Great Ocean Road: Über 300 km verläuft sie zum Teil direkt entlang der dramatisch steilen, von der Brandung umtosten Klippen bei Melbourne und gilt als eine der schönsten Straßen der Welt. Am Weg stehen u. a. einige der „Zwölf Apostel", eindrucksvolle Felszähne inmitten der Brandung, und die „London Bridge", von der noch ein Felsentor zu sehen ist.

Kangaroo Island *(rechts oben)*
Kangaroo Island, drittgrößte Insel Australiens, liegt im Süden vor Adelaide. Hier konnte sich die einheimische Flora und Fauna ungestört entwickeln, da aus Europa eingeschleppte Tiere die Insel nie erreichten. Und so leben hier Koalas, Känguruhs, Wallabys, Emus, Seelöwen, Pinguine u.a. in einer eindrucksvollen, abwechslungsreichen Landschaft mit fast 20 Naturschutzgebieten und Nationalparks.

Ballarat *(rechts unten)*
Ballarat im Süden Australiens war einst im wörtlichen Sinne eine Goldgrube: 1851 entdeckte man hier die größten Goldvorräte, die jemals gefunden wurden – und so brach das Goldfieber über die Gegend herein und mit ihm unzählige Digger aus aller Welt. Heute ist hier ein wunderbarer Themenpark zu besichtigen, dessen Bewohner wie im 19. Jh. leben, gegenüber steht ein sehenswertes Goldmuseum.

Marquarie-Insel *(ganz oben)*
Die australische Insel Macquarie liegt zwischen Tasmanien und der Antarktis und ist ein Refugium für Pinguine, Albatrosse und andere Seevögel sowie See-Elefanten, die größte aller Robbenarten. Das Eiland wurde erst 1810 entdeckt, bald darauf kamen auch die ersten Robbenfänger. 1997 wurde die kalte, stürmische Insel mit ihren Bächen und Sumpfgebieten von der UNESCO geschützt und zum Weltkulturerbe erklärt.

Heard- und McDonald-Inseln *(oben)*
Die eisigen, windumtosten zu Australien gehörenden Vulkaninseln Heard und MacDonalds liegen weit entfernt südwestlich des Kontinents in der Subantarktis. Hier leben ungestört Pinguine, Robben und Seevögel, eingeschleppte Spezies gibt es nicht. Um diese Oase zu erhalten, erlaubt Australien maximal 400 Besucher pro Jahr. Beide Inseln wurden 1997 von der UNESCO dem Weltnaturerbe unterstellt.

Outback *(rechts)*
Das Outback ist in Australien fast überall: Es ist die Gegend hinter der Zivilisation, dort wo die Entfernungen gigantisch und die nächsten Tank- und Wasserstellen fern sind. Die Erforschung des Niemandslandes mit seinen Steppen und Halbwüsten mit ihren Felsformationen und Schluchten, Krokodilen, Wildpferden und Wasserbüffeln ist eines der letzten Abenteuer.

Tasmanien *(oben)*

Tasmanien, kleinster Bundesstaat und größte Insel im Süden Australiens, war früher eine Sträflingskolonie. Heute wird das wilde Eiland zunehmend als Ferieninsel geschätzt – eben wegen seiner unzugänglichen Bergregionen und der dichten Wälder. Neben den Nationalparks – in einem gibt es sogar ein Skigebiet – lohnt u.a. der Besuch des ehemaligen Straflagers Port Arthur.

Freycinet Nationalpark *(links)*

Der Freycinet National Park an der Ostküste Tasmaniens ist einer der schönsten tasmanischen Naturparks. Die großartige Kulisse von Meer und Fels wird noch gesteigert durch die Hazards, ein Massiv aus 300 m hohen aus dem Meer ragenden roten Granitfelsen. Auf den einsamen Wanderwegen kann man viele wild lebende Tiere beobachten. Einladend ist auch das kleine Dorf Coles Bay am Eingang des Parks.

Mikronesien

Bilderbuchhafte Südseestrände und eine verschwenderische Natur zeichnen die über 2000 tropischen Inseln und Atolle Mikronesiens aus, die auf 3 Mio. Quadratmeilen verstreut im Pazifischen Ozean liegen und verschiedene unabhängige Staaten bilden. Viele der Inseln sind Gipfel riesiger Unterwassergebirge oder die Ränder versunkener Vulkane, die nun über die Meeresoberfläche hinaus ragen.

Föderierte Staaten von Mikronesien, Chuuk (rechts)

Mit den sieben Hauptinseln und vielen kleinen Inselchen bildet das Chuuk-Atoll ein echtes Südseeparadies – vor allem für Taucher. Eine besondere Attraktion ist die Chuuk Lagoon, im Zweiten Weltkrieg von Japanern und Amerikanern heiß umkämpft: 70 Schiffe und 400 Flugzeuge wurden hier zerstört, sanken in die Tiefen des Meeres und werden nun von bunten Korallen und tropischen Fischen bewohnt.

Repulik Palau, Rock Islands (unten)

Wie grüne Tupfer liegen die rund 200 Inseln des Palau-Archipels in dem funkelnd blauen Wasser des Südpazifiks. Weil diese Rock Islands eine einzigartige Vegetation besitzen und die Höhlen unter den unterspülten weichen Kalksteinfelsen tropischen Fischarten eine Heimat bieten, werden sie „Schwimmende Gärten" genannt. Riesigen Wasserschildkröten nutzen die unwegsamen Eilande als Brutstätte.

Melanesien

Das südpazifische Melanesien ist eine Region der Kontraste: Einwanderer aus allen Teilen der Welt brachten ihre Kultur auf die Inseln, die sich sofort mit jener der Ureinwohner vermischte. So hat jede Inselgruppe ihre besonderen Merkmale. Doch auch uraltes Brauchtum findet sich auf abgelegen Inseln oder im dichten Dschungel versteckt — Traditionen, wie sie seit Jahrhunderten gelebt werden.

Guam *(links)*

Guam — die südlichste und zugleich größte Insel der Marianengruppe — ist ein Paradies für Schnorchler und Taucher. Die Insel liegt inmitten eines Korallenplateaus, das mit seiner Artenvielfalt und Farbenpracht schon alleine einen Tauchgang lohnt. Wer aber das Besondere sucht, findet es in den Gewässern rund um Guam. Die Insel war lange Jahre Marinestützpunkt der Amerikaner, auch während des Zweiten Weltkrieges. Von dieser Geschichte zeugen mehrere untergegangene Kriegsschiffe, die bei Wracktauchern neben den zahlreichen Unterwasserhöhlen für große Begeisterung sorgen.

Kiribati *(links)*

Kaum touristisch erschlossen sind die Atolle des mikronesischen Inselstaats Kiribati, die sich auf einer Gesamtfläche von 5 Mio. km^2 beiderseits des Äquators im Pazifik ausstrecken. Die langen Palmen bestandenen Traumstrände sind daher spätestens in den Abendstunden fast menschenleer, und auch am Tag kann man in dem kristallklaren Wasser ungestört schwimmen.

Polynesien

Polynesien ist wohl der Inbegriff von „Südsee". Die kleinen Inselparadiese im Südpazifik begeistern mit Palmen umsäumten weißen Sandstränden, funkelnder Sternenpracht am nächtlichen Himmel, türkisfarbenen, einsamen Lagunen, uralten Kulturen und einer berauschenden, farbenprächtigen Unterwasserwelt jeden Urlauber, der hier Ruhe von europäischer Betriebsamkeit findet.

Fidschi-Inseln (oben)

Tropischer Regenwald mit Orchideen, Farnen und Bambus charakterisieren die regenreichen Südostseiten der Fidschi-Inseln, der Nordwesten ist dagegen trockener, es herrscht eine Savannenvegetation. An den Küsten wuchern Mangrovenwälder. Die überreiche Vegetation auf den Inseln vulkanischen Ursprungs haben ihre Ursprünglichkeit bewahrt – so wie auch ihre Einwohner.

Gesellschaftsinseln
(links oben u. unten, rechts oben u. Mitte)

Südsee, wie man sie erträumt, findet der Besucher der Gesellschaftsinseln in Französisch-Polynesien. Tahiti, Moorea, Bora-Bora, Huahine, Tahaa – die grünen Kleinodien inmitten des Pazifiks stillen seit Jahrhunderten die Sehnsucht der Europäer nach dem Paradies. Und wer bereits am Flughafen mit nach Jasmin duftenden Tiare-Blütenketten empfangen wird, wird diesen Eindruck ewig behalten.

Marquesas-Archipel
(rechts unten)

Die Marquesas, im nördlichen Teil Französisch-Polynesiens, liegen so abgeschieden von aller Welt, dass die Einwohner behaupten, ihre nächsten Nachbarn seien die Götter. Dennoch haben die Marquesaner ihre weit entwickelte Kultur stark verbreitet – beispielsweise bis zu den Osterinseln und nach Hawaii. Auch die in Europa so beliebten Tätowierungen der Haut sind eine Erfindung der Marquesas.

Tonga *(oben)*

Tonga ist das letzte Königreich Polynesiens, und bereits am Flughafen von Fua'amotu wird man von der Statue des gewichtigen Königs Tupou IV. begrüßt. Berühmt sind aber auch die Tonga umgebenden Korallenriffe, die sich ausgezeichnet zum Tauchen und Schnorcheln eignen. Tausende bunt schillernder Südseefische können am Hakaumamo-Riff in ihrem natürlichen Lebensraum beobachtet werden.

Cook-Inseln *(links)*

„Die kleinen Teile gehören gar nicht zur Erde, sie sind davon losgelöst", soll Thomas Cook, als er 1777 die nach ihm benannten Cook-Inseln sah, gesagt haben. Und so wirken sie auch heute noch: Eine heitere lockere Atmosphäre ist den Inseln eigen, die das typische polynesische Flair am besten bewahrt hat. Die Cook-Inseln, und vor allem die Hauptinsel Rarotonga, sind Polynesien in Miniatur.

Tuamotu-Archipel *(oben)*

Zusammen mit den Gesellschaftsinseln, den Marquesas, den Gambier- und den Australinseln bildet das Tuamotu-Archipel die schillernde Perlenkette Französisch-Polynesiens im Pazifik. Im Gegensatz zu diesen Vulkaninseln sind die Tuamotus aber flache Korallenatolle, die selten höher als 50 m sind. Ein herrliches Bade- und Schnorchelgebiet umgibt die Inselgruppe, die Vegetation ist eher karg.

Samoa *(rechts)*

Das Klischee der Südsee trifft auch auf die Samoa-Inseln in höchstem Maße zu: weiße Strände, romantische Wasserfälle und schöne exotische Frauen. Die beinahe schönsten Frauen Samoas sind die Fa'afafine: Als Männer geboren, werden sie bereits im Kindesalter als Mädchen erzogen, um den Mädchenmangel in der Familie auszugleichen. Dieser soziale Wandel hält meist ein Leben lang.

Neuseeland

Neuseeland ist das Reiseziel für Naturliebhaber und Abenteurer: Wer Nervenkitzel sucht, wird in Queenstown beim Bungee-Springen oder beim Jetboating mit rasanten Wendungen haarscharf entlang der Felsen fündig, die Natur genießen kann man am dramatisch schönen Milford Sound, auf küstennahen, Regenwald gesäumten Gletschern, in eindrucksvoll brodelnden und farbenfrohen Geothermalgebieten oder an den zahllosen schönen Strandbuchten.

Coromandel *(oben)*
Die Strände der Coromandel Halbinsel laden zur Erholung im milden Klima des neuseeländischen Nordens ein. Ein sehr außergewöhnlicher Strand ist der Hot Water Beach: Hier verlaufen unter dem Sand vulkanische Thermalquellen, man kann sie mit einer Schaufel freilegen und sich hineinsetzen. Sehenswert ist auch nicht weit von hier die Cathedral Cove, eine weit geöffnete Felsengrotte am Strand.

Bay of Islands (links)
Mehr als 150 kleine Inselchen liegen in der malerischen Bay of Islands im Norden Neuseelands verstreut. Die schöne Bucht im subtropischen Klima lässt sich z. B. während eines „Cream Trip" erkunden: Diese Bootstour diente früher dazu, die auf den einzelnen Inseln gemolkene Milch einzusammeln und die Post zu verteilen. Aber auch Segler, Hochseeangler und Schnorchelfans kommen hier auf ihre Kosten.

Egmont Nationalpark, Mount Taranaki (oben)
Der nahezu symmetrische Vulkan Mount Taranaki im Egmont Nationalpark in Neuseeland ist eine sehr eindrucksvolle Erscheinung. „Taranaki" ist Maori und heißt „Feuerberg"; dieser sagenumwobene Berg wurde den Maori 1978 von der Regierung zurückgegeben und in den Nationalpark integriert. Im Sommer ist der Gipfel ein begehrtes Wanderziel, Auf- und Abstieg sind an einem Tag zu schaffen.

Tongariro Nationalpark *(links)*
Der Tongariro Nationalpark auf der neuseeländischen Nordinsel mit seinen drei hohen Vulkankegeln liefert die Kulisse für das Schattenreich *Mordor* in *Der Herr der Ringe*. Allerorten scheinen hier dampfende Erdspalten, kochende Schlammtümpel und Geysire von *Saurons* dunklen Mächten zu künden. Die drei Vulkane Ruapehu, Ngauruhoe und Tongariro sind noch aktiv, dennoch kann man hier oben auch wandern.

Wellington *(unten)*
Buchten und steile Hügel prägen die ebenso schöne wie windige Hauptstadt Neuseelands an der Cook Strait. Vom Mount Victoria im gleichnamigen Stadtteil bietet sich ein wunderbarer Rundblick auf die Stadt, die auch Zentrum der Produktion von *Der Herr der Ringe* war. Hier im Mt. Victoria Park mussten sich die *Hobbits* erstmals vor den schwarzen Reitern verstecken – weitere Drehorte gilt es zu entdecken …

Rotorua *(rechts)*
Rund um Rotorua sind geothermale Gebiete zu bewundern, deren Seen und Gesteinsformationen leuchten, als hätte ein Künstler Farben auf seiner Palette angemischt. Auch in der Stadt brodeln Schlammlöcher, Dampf steigt aus Erdspalten. Hier, inmitten des Vulkanplateaus, ist die Kultur der Ureinwohner Neuseelands, der Maori, sehr lebendig, sehenswert ist u. a. das prachtvoll verzierte Versammlungshaus.

Abel Tasman Nationalpark (oben)
Traumhafte Strandlandschaften bietet der Abel Tasman Nationalpark im Norden der Südinsel. Die goldenen Strände sind nur durch den üppigen Urwald zu erwandern oder per Boot – mit Wassertaxi oder Kanu – zu erreichen, und auf dem Wasserweg kann man auch schon mal Delfine sehen. Besonders reizvoll aber ist der mindestens drei Tage dauernde Coastal Track, bei dem man unterwegs in Hütten übernachtet.

Christchurch (unten links)

Christchurch, wegen seiner vielen Grünanlagen auch „Garden City" genannt, ist kulturelles Zentrum der neuseeländischen Südinsel. „Punting" heißt die Kahnfahrt mit einem langen Stecken auf dem gewundenen Flüsschen Avon durch die Stadt, die man auf diese Weise schön erkunden kann. Sehr sehenswert ist u. a. die mit Türmchen, Zinnen und kleinen Balkonen verzierte Christchurch Cathedral.

Pankake Rocks (unten rechts)

Wie zu großen Türmen aufgestapelte Pfannkuchen sehen sie aus, diese vom Meer umtosten Kalksteinfelsen auf Neuseelands Südinsel. Besonders beeindruckend ist der Rundweg über die Felsen, wenn die bewegte Tasmanische See ihre Wogen in die ausgewaschenen ‚Blowholes' schleudert, so dass die Gischt über die Felsen spritzt. Wegen der warmen Meeresströmung gedeihen im Schutz dieser Felsen sogar Palmen.

Mount Cook
Nationalpark (links oben)
Neuseelands höchster Gipfel, der 3755 m hohe Mount Cook, gab diesem Nationalpark in den neuseeländischen Südalpen seinen Namen. Die hoch gelegen Schneefelder kann man das ganze Jahr über mit dem Helikopter erreichen, um in luftiger Höhe vor eindrucksvoller Kulisse Ski zu fahren. Rund um den König der Berge erheben sich zahlreiche weitere Dreitausender zu einer imposanten Hochgebirgslandschaft.

Fox- und Franz-Josef-Glacier
(links unten)
Die stolzen Gletscherzwillinge an der neuseeländischen Westküste fließen steil bis auf 300 m ü. d. M. herunter und berühren so den Regenwald, der sich hier mit seinen eindrucksvollen Baumfarnen die Küste entlang zieht — eine einmalige Landschaft. Bis zum Gletschertor kann man auf eigene Faust wandern, besonders beeindruckend sind aber geführte Gletschertouren in das ewige Eis oder ein Helikopterflug.

Lake Matheson (oben)
Der Lake Matheson auf der Südinsel Neuseelands ist eines der meistfotografierten Motive des Landes. Einzigartig ist an ruhigen und klaren Tagen das Panorama der höchsten Gipfel Neuseelands, des Mount Cook (3755 m) und des Mount Tasman (3496 m), die sich in der glatten Oberfläche des Sees spiegeln. Aufgrund dieses berühmten Spiegelbildes wird der See auch Mirror-Lake (Spiegel-See) genannt.

Lake Wakatipu (oben links)
Der Lake Wakatipu nahe Queenstown (Neuseeland) diente in „Der Herr der Ringe" als Drehort für das geheimnisvolle Lorien, die gezackten Berge an seinen Ufern sind „Bruchtal" und das „Nebelgebirge". Hier verläuft die Straße nach „Mordor" und die Furt nach „Bruinen". Diese einzigartige Landschaft, die Peter Jackson als Filmkulisse wählte, kann man z.B. bei einem Gleitschirmflug von oben bewundern.

Queenstown (oben Mitte)
Das malerisch vor der Kulisse der gezackten Remarkables am Lake Wakatipu gelegene Queenstown auf Neuseelands Südinsel ist die Hauptstadt der Wagemutigen: Hier kann man am Bungee-Seil bis zu 102 m tief springen, sich am Stahlseil durch die Luft katapultieren lassen, mit dem Jetboat haarscharf an Felsen vorbeirasen oder beim Rafting die Stromschnellen des Shotover-River überwinden – Adrenalin pur!

Kawarau River (oben rechts)
Die berühmteste Brücke Neuseelands führt über den Fluss Kawarau nahe Queenstown: Von dieser alten Holzbrücke stürzen sich wagemutige Bungee-Jumper aus aller Welt 43 m in die Tiefe. Etwas weiter flussaufwärts wurden einige Szenen des Flusses „Anduin" für „Der Herr der Ringe" gedreht: Von steilen Felsen sahen die gigantischen steinernen Könige auf die Gefährten in ihren Booten auf dem Anduin hinunter.

Milford Sound (links)
Dieser von hohen Bergen gesäumte Fjord auf der neuseeländischen Südinsel ist ein unvergesslicher Anblick. Wer an einer Segeltour über den Fjord teilnimmt, sieht Wasserfälle von hohen Felswänden stürzen, auf den Klippen am Ufer watscheln Pinguine, und Delfine begleiten das Boot. Weltberühmt ist auch der Milford Track, eine ebenso beeindruckende wie anspruchsvolle mehrtägige Wanderung.

Antarktis

Unendliche Weite: Dieser fast komplett mit Eis bedeckte Kontinent ist größer als Australien und Europa. Das Landesinnere ist unwirtlich und menschenfeindlich. Deshalb wird man es auch in keinem normalen Reisekatalog finden. Lohnend dagegen ist auf jeden Fall eine Kreuzfahrt an der Küste, entlang an riesigen Eisbergen, mit Bootsausflügen zu den vorgelagerten Inseln, die nur von Pinguinen, Robben und Vögeln bewohnt sind. Morgen- und Abendsonne zaubert märchenhafte Farben auf die Eisberge und -schollen, und mit etwas Glück wird man am Himmel die Polarlichter über dem Südpol flackern sehen.

Ortsregister

A

Abano Terme 183
Abel Tasman Nationalpark 558
Abruzzen, Nationalpark 200
Abu Dhabi 276
Abu Simbel 379
Acapulco 504
Adam's Peak 322
Adelaide 542
Adelsberger Grotten 241
Adler Planetarium 445
Agadir 360
Agra, Rotes Fort 313
Agra, Taj Mahal 313
Agrigent, Sizilien 215
Agua Azul 504
Air- und Ténéré-Naturschutzgebiet 382
Aix-en-Provence 138
Akko, Hafenstadt 270
Alberobello, Trulli 211
Aleppo 274
Aletschgletscher 93
Alexandria 376
Algarve 171
Alice Springs 536
Alkmaar, Käsemarkt 52
Allgäu 84
Altamira, Höhlen 146
Altvatergebirge 232
Amalfiküste 206
Amazonas 517
Amber Fort 308
Amboise, Schloss 126
Amritsar, Goldener Tempel 304
Amsterdam, Grachten 54
Anden 513
Angkor 328
Annapurna-Massiv 300
Antarktis 564
Antelope Canyon 455
Antibes 141
Antigua, Insel 495
Antigua, Guatemala 507
Antwerpen 59
Anuradhapura, Heilige Stadt 320
Aostatal 176
Aran-Inseln 33

Ararat, Berg 259
Arches National Park 451
Ardèche-Schlucht 133
Ardennen 61
Arezzo 196
Arles 137
Aruba 497
Ascona 95
Ascot 41
Aspen 449
Assuan, Insel Philae 378
Atacama-Wüste 520
Athabasca Falls 410
Athabasca-Gletscher 410
Athen 247 f.
– Akropolis 247
– Dionysostheater 248
Athos, Berg 245
Ätna, Sizilien 212
Attika 247
Austin 452
Avignon 134
Avila 152
Ayers Rock 535
Ayutthaya 336
Azoren 171

B

Backwaters, Kerala 316
Bad Gastein 112
Bahamas 487
– Harbour Island 487
– Nassau 487
– North und South Bimini 487
– Paradise Island 487
Baikalsee 222
Baiona 146
Baja California 502
Balaton 235
Bali 348 ff.
– Pura Tanah Lot 352
– Pura Besakih 350
– Traumstrände 352
– Ubud 351
Ballarat 545
Bamberg, Altstadt 76
Banff National Park 410

Bangkok 332
– Kloster Wat Suthat 333
– Königspalast 333
– Schwimmende Gärten 332
Barbados 499
Barcelona, Sagrada Familia 152
Barossa Valley 542
Barrier Reef 509
Bath 40
Bay of Islands 555
Beginenhöfe, Flämische 59
Bellagio, Comer See 174
Belle Ile 119
Bellinzano, Burgen 95
Berchtesgadener Land 87
Bergen, Hafenstadt „Bryggen" 18
Berlin 69 f.
– Brandenburger Tor 70
– Hotel Adlon 69
– Museumsinsel 71
– Unter den Linden 69
Bern, Altstadt 88
Berner Oberland, Jungfraubahn 88
Bethlehem 269
Beverly Hills 475
Bezeklik-Höhlen bei Turfan 293
Bialowiezer Heide, Nationalpark 225
Biarritz 131
Big Sky 445
Big Sur 473
Bilbao 148
Birka, Wikingersiedlung 25
Bled, See 241
Blenheim Palace 41
Bodrum 257
Bogota 510
Böhmerwald 232
Bohol, Schokoladenhügel 340
Bologna 189
Bomarzo, Park der Ungeheuer 200
Bombay 316
Bonaire 499
Bonifacio, Korsika 144
Boracay 339
Bornholm, Insel 31
Bosra, Altstadt 274
Boston 422

Boulders 393
Brahmaputra 315
Brasilia 517
Breslau 226
Bretagne 119
British Virgin Islands 495
Brügge 59
Brühl, Schloss Augustusburg 72
Brüssel 61
– Atomium 61
– Grand Place 61
Bryce Canyon National Park 451
Buchara 282
Budapest 235
Buenos Aires
Bungle Bungle National Park 530
Burgos 149
Burj al-Arab, Hotel 278
Buthan 303
Byron Bay 536

C

Cairns 530
Callao-Huancayo,
   Andeneisenbahn 515
Camargue 133
Cambridge University 39
Cameron Highlands 344
Canberra 542
Cancun 504
Cannes 140
– Hotel Carlton 140
Canterbury Cathedral 49
Canyon de Chelly 459
Canyonlands National Park 451
Cape Breton Highlands
   National Park 405
Cape Canaveral, John F. Kennedy
   Space Center 436
Cape Cod 422
Capri 209
Carcassone, Burg 130
Casablanca 358
Cayman Islands 490
Cayo Largo 488
Cesky rai bei Turnov 229
Chambord, Schloss 126

Charleston 433
Chartres, Kathedrale 124
Chaumont, Schloss 127
Chengde, Kaiserliche
   Sommerresidenz 291
Chenonceaux, Schloss 127
Chiang Mai 337
Chianti 192
Chicago 443 ff.
– Buckingham Fountain 443
– Frank Lloyd Wright Häuser 443
– Sears Tower 445
Chinesische Mauer 285
Chobe-Nationalpark 391
Christchurch 559
Chuuk, Föderierte Staaten von
   Mikronesien 548
Cichen Itza 506
Cinque Terre 190
Clonmacnoise 33
Coimbra 166
Comer See 174
Connemara 33
Coober Pedy 538
Cook-Inseln 552
Córdoba 158
Coro Nationalpark 510
Coromandel 554
Cortina d'Ampezzo 173
Costa Rica 509
Costa Smeralda, Sardinien 211
Curaçao 499
Cuzco 515

D

Damaskus 274
Dambulla, Goldener Felsentempel 322
Danzig 225
Darß 62
Dartmoor 46
Davos 97
Death Valley 480
Deauville 116
Delft 54
Delhi 311
– Qutb Minar 311
– Rotes Fort 311

Delphi, Orakel 247
Den Haag 54
Denali National Park 418
Dessau-Wörlitzer Gartenreich 73
Devils Marbles 532
Dilwara-Tempel, Mount Abu 311
Dinant 61
Doha 276
Dolomiten, Drei Zinnen 173
Dominikanische Republik 491
Donaudelta, Biosphärenreservat 242
Douro-Tal 166
Dover, Seven Sisters 49
Dover, White Cliffs 49
Drakensberg Park 396
Dresden 74
– Semperoper 74
– Zwinger 74
Dublin 33
Dubrovnik 239
Dune du Pilat 129

E

Eden Project 49
Edinburgh 37
Edirne 253
Egmont Nationalpark 555
Eigernordwand 90
Eilean Donan Castle 35
Eisenach, Wartburg 74
El Djem, Amphitheater 365
El Escorial 156
Ephesus 254
Essaouira 360
Etosha Pfanne 388
Everglades 436
Évora 171
Eze 142

F

Faröer Inseln 31
Fasil Ghebbi 383
Fatima 166
Favignana 212
Feuerland 525
Fez 358
Fidschi-Inseln 551

Finnische Seenplatte 21
Flinders Ranges National Park 541
Florenz 191 f.
– Dom Santa Maria del Fiore 191
– Giardino di Boboli 191
– Ponte Vecchio 191
– Uffizien 192
Florida Keys 439
Fontaine-de-Vaucluse 138
Fox und Franz-Josef-Glacier 560
Fraser-Island 538
Freycinet Nationalpark 547
Fuerteventura 165
Fujiyama 296
Fundy National Park 406
Fynen 26

G

Galápagos-Inseln 513
Galle 323
Gammarth, Strand 362
Gardasee 176
Garden Route 396
Geirangerfjord 17
Gelber Fluss 291
Genezareth, See 269
Gent 59
Gesellschaftsinseln 551
Giant's Causeway 34
Giardino dei Tarocchi 196
Giverny, Monets Garten 123
Gizeh 371
Glacier Bay National Park 416
Glacier-Express St. Moritz-Zermatt 96
Glacier National Park 446
Glastonbury 47
Goa 316
Gobi, Wüste 285
Goldenes Horn 254
Goldsouq 278
Gomera 163
Gorée, Insel 380
Göreme 258
Gorges du Verdon 137
Gotland 25
Gotthardstraße, Alte 95
Gran Canaria, Maspalomas 164

Gran Paradiso Nationalpark,
    Aostatal 176
Gran Sabana,
Tafelberge der Götter 510
Granada, Alhambra 158
Grand Canyon, North Rim 456
Grand Canyon, Rafting 461
Grand Canyon, South Rim 459
Grand Teton National Park 446
Graz 115
Great Barrier Reef 532
Great Ocean Road 544
Great Smoky Mountains
    National Park 435
Greater Blue Mountains 540
Grenada 501
Grenadinen, Palm Island 499
Gripsholm, Schloss 23
Grönland 26
Großglockner Hochalpenstraße 112
Gstaad 93
Guadeloupe 492
Guam 549
Guangxi, Turmkarst 291
Gubbio 196
Guernsey 50

H

Ha Long-Bucht 329
Hadrians Wall 39
Hagia Sofia 253
Halebid, Karnataka 316
Hamburg, Speicherstadt 66
Hannover, Herrenhäuser Gärten 71
Hanoi, French Quarter 328
Hardangerfjord 18
Havanna 488
Hawaii, Volcanoes National Park 483
Heard- und McDonald-Inseln 546
Hearst Castle 475
Hebriden, Äußere 35
Heidelberg, Altstadt 78
Heidelberg, Schloss 78
Helgoland 62
Helsinki 21
Herrenchiemsee 87
Hiddensee 65

Highlands, Schottland 37
Highway One 472
Hikkaduwa, Strand 322
Himalaya-Bahn 315
Hohe Tauern, Nationalpark 112
Hoher Atlas 361
Hoi An 329
Hoorn 52
Hoover Staudamm 452
Huanglong-Naturpark 293
Hue 331
Humblebaek, Louisiana-Museum 28
Hurtigruten 15

I

Ibiza 163
Icefields Parkway 411
Iditarod Trail, Schlittenhundrennen 420
Iguazú-Nationalpark 522
Ijsselmeer 52
Ile aux Cerfs 400
Ile d'Oléron 129
Indus 302
Inle-See 324
Innsbruck, Goldenes Dachl 111
Ischia 209
Isfahan 280
Isla Margarita 510
Isle of Skye 36
Istanbul 253 f.
– Blaue Moschee 253
– Großer Basar 254
Istrien 236

J

Jaffa 269
Jaipur, Palast der Winde 308
Jaisalmer, Festung 306
Jamaica 491
Jangtse 288
Jasper National Park 411
Java 374 f.
– Borobudur 347
– Yogyakarta 348
Jebel Nebo, Berg 272
Jerez de la Frontera 159
Jersey 50

Jerusalem 266
– Berg Zion 266
– Felsendom 266
– Garten von Gethsemane 266
– Grabeskirche 266
– Klagemauer 266
Jiuzhaigou, Geschichts- und
   Landschaftspark 294
Jodhpur 307
Johannesburg 394
Jordan 270
Jotunheimen-Nationalpark 17
Juneau 420

K

Kairo 368 ff.
– Al Azhar-Moschee 373
– Basar Khan al Khalili 373
– Ibn Tulun-Moschee 368
– Sultan-Hassan-Moschee 368
– Zitadelle 371
Kairouan 366
Kakadu National Park 530
Kalabrische Küste 209
Kalahari 391
Kalifornien, Missionsstationen 476
Kalimantan 352
Kalkutta 316
Kanchipuram 318
Kandy, Heilige Stadt 321
Kangaroo Island 545
Kap der Guten Hoffnung 392
Kap Hoorn 520
Kap Sounion, Poseidon-Tempel 248
Kappadokien 258
Kapverdische Inseln 380
Karakorum-Massiv 298
Karelien, Kishi Pogost 218
Karelien, Onegasee 218
Karlsbad 229
Karnak, Tempel 375
Karpaten 226
Kaschmir 304
Kathmandu 300
Kauai 483
Kawarau River 563
Kaziranga Nationalpark 315

Keukenhof, Tulpenblüte 57
Khajuraho, Tempelkomplex 311
Khone-Fälle 327
Kiew, Sophienkathedrale 223
Kilimandscharo 385
Kimberleys 530
Kinderdijk, Windmühlen 57
Kingston 491
Kiribati 549
Kitzbühel, Streif 111
Kloster Sénanque 137
Klosters 97
Kluane National Park 412
Ko Phi Phi 335
Ko Samui 334
Köln, Dom 73
Komodo-Nationalpark 351
Komoren 399
Königssee 87
Kootenay National Park 416
Kopenhagen, Tivoli 28
Korfu 245
Korsika, Naturpark Scandola 144
Kowloon 287
Krakatau 348
Krakau 226
Kreta 251
Krim, Jalta 223
Krimmler Wasserfälle 111
Krüger Nationalpark 399
Kuba 488
Kurische Nehrung 216
Kyoto 297

L

La Mancha 156
La Marsa, Strand 362
La Palma 163
Lac Léman 90
Lac Retba 380
Ladakh 304
Lago Maggiore 173
Lago Trasimeno 200
Lake District 39
Lake Havasu City, London Bridge 454
Lake Louis 412
Lake Matheson 560

Lake Powell 456
Lake Wakatipu 563
Land's End 50
Langkawi, Insel 342
Lanzarote 164
Las Vegas 452
Leiden 54
Leptis Magna 367
Lhasa, Potala Palast 302
Lille 116
Limfjord 26
Liparische Inseln 211
Lissabon 168 f.
– Alfama 168
– Hieronymuskloster 169
– Torre de Belém 169
Ljubljana 240
Locarno 95
Loch Ness 36
Lofoten 15
Loire-Tal 126
London 42 ff.
– Buckingham Palace 43
– Covent Garden 45
– Globe Theatre 45
– Hyde Park 45
– National Gallery 45
– Tate Britain 43
– Tate Modern 43
– Tower Bridge 42
Loreley 76
Los Angeles 476
– Getty Center 476
– Griffith Park 479
– Hollywood 476
– Palos Verdes 479
– Venice Beach 479
Los Glaciares, Nationalpark 525
Lourdes 131
Lübeck 65
Lucca 192
Lüderitz 388
Lüneburger Heide 66
Luxor, Tempel 375
Luzern, Kapellbrücke 88

571

M

Maastricht 57
Macao 295
Machu Picchu 513
Mackinac Island 441
Madagaskar 400
Madeira 171
Madrid 154
– Museo del Prado 154
– Plaza Mayor 154
Madurai 318
Mahabalipuram, Tamil Nadu 318
Mailand 180
– Castello Sforzesco 180
– Dom 180
– Galleria Vittorio Emanuele II. 180
– Teatro alla Scala 180
Maine, Acadia National Park 420
Malawi-See 387
Malediven 319
Mallorca 163
Manaus 517
Mandalay 325
Mantua, Palazzo Ducale 187
Maremma 195
Marienbad 229
Marmaris 257
Marquarie-Insel 546
Marquesas-Archipel 551
Marrakesch 361
Marseille, Calanques 138
Martinique 496
Masada 270
Mascat 276
Masuren 225
Maui, Haleakala National Park 483
Maui, Lahaina 482
Mecklenburgische Seenplatte 67
Mekka 276
Meknes 359
Mekong 327
Mekong-Delta 330
Melaka 342
Melbourne 544
Melk, Kloster 105
Memphis 439
Mérida 157

Mesa Verde National Park 449
Meteora-Klöster 245
Mexico City 502
Miami Beach 436
Milford Sound 563
Modena 189
Momella Game Lodge 385
Møn, Insel 31
Monaco 143
Mongolei 283
Mont Blanc 130
Mont Saint-Michel 119
Montagne Ste Victoire 137
Monte Baldo 179
Montego Bay 491
Montevideo 522
Montréal, Place d'Armes 407
Montreux 90
Montserrat 151
Monument Valley 461
Moskau 221
– Basiliuskathedrale 221
– Kaufhaus GUM 221
– Roter Platz 221
Mount Bromo Nationalpark 348
Mount Cook Nationalpark 560
Mount Everest 300
Mount Kenya 383
Mount McKinley 419
Mount Rushmore 444
Mount Taranaki 555
Multan 298
München 81 ff.
– Deutsches Museum 82
– Englischer Garten 81
– Hofbräuhaus 83
Münsterland, Wasserschlösser 70
Münstertal, Schwarzwald 81
Murray River 542
Mykonos 249
Myra, Gräber 258

N

Namib-Wüste 388
Nancy 124
Nanga Parbat 298
Nantucket 422

Napa Valley 466
Nashville 439
Natchez, Antebellum-Häuser 440
Nazca 515
Neapel 206
Nerja, Balcón de Europa 161
Neu-England-Staaten,
   Indian Summer 420
Neuschwanstein 82
Neusiedler See 115
New Orleans, French Quarter 440
New York City 424 ff.
– Broadway 428
– Brooklyn Bridge 430
– Central Park 427
– Chinatown 427
– Chrysler Building 424
– Coney Island 430
– Ellis Island 432
– Empire State Building 425
– Fifth Avenue 427
– Flatiron Building 428
– Greenwich Village 430
– Guggenheim Museum 424
– Long Island 430
– MoMA 424
– Rockefeller Center 429
– SoHo 429
– Statue of Liberty 429
– Times Square 427
Ngorongoro, Naturschutzgebiet 384
Nha Trang 331
Niagara-Fälle 422
Nil 379
Nizza 143
Nordkap 15
Normandie-Küste 116
Nuestra Señora de los Remedios 502
Nurawa Eliya 323
Nürnberg, Weihnachtsmarkt 79

O

Oberammergau, Passionsspiele 84
Okanagan Valley 416
Okapi-Tierschutzgebiet 382
Okawango-Delta 391
Olgas 535

Olymp 245
Olympia 247
Orange 134
Orkney's 36
Orlando, Walt Disney World 436
Orvieto 199
Ossiacher See 115
Osterinseln 520
Outback 546
Oxford University 40

P

Paestum 206
Pagan, Tempelbezirk 325
Palau, Rock Islands 548
Palawan 341
Palenque 504
Palermo, Normannenpalast 212
Palladio-Villen 184
Palmyra, Säulenstraße 274
Pamplona 149
Pamukkale, Kalkterrassen 256
Panamakanal 509
Panama-Stadt 509
Panamericana 418
Pankake Rocks 558
Pantanal 517
Papua-Neuguinea, Hochland 353
Paris 120 ff.
– Centre Pompidou 123
– Eiffelturm 120
– Louvre 120
– Sacré Cœur 120
– Seine-Ufer 122
Paros 251
Patagonien 525
Patmos, Höhle der Apokalypse 249
Peking, 286 ff.
– Himmelstempel 288
– Kaiserpalast 286
– Platz des Himmlischen Friedens 286
– Verbotene Stadt 284
Penang, Insel 342
Perito Moreno 525
Persepolis 280
Perth 538
Perugia 199

Petra 272
Petrified Forest National Park 458
Phuket 335
Piazza Armerina, Villa Casale 215
Picos de Europa 146
Pirin-Nationalpark 243
Pisa, Piazza dei Miracoli 195
Piz Palü 102
Plitvicer Seen 239
Poblet 151
Pokhara 300
Polonnaruva, Ruinenstadt 321
Pompeji 206
Pont du Gard 134
Porec 236
Port Elizabeth 394
Portland 464
Portland, Weinbaugebiete 464
Porto, Portugal 166
Porto, Korsika 144
Portofino 179
Potosí 518
Prag 231
– Altstädter Ring 231
– Hradschin 231
– Karlsbrücke 231
– Kleinseite 231
Prambanan 346
Prince Edward Island 405
Provence 134
Pula 239
Pushkar 306
Puszta 235
Pyrenäen, Nationalpark von Ordesa
    und Monte Perdido 151

Q

Québec City 406
Quedlinburg 72
Queenstown 563
Quito 513
Qusair Amra, Wüstenschloss 272

R

Rabat 357
Rangoon 324
Ravello, Kampanien 209

Ravenna 189
Redwood National Park 466
Reims 119
Reisterrassen 339
Réunion 399
Rhodos 251
Rhônegletscher 92
Ribe 28
Riga 216
Ring of Kerry 33
Rio de Janeiro 517 f.
– Copacabana 518
– Ipanema 518
Riquewihr 129
Rom 202 ff.
– Engelsburg 202
– Fontana di Trevi 205
– Forum Romanum 202
– Kolosseum 202
– Petersdom und -platz 202
– Piazza Navona 205
– Sixtinische Kapelle 205
– Spanische Treppe 205
Ronda 161
Roskilde, Kathedrale 28
Rotes Meer, Tauchparadies 378
Rothenburg ob der Tauber 78
Rotorua 556
Route 66 443
Rovaniemi 21
Rüdesheim, Drosselgasse 79
Rügen 65

S

Saas Fee 93
Saba 493
Sächsische Schweiz,
    Elbsandsteingebirge 74
Sahara 366
Salamanca 152
Salamis 260
Salt Lake City 450
Salzburg 106
– Festung Hohensalzburg 106
Salzburger Land 107
Samarkand 282
Samoa 553

573

Samsø 26
San Diego 480
– Balboa Park 480
– Sea World 480
San Francisco 466 ff.
– Alamo Square 470
– Alcatraz 470
– Chinatown 466
– Fishermen's Wharf 468
– Golden Gate Bridge 466
– Golden Gate Bridge 468
– Lombard Sreet 471
– Monterey 472
– Museum of Modern Art 468
– Wandmalereien 468
San Gimignano 195
San Giorgio Maggiore, Insel 187
San Remo 179
San Sebastian 148
Sanaa 278
Sanibel Island 439
Sansibar 386
Sanssouci, Schloss 69
Santa Fe 456
Santa Monica 479
Santiago 488
Santiago de Compostela 146
Santorin 251
Sapporo 297
Saqqara 373
Sarawak 344
Säulen des Salomon 270
Savannah 434
Schalimar-Garten bei Lahore 298
Schären 23
Schibam 279
Schwarzmeerküste 243
Schwarzsee bei Kitzbühel 112
Seattle 464
Seebüll, Nolde-Haus 62
Seefeld, Tirol 109
Seenplatte, Finnische 21
Seenplatte, Mecklenburgische 67
Segovia 152
Seidenstraße 295
Selinunt, Sizilien 215
Semmeringbahn 108

Sepik-Flussgebiet 353
Serengeti, Nationalpark 384
Sevilla, Santa Maria de la Sede 157
Seychellen 386
Shanghai 293
Shark Bay 536
Shelbourne Bay, Weiße Dünen 532
Shenandoah National Park 435
Shetland's 35
Side 254
Sidi Bou Said 363
Siena, Il Palio 195
Sigirija, Bergfestung 320
Sikkim 303
Silsersee 98
Sils-Maria 99
Sinai, Katharinenkloster 368
Singapur 340
Sintra 168
Sirmione, Gardasee 176
Sleeping Bear Dunes National
    Lakesshore 441
Slowinski-Nationalpark 225
Snowdonia Mountains,
    Nationalpark 50
Soglio 99
Sognefjord 17
Sotschi, Schwarzmeerküste 222
Sousse, Altstadt 362
Sperlonga 200
Split 239
Spreewald 69
St. Anton 109
St. Bernhard, Großer 101
St. Emilion 129
St. Gallen, Kloster 88
St. Ives, Cornwall 49
St. Lucia 496
St. Marteen 494
St. Michael's Mount 49
St. Moritz 98
St. Moritz-Zermatt, Glacier-Express 96
St. Petersburg, Eremitage 218
St. Raphaël 142
St. Tropez 138
St.-Paul-de-Vence, Fondation
    Maeght 140

Starnberger See 81
Stavanger, Predigtstuhl 18
Stavrovoúni, Kloster 260
Steingaden, Wieskirche 84
Stes-Maries-de-la-Mer 133
Stockholm 23
Stonehenge 46
Straßburg 124
Stubbs Island, Whale watching 415
Stupa von Sanchi 315
Sukhothai 336
Sumatra, Leuser Nationalpark 346
Sun City 397
Sun Valley 446
Sunset Boulevard 475
Suzhou, Gärten 291
Sydney 541
– Bondi Beach 541
– Opernhaus 541
Sylt 62
Syracus, Sizilien 215

T

Taal-See 339
Tafelberg 392
Taipeh, Drachentempel 337
Tal der Könige 374
Tallinn 216
Taman Negara Nationalpark 344
Tanger 357
Taormina, Sizilien 212
Taos Pueblo 454
Tasmanien 547
Tatra, Hohe 233
Tel Aviv 269
Teneriffa, Pico del Teide 164
Teruel 154
Tessin, Luganer See 101
Texel 52
Theben-West 375 ff.
– Der al Bahri 376
– Medinat Hau 376
– Memnonskolosse 376
– Ramesseum 375
Tierra del Fugo, Nationalpark 525
Tikal 506
Timbuktu 380

574

Titicacasee 519
Tobago 501
Tokyo 296
Toledo 154
Tonga 552
Tongariro Nationalpark 556
Topkapi Saray 253
Toraja, Sulawesi 350
Torbole, Gardasee 176
Toronto 408 f.
– CN Tower 408
– Sky Dome 409
Torres del Paine,
 Nationalpark 520
Toscana 192
Tossa de mar 151
Totes Meer 269
Transsibirische Eisenbahn 222
Triglav-Nationalpark 240
Trinidad, Kuba 488
Trinidad, Insel 501
Trouville 116
Tuamotu-Archipel 553
Tunis, Medina 364
Türkische Riviera 257

U

U.S. Virgin Islands 493
Udaipur 308
Ulm, Münster 81
Uluru National Park 535
Unawatuna, Strand 322
Ur, Königsgräber 280
Urbino 199
Urnes, Stabkirchen 17
Usedom 65
Uxmal 506
Uzès 133

V

Vaduz 103
Vail 449
Val di Poschiavo 102
Valdés, Nationalpark 522
Valle de Viñales 490
Vancouver Island,
 Stormwatching 415

Vancouver 415
– Butchart Gardens 415
– Capilano Suspension Bridge 415
Vänernsee 25
Varadero 488
Varanasi am Ganges 313
Vatikanstadt, Petersdom und -platz 202
Venedig 184 ff.
– Canal Grande 184
– Lido 187
– Markusplatz 184
– Rialto-Brücke 187
Vent im Ötztal 111
Verona 183
– Arena 183
– Casa di Giulietta 183
Versailles 122
Via Mala-Schlucht 96
Victoria 415
Victoriafälle 387
Vierwaldstätter See 90
Vierzehnheiligen, Wallfahrtsort 76
Villa Carlotta, Comer See 175
Villa d'Este, Comer See 175
Villa Hanbury, Ventimiglia 179
Villa Melzi, Comer See 175
Vilnius 216
Virunga-Nationalpark 382

W

Wachau 105
Waikiki, Oahu 482
Warschau 226
Washington 463
– D.C., Kapitol 463
– Lincoln Memorial 463
– Vietnam Veterans Memorial 463
– Weißes Haus 463
Wat Phra That, Tempel 332
Wat Xieng Khouan 327
Waterberg Plateau 388
Waterton Lakes National Park 412
Wein-Route 394
Weinstraße Central Valley 520
Wellington 556
Wells Gray Provincial Park 416
Whitsundays 532

Wien 105
– Prater 105
– Schloss Schönbrunn 105
Willandra, Seengebiet 541
Williamsburg 432
Winchester Cathedral 46
Windhuk 388
Windsor, Schloss 40
Wolfgangsee, Salzkammergut 108
Worpswede 67
Wörther See 115
Wulingyuan, Geschichts- und
 Landschaftspark 294

X

Xian 288

Y

Yellowstone National Park 446
York, Kathedrale 39
Yosemite National Park 480
Yoshua Tree National Park 480
Yukon River 412
Yukon Territory 412

Z

Zagreb 236
Zarskoje selo, Sommerpalast 218
Zermatt, Matterhorn 101
Zihuatanejo 502
Zion National Park 451
Zion, Berg 269
Zugspitze, Garmisch Partenkirchen 84

Bildnachweis

dpa, Frankfurt/M.: S. 12 o., 13 o., 14–15, 17 u.re., 18 u., 20 li., 22 u., 24–27, 29 u., 31 o., 32–34, 35 o.+u., 36–38, 39 M.+u., 40 o.li., 41 o.+u.re., 42 u., 44–45, 46 u.li+re., 47 u., 49 o.+M.re., 50 o.+u., 51 o., 52–53, 54 M.+u., 55, 58 o.+u., 59 o., 61 o.+u., 62 M.+u., 63, 64–65 o., 65 u.re., 66 o., 69 o.+M.+u., 70 u.li., 71 o., 72 o.+u., 73 o., 74–75 o.M., 76 u., 78 o., 79 o.+M., 81 o.+M., 82 o., 83 o., 84 o., 85 u., 86 u., 88–89 u., 89 u., 90–91, 92 u., 93 u.li., 94, 95 o.+M., 96 o.li.+u., 97 u., 98 o., 99 o.re., 102 u., 104–105, 107 o., 108 o.+u., 110, 111 o., 112 o.+u., 113, 114 u., 115 re., 116–117 u., 117 o., 119–129, 130 o., 131 o.+u., 132, 133 o.+u., 134 o.li, 134–135 u., 135 o., 136–137, 138 o., 139 u., 140 li.o., 140–141 o., 141 u., 142 o.+u., 144–145, 146 u., 147, 148 o., 149 o.+u., 150, 151 o.+M., 152 o., 153 o.+u., 154, 155 o.+M., 156 o., 157 o.+u., 159 o., 160–161, 162 o., 163 o., 164 u., 165 o.+u., 166–167 o., 168 o., 169 o.+u., 171 o.+u.li., 172, 173 u., 174 u., 175 u.li., 180 o.+u., 181–185, 186 u.li., 186–187 u.M., 189, 190–191 o., 191 u.re., 192 o.+u., 193 o., 194–195 o.M., 195 o.re., 196 u., 199 o.+u., 200 u.li., 200–201 u.M., 202 u., 203 u., 204, 205 o.+u., 206 u., 207 u., 208 o., 209 o.+u.li., 210–211 u., 211 o., 212 u.li.+u.M., 214 u., 215 re.o., 216–219, 220 o.+u., 222–229, 232–233, 235 o., 236 li., 237, 238, 239 o.+M., 240–243, 244 o.+u.li., 246 o., 247 o., 248 u., 251 u., 252 o., 253 o.li.+o.re., 254 o.+u., 256 o.+u., 257 u., 258–259, 261, 266–267, 268 u., 269 o.+M.+u., 270 o.+u., 271, 273 u., 274 o., 276–277, 278 o., 279 o., 280–281, 283 o., 284–285, 286 o.+u., 288 o., 290, 291 o., 292–296, 297 o., 298 M.+u., 300 M.+u., 301–303, 308–309 o., 309 u.re., 310, 311 o.+M., 313 u., 314–315, 316 M.+u., 317, 318 o.+u., 319 o., 320–321, 322 li.o.+li.u., 323 re.u., 324 o.+u., 325 u., 326 u., 328 o., 329 o., 331 o., 333 o.+u., 334 o., 336–337, 338, 339 u., 340, 340–341 u., 342, 343 u., 345 o., 346–347, 348 o., 348–349 u., 350 li.o.+u., 351 u., 352 M.+u., 353li.+re., 357–359, 360 u., 361 u., 363 u., 364–365, 366 o., 367, 368–369, 371–373, 374–375 o., 374 u., 375 u., 376–377, 378 o.+u., 379 u., 380 o., 381 o.+u., 382 o.+M., 383 li., 384 o.u.,385 o., 386 o., 387 o.+u., 388 o., 389 M., 390–391, 392 u.li., 395 u., 396, 397 o., 398–399, 405, 408–411, 412 o.li., 412–413 u., 413 o.re., 414 o.+u., 415 M.+u., 416 o.+u., 417 o., 418–423, 424 o., 424–425 u., 425 re.u., 426, 427 o.+M., 428 li.o.+li.u., 429 re.o.+re.u., 430 u., 431 u., 432–433, 434 o.+u., 436 o., 437 o.+u., 439 o.re., 440 o.+u., 442, 443 M.+u., 444–445, 446 M., 447, 448 o., 449 o., 450 u., 451 o., 452, 453 o., 454 u., 455, 456 u., 457 u., 458 u., 459 u., 462, 463 M.+u., 464–465, 466 u., 467, 468, 470–471, 472 o., 473 o., 474–479, 480 o., 481 M.+u., 482 o., 483 o.+M., 487 M.+u., 488 o., 489 u., 490 li.u., 490–491 u., 491 o., 492–493 u., 493 u.re., 494–495, 496–497 o., 497 u., 498–501, 502 o., 503 u.re., 504 o., 505 o.+u., 506 u., 507 u., 508–509 o.li., 508 u.li.+u.re., 510–515, 517 o.li.+o.re.+M., 518–521, 522 o., 523, 524, 525 o.+u., 530–531, 532 o.li., 532–533 o.M., 532–533 u., 536 u., 537, 539 o., 540 o., 541 u., 542 M.+u., 543, 544 o., 545 o.+u., 546–547, 548 u., 549 u., 550–553, 554–555 o., 556 u., 557, 558–559 u., 559 u., 560 li.o.+li.u., 562 u., 562–563 o.M., 564–567

Deutschland-Archiv: 64 u.li., 67 u., 68

IFA-Bilderteam, Ottobrunn/München: S. 176–177 u., 179 M., 180 M., 196 o., 213 u.re., 268 o., 274 u., 297 u., 305 u., 345 u., 360 o., 361 o., 385 u., 388 u., 389 o., 392–393 u.re., 395 o., 397 u., 400, 404 o.+u., 406 o.+u., 412–413 o.M., 415 o., 417 u., 446 u., 469, 487 o., 488 M.+u., 489 o., 490 li.o.+li.M., 492–493 o., 496 u., 502–503 o., 517 u., 540 u., 558–559 o.

MEV, Augsburg: S. 12 u., 13 li., 16 u.re., 19, 21, 28 o., 42 o., 46–47 o., 54 o., 61 M., 64–65 u.M., 66–67 u., 70 o., 73 u., 74 o.li., 74–75 u., 75 o.re., 76 o., 78–79 u., 80, 82–83 u., 84 u., 85 o., 88–89 o., 98 u., 98–99, 100, 111 u.li., 112 M., 134 o.re., 140 li.u., 143 u., 158 o., 158–159 u., 163 u., 164 o., 168–169 u., 171 u.re., 173 o., 176 li., 179 u., 193 u., 202 o.li., 205 M., 207 o., 208 u., 230–231 o.+u.M., 231 u.re., 234, 239 u., 245 o., 248 o., 250, 251 M., 287, 291 M.+u., 305 o., 312, 313 o., 319 u., 332 o.+u., 366–367 u., 370, 379 o., 386 u., 389 u., 392–393 o., 401, 425 re.o., 428–429 M., 430–431 o., 438–439 u., 441 o., 451 M.+u., 458–459 o., 460–461 o., 463 o., 502–503 u., 504 u., 506 li., 506–507 o., 509 o.re., 516–517 u., 522 Mi., 525 M., 541 M., 544 u.

Okapia KG, Frankfurt/M.: S. 382 u.

PhotoPress, Stockdorf/München: S. 13 u., 16 o.+u.li., 18 o., 20 o., 22–23 o.+M., 28 u., 29 o., 30, 31 u., 35 M., 39 o., 40 o.re., 40–41 u., 43 u., 48, 49 M.li.+u., 51 u., 56–57, 59 u., 60, 67 o., 70–71 u.re., 77, 78 M., 81 u., 86–87 o., 87 u., 88 li., 92–93 o., 93 u.re., 95 u., 96–97 o., 101 o.+u., 102–103 o., 103 u., 106 o., 108–109 u., 111 u.re., 114 o.li., 114–115 o., 116–117 o., 118, 130 u., 133 M., 138 u., 139 o., 142–143 o., 146 o.+M., 148 u., 151 u., 152 u., 155 u., 156 u., 162 u., 166, 166–167 u., 167 u., 170, 174–175 o., 175 u.re., 176–177 o., 177 u.re., 178, 179 o., 186–187 o., 187 u.re., 188 o.+u., 190 u.li., 190–191 u.M., 194 o.li., 194–195 u., 197, 198, 200–201 o., 201 u.re., 202–203 o., 206 o., 209 u.re., 211 u., 212–213 o., 214–215 o., 220, 235 u., 236 re., 244–245 u.M., 246 u., 247 u., 249 o.+u., 251 o., 252–253 u., 254 M., 255, 257 o., 260, 270 M., 272, 273 o., 275 o.+u., 278 u., 279 u., 282 u., 283 u., 288 u., 289, 298 o., 299, 300 o., 304, 306–307, 308–309 u.li., 311 u., 316 o., 322–323 u., 323 o., 325 o., 326 o., 327, 328 u., 328–329 u., 330 li.o.+u., 334 u., 335 o.re., 339 o., 341 o.re., 343 o., 344, 349 o., 351 o., 352 o., 362 o., 363 o., 383 re., 394, 427 u., 435 o.re., 436 u., 438 o., 439–439 o.M., 441 u., 443 o., 446 o., 448–449 u., 450 o., 453 u., 454 o., 456–457 o., 461 re.o., 466 o.+M., 472–473 u., 480–481 u., 481 o., 482 u., 483 u., 522 u., 533 o.re., 534–535, 536 o., 538 o., 538–539 u., 541 o., 542 o., 548 o., 549 o., 554 o.li, 554–555 u., 556 o., 560–561 re.o., 562 o.li., 563 o.re.

Alle übrigen Fotos stammen aus dem Archiv des Verlages.